X島嶼

留學生、監控與冷戰時代的隱形戰場，海另一端的台灣民主運動

Island X: Taiwanese Student Migrants, Campus Spies, and Cold War Activism

鄭昕（Wendy Cheng）——著
陳信宏——譯

獻給

我的母親——賴淑卿（Shu-ching Cheng），

以及我永遠懷念的父親——鄭德昌（Edward Teh-chang Cheng，

一九四六—二〇一五）。

推薦序

還原複雜而糾結的海外台灣學生運動史

何明修　台灣大學社會學系教授

在地緣政治緊張升溫的當下，國際對立日益兩極化：一邊是意圖收復失土的獨裁強權，使用軍事武力或銳實力策略遂行擴張，威脅周遭鄰國；另一邊則是長期安逸的民主國家，他們被迫重整軍備，保衛自由而多元的生活方式。浮現中的對立經常被稱為「新冷戰」，意識形態的分歧看似又成為衝突的主軸，只不過，帶有理想色彩與國際主義號召的共產主義早就消散，取而帶之的是赤裸裸的帝國征服之野心。

在台灣仍處於漫長的威權統治時期，海外留學生是能自由發聲的少數群體，其關切的議題保衛釣魚台，亦是台灣獨立。台灣離散社群批評國民黨專制，積極救援政治犯，也是促成民主化的重要力量。但是從新冷戰的視角回頭審視這段歷程，我們卻容易產生簡化的誤解：這些遠赴重洋的台灣青年，接納了冷戰時期的自由主義信念，以民主與人權的普世價值之名，挑戰國民黨政府。在黑名單解除之後，長期流亡的台獨運動者終於有機會回到黃昏的故鄉，有些人成為民選政治領袖。這樣的發展更是強化了既有的刻板印象，彷彿海外異議者都是擁抱親美反共的路線，這些基本的民主ABC常識促成了台灣的民主化。

透過細膩的傳記史整理，鄭昕教授的《X島嶼》試圖還原那段複雜而糾結的歷史。冷戰時期的美國並不只是所謂的自由民主的燈塔，從六〇年代以降，各種民權與反戰的新左派運動帶來深刻的衝擊，迫使許多美國人重新檢視自己習以為常的民主。大學教育鼓勵多元思考，校園也向來是異議活動的重鎮，台灣留學生或許出國之前很難接觸這些激進思潮，但是一旦置身抗爭風暴，他們能夠批判地檢視民主的許諾與真實的落差，產生新的思考與行動。《X島嶼》深刻地記錄了海外異議者的探索軌跡，包括因為捲入反越戰抗爭而招惹麻煩的陳玉璽，以及高舉台獨左派旗幟的高成炎、洪哲勝與黃再添等人，他們對於台獨聯盟的保守路線批判是不假辭色。

誠如作者所指出，這些「無心插柳的社運人士」幾乎都是離開了台灣，才投身於反抗運動，產生人生轉折。海外異議運動的浮現，也是有賴於他們開創了各種有創意串連行動，建構起台美人的共同身分。舉例而言，他們用接力式的「循環信」、電話專線讓異議分子獲得資訊分享的管道，也透過舉辦親子夏令營、交流修車技術等活動，讓離散生活與反抗行動緊密結合。

在冷戰反共主義的大氣候下，美國政府迎接這些來自第三世界的青年學子，透過高等教育將他們吸納成為未來的協力者，有助於維繫美國在世界各國的領導地位。這樣的全球布局如今可以稱為「軟實力」的輸出，目的在於取得未來統治精英之心悅誠服之順從。只不過，儘管美國有這樣全球尺度的戰略布局，仍是會產生一些未意圖的後果。特意選定在夏威夷的東西方中心，目的在於協助美國拓展遠東影響力，結果反而因為集結了亞洲的年輕知識分子，成為左派異議分子串連的重鎮。刺蔣案的主角黃文雄當時在匹茲堡就讀博士學位，他願意放棄美好的前途，也源自於當時的時代氛圍，他的同學們有許多矢志返國從事民族解放運動。

另一個對比的個案則是不幸英年早逝的黃啟明，他為了其恩師掏心挖肺，毫無保留地貢獻了當時資訊封閉的台灣之現狀。天真浪漫的黃啟明充滿感恩，因為他的恩師願意為了被壓迫的台灣人申冤，卻沒有料想到一本關於台灣人民族主義的學術專書，只是為了冷戰時期的知識生產，無助於台灣人尋求的解放。

最後，台灣的政治前途到底是統一或獨立，這也是海外留學生所關切的議題，也因此產生反對陣營的分裂。一個常見的簡化理解即是，保釣運動中儘管出現左傾親共與右傾親國民黨的路線爭議，主事者大多出身於外省家庭，他們本來就缺乏台灣認同。這本書記錄了容易被忽略的聲音，本省籍的林孝信、黃武雄當時主張台灣的民主化優先，統獨爭議應暫時擱置。同樣本省家庭出身的陳文成曾經憧憬社會主義中國，後來才幡然覺悟。獨與統如今看來是不可跨越的鴻溝，但是這本書也指出，在天安門事件之後，位於紐約的台獨左派很早就向中國海外民運人士伸出援手，因為他們相信民主與人權的理念是超越國界的。

《X島嶼》呈現了旅美年輕世代自我追尋的故事，在當時國民黨的緊密海外監控下，他們小心翼翼地為苦難的台灣尋找出路。作者特別重視那一群後來沒有獲得政治光環的左派人士，因為他們相信有比推翻國民黨暴政更重要的事情。也是在這個信念下，許多人在解嚴後的台灣投身於社會改革的志業，例如教改運動（黃武雄）、人權運動（黃文雄）、反核運動（高成炎）、社區大學（林孝信）等，這些倡議行動至今仍持續帶動台灣向前邁進。

推薦序

台美人的多重歷史：冷戰情感結構的延續與敘事再造

劉文　中央研究院民族學研究所副研究員

鄭昕的《X島嶼》是一本關於台裔美國人生命的新經典著作，成功地搭起了台灣研究與亞裔美國研究之間的橋梁。過往關於台美人的敘事大致分為兩大類，一類以美國本土為中心，環繞在二戰後「美國夢」的追尋以及美國社會的融入。第二類則是以台灣本土政治的關切為主，聚焦於海外台灣人如何透過在美的資源與網絡進行黨外運動抗爭與台灣民主化的推進。在前者的美國移民敘事中，「台裔」的特殊性色彩是相當低的，我們可以將它替換為不同的東亞族群移民，仍可預期相差不遠的故事：模範少數的壓力與限制、種族化的焦慮，以及階級提升的想望。而在後者的本土敘事中，「台裔」的民族性是相對高的，但它也長期被擺入以美國學界視野為主的「區域研究」位置，相對小眾。並且，由於冷戰時期美國與蘇聯兩大政營的立場分歧，美國戰後左翼思潮率領的知識分子主要的政治關懷為勞動、反（越）戰、黑人解放，以及第三世界之亞非團結的反殖民運動，在國民黨統治下的中華民國被歸為親美反共之陣營，美國學術界也因此對於台美人的主體性與抵抗是相較冷感，甚至認為是趨於保守的。

台灣這座「X島嶼」的定位在美國學界認識論上的尷尬，使得長期以來其內部的複雜性難以被看見。如作者所寫，在國民黨來台後的戒嚴時間，台灣人獨立的渴望遭到冷戰兩極對立的「夾殺」，右傾者偏好採取反共立場，而左傾者則嚮往共產中國，當這群台灣人成為留學生來到美國後，他們所代表的不同立場，以及對於「台灣」敘事的錯綜複雜，更是讓美國社會難以理解。在冷戰時期，「台灣意識」形成的過程中，除了反國民黨威權的黨外敘事、以史明為主的反殖民情懷，也有受到六〇年代影響的第三世界作派與國際主義。其中，隨著八〇年代台灣本土的民主化運動，以及一九八七年後的解嚴，海外台獨運動漸漸轉向為以自由主義中的公民國族建構和親美思想，藉由對於美國機構的遊說，以及民主和人權之論述，取得美國主流的支持。這樣立場的鞏固，雖讓「台灣」逐漸被美國社會看見和理解，但對於作者來說，恐扁平化了部分海外台獨人士與台美人所有的左傾與國際主義思想。更重要的是，這樣的敘事忽略了在冷戰時期，美國政府默許國民黨黨工對於台裔留學生之政治思想的監視與管控，將台獨運動和台灣意識歸類為激進和可疑的行為。

《X島嶼》的重要貢獻即是將以台灣主體性為主的史料、社群抗爭與口述生命經驗，從區域研究拉至美國研究和亞裔美國研究之領域。如作者所述，在美國所建構的「監控基礎設施」的建構下，台灣移民經常被框定為「好移民」、「中產階級」的代表，並被視為意識形態上親美、保守，缺乏對母國威權的批判性認識。這種敘事忽略了國家與政黨、國民黨與台灣社會之間的區別，也掩蓋了海外台灣人士對現行中華民國體制的質疑，與他們在重重困境中實踐人權和民主化的努力。此外，亞美研究過去過度關注反（美國）同化的種族政治，卻常忽視種族主義的生成也可能發生於美國之外。自二戰以來，日本與中國（中華人民共和國）都在東亞地區構建其種族霸權論述，以對抗美國影響。若亞美研究中的種族批判，僅聚焦美帝國，便錯失介入亞洲內部民族主義與種族政治如何交織的機會。台灣人主體性的形成，正是被夾在白人同化主義、中華民族主義與漢人殖民體制之間，試圖尋找一種新的國族想像。

《X島嶼》主張台美人史是跨太平洋史中關鍵的角色，他們不僅受到二戰後全球移民浪潮與美國和日本軍國主義政權互動的影響，也包含中國民族主義和帝國主義擴張的侵擾。如同在當代，台灣面臨美中抗爭下，前所未有的地緣政治風險以及戰爭的威脅。作為台灣人，我們如何想像台灣的未來以及主權的可能性，一部分即是奠基於我們如何理解冷戰中所形成的政治思想與情感社群，對於歷史的無視與刻意的忽略，恐造成當代更加無法彌補的分裂。在這個被稱為「台灣研究黃金時代」的時刻，我們更需要跨領域的方法，不僅從美中對抗的宏大敘事理解台灣，更應關注那些被忽略的生命與故事，重新書寫我們對歷史與國族的想像。

台灣版序

一九七〇年代初期，我的父母離開台灣前往美國就讀研究所。在威斯康辛州麥迪遜，他們很快就和其他來自台灣與香港的學生打成了一片。短短幾年內，我父親除了一面攻讀核子工程博士學位，同時也接下威斯康辛大學台灣同鄉會的幹部職。他負責的其中一件工作是協調一項捐款事宜，為了幫助基隆一場煤礦災變的受難工人，而透過一本黨外雜誌的發行者捐款給那些工人的家屬。之後不久，國民黨政府人員開始頻繁造訪我父親住在屏東的爸媽，詢問他們兒子進行的活動。我父親取得學位之後，即向自己在台灣的母校申請教職。他雖獲該大學聘請，但接著卻遭一個國民黨政府機構告知：「台灣沒有你的工作機會。」他和我母親因此理解到，他大概已經被列入了國民黨的黑名單（這是生活在戒嚴下的所有台灣人都會立刻意識到的事）。那份黑名單的基礎，是國民黨的廣大監視網絡所蒐集而得的資料，而此一網絡不只運作於台灣，也運作於海外，尤其是在美國的大學校園。我父母心知肚明，一旦被列入黑名單，就表示只要《戒嚴令》一天不解除，他們就無法確定自己返回台灣能否保有人身安全，即便只是短暫回台探訪也是一樣。

「我們就是因為這樣成為台美人的。」——我有時候會在介紹本書的時候這麼說。換言之，形塑我們一家人人生軌跡的，不只是來自於我的父母因為美國與台灣（以中華民國為國號的台灣）之間的外交關係而得以獲得的教育機會，也來自於國民黨國家監控與壓迫機制的跨國觸角。在我成長的台美人社群裡，這樣的故事頗為常見。不過，在這些社群以外，我卻從未聽聞這類故事。整體而言，台灣的歷史與政治在美國並不廣為人知，也極少受討論，除非是涉及台灣與中國之間的危機時刻或者緊張關係。

從一九六〇到八〇年代期間，在台灣漫長的戒嚴時期（一九四九—一九八七）接近尾聲之際，有超過十萬名台灣人以學生身分赴美，其中大多數都是科學、科技、工程與醫學領域的研究生。他們在這些領域當中的成就雖然廣為人知，但他們在這段時期的社交與政治生活卻沒有受到那麼廣泛的講述。這方面的故事充滿了令人不安的內容，包括個人遭到捲入冷戰地緣政治以及跨國監控與恐怖當中。此外，這些故事也呈現出一個年輕世代的英勇、創意與理想主義，他們不但積極參與全球政治領域，也共同挺身對抗威權統治，爭取民主與人權。

由於這個世代的台灣留學生——出生於一九三〇年代晚期至一九五〇年代初期之間——已迅速步入老年，因此我迫切覺得必須利用自己身為亞裔美國人研究學者的技能參與記錄這段歷史。於是，我在二〇一一年初的一趟返台探親之旅期間開始從事訪談。這本書終於在超過十二年後的二〇二三年底寫成之時，我也獲邀到台灣舉行我的第一場談書會：在中央研究院以及《破土》的場地，由國立台灣師範大學主辦。

現在，隨著本書的台灣版推出，我不禁省思起這本書如何在許多方面以台灣為始，又是以台灣為終。不過，這並非直線，而是循環性而且充滿動態的關係。在個人層次上，研究以及撰寫本書帶來了若干極為美妙的贈禮，也就是我藉著這項經歷，得以和台灣以及這段歷史重新連結起來。如同我這個世代的許多台美人，儘管台灣一直存在於我們父母的心中、腦子裡、餐點內，以及社群聚會當中，但由於我們是在戒嚴期間出生長大，而且當時網際網路與社群媒體也尚未普及，因此不可能與台灣建立直接連結。小時候，我翻開父母的相簿，看著他們童年與少年時期的黑白照片，只覺得台灣看起來像個完全不同的世界。有一段時間，我甚至想像台灣是存在於黑白當中，而住在美國的我們才是生活在彩色世界裡。

不過，台灣的生活當然極為色彩繽紛，而且在沒有我們的情況下也還是活力盎然地持續推進。自從解嚴以來，在台灣與美國已有一群新世代的年輕人出生並且長大成年。在從事本書的研究工作以及與別人分享這些研究的過程中，我結識了他們之中的許多人，與他們交談，包括在學院、大學，以及社群空間裡。其中有些人是我的親戚，另外有些是學生、傑出的年輕同事、社運人士以及社區組織者。不論他們出身自什麼家庭背景，都以清晰而好奇的眼光，以及充滿熱情的心看待台灣的歷史、現在，與未來。他們能夠輕易跨越對他們的許多長輩而言無可彌合的智識與政治鴻溝，也渴望得知他們自己的歷史以及台灣在世界當中的歷史，包括其中一切的複雜與矛盾。

我邀請讀者，透過本書認識一個非凡世代當中的年輕人，他們在一段高度政治壓迫的時期，為了尋求更好的生活與機會而離開台灣。他們帶著開放的好奇心來到海外，而希望習知台灣在世界上的處境。在美國大學校園內部以及校園周圍，他們接觸一波波的全球與國家政治浪潮，包括第三世界的去殖民化、反戰運動，還有民權、言論自由以及黑人權力運動。許多人把這些政治浪潮連結於他們對自己的家鄉所懷有的渴望。在一段時間裡，他們雖然不總是能夠一致同意該採取什麼路徑，但在致力於為台灣開創更美好的未來這項共同信念當中，他們有許多人也輕易跨越了意識形態與政治上的鴻溝。

在《破土》的那場活動結束後，一個年齡和我差不多的家庭世交前來和我打招呼。她的父親是一位知名政治人物，曾為黨外人士擔任律師，且小時候在南台灣和我父親一起長大。她對我說，我這本書讓她得以把當初發生在美國的事情，和她家在台灣置身於風暴中心的經驗連結起來。突然間，我心目中浮現了一個畫面，彷彿有一幅巨大的拼圖，而我們每個人手上都只有少數幾片圖塊。唯有在不同的地方，透過不同的人員組合與觀點講述這段歷史，我們才能夠把這幅拼圖拼得更完整。太久以來，人們只講述部分的故事，另外有些故事則是遭積極壓抑及排除。

我們必須將那些故事加入敘事之中，如此一來整體圖像才能清晰，而且唯有如此，才有可能開創一個更公正的未來。

目次

CONTENTS

Chapter 4

陳玉璽與夏威夷冷戰國際主義

Chapter 5

引言

在全球歷史中為台美人定位

「不可想像的事情是發生在校園裡。」

——林慶宏／威斯康辛大學台裔博士生（一九六〇年代），林慶宏口述、林潘美鈴記錄整理，〈看不見的魔掌〉，《文學台灣》，第一一七期，二〇二一年一月

一九四三年十二月，紐約市一百一十七街上一棟五層住宅裡，一支由五十名美國軍事人員與平民組成的團隊，在海軍武官葛超智（George Kerr）的率領下，於哥倫比亞大學開始一項訓練計畫，為攻打以及占領「X島嶼」預做準備。

X島嶼是當時身為日本殖民地的台灣，在官方文件裡的名稱。這個「福爾摩沙小組」在哥倫比亞大學海軍軍事政府學院（Naval School of Military Government and Administration）之下運作，成員包括二十一名平民，其中十人是擔任翻譯的日裔美國人。[1]在《被出賣的台

灣》（*Formosa Betrayed*）這部奠定台美人後來的政治基礎的著作裡，葛超智提到之所以會使用「X島嶼」，是因為「一位我不在此透露其姓名的海軍上將」曾提出警告，表示必須提防「城府深沉的東方人」可能出現的背叛行為，而他意指的即為那些日裔美籍翻譯。[2]

入侵以及占領台灣的計畫雖終究因美國改變戰略而被捨棄，但「X島嶼」卻至今仍是一個貼切的隱喻，代表了美國對待台灣的那種模稜兩可、影響重大，卻又經常受隱藏或者不為人知的關係；此外，美國也協助建立並且維繫了台灣與世界其他地區之間的這種關係。哥倫比亞大學的那項祕密軍事訓練，除了與亞洲、亞洲人以及亞裔美國人之間有錯綜複雜、戰略性而又種族性的關係，也象徵了往後數十年間不斷在實質與意識形態方面，持續形塑此一關係的基礎結構與制度性機制——尤其是大學。

一九四五年日本投降之後，美國沒有入侵或占領台灣，而是促使日本把這座島嶼交給當時由國民黨統治的中國。這一年，日本殖民統治雖畫下句點，但這項由美國支持的安排卻開啟了新殖民統治，尤其是一九四九年過後。當時，國民黨於國共內戰落敗，帶著兩百萬名士兵與隸屬人員逃到台灣。美國把台灣視為一艘「不沉的航空母艦」，是圍堵共產主義擴張的必要戰略堡壘，因而承認國民黨為中國的唯一合法政府，且在軍事與經濟方面為其提供至關重要的長期援助。台灣身為中華民國的時代就此展開，西方常以「自由中國」稱之，但實際上，所謂的自由是一廂情願又充滿諷刺。一九四七年，國民黨暴力鎮壓了一場遍及全島的暴動，接著對多數人口為台灣漢人的此地實施了長達三十八年的戒嚴統治（一九四九－一九八七年）。國民黨的監督與控制並未以台灣的地理邊界為限，而是延伸至全球各地的中華民國國民，尤其是身在日本與美國的人士。

一九六〇與七〇年代期間，部分二十年前美國軍事人員曾在其中祕密辯論台灣命運並下決定的校園，開始湧入大量台灣學生。針對在冷戰晚期（一九六〇至八〇年代）赴美的台灣留學生政治活動，《X島嶼：留學生、監控與冷戰時代的隱形戰場，海另一端的台灣民主運動》是第一本專門加以探討的書籍。本書填補了亞裔美國人史學史當中一段相當重要的空白，也提供了深入的社會與政治分析，對象即為這個受全球冷戰形塑的群體以及其經驗，而形塑他們的方式，此前經常遭抹除、忽視或誤解。台灣人通常被視為不涉入政治的模範少數群體，但這個世代的許多台灣人其實極度關心政治，也受多重帝國與殖民身分認同形塑，且深受該時代的全球社會運動影響。留學生建立了廣泛的社會網絡，成為跨太平洋社運行動的長期基礎結構。至於大學校園，則成了政治集結與抗爭的關鍵地點，因為在中華民國政府的法外監控當中，學生不但是加害者，也是受害者。這些社運人士移居美國的條件雖合乎美國利益，也取決於美國和中華民國之間糾纏不清的關係，但他們致力提高台灣人的能見度，也欲讓世人看到台灣人是個遭受不公正對待的民族，理當享有自決的權利。對於全球的華語圈政治、亞際政治以及國際主義政治，他們也都參與其中或是做出回應。

如同阿里夫·德里克（Arif Dirlik）以廖炳惠與荊子馨的論點為基礎而進一步指出的，「台灣人」以及其他同樣遭受殖民的人口那種奠基在地方上的身分認同，是經由殖民形成的結果，而不是儘管遭受殖民卻仍然產生的結果。[3]因此，台美人的認同應當被理解為源自台灣與美國之間一種特定的辯證與半殖民關係。為了面對以及闡釋這些歷史與政治的存有條件，我因此在本書裡聚焦於社運行動的基礎結構與監控的基礎結構。所謂社運行動的基礎結構，指的是冷戰期間的國家關係道路，使得台灣學生在一九六〇與七〇年代期間得以在受到美國冷戰利益嚴格控制的規範下移居美國。但儘管如此，由於霸權從來都不穩定，也總是一再受到挑戰，因此不管是美國還是國民黨，都無法控制這類人員流動所帶來的後果。台灣僑民進入到一個在智識與政治方面都相對更加自由的世界之後，立刻就開始參與政治集會、閱讀、寫作，以及積極組織等創意活動。他們在地方、區域乃至全球的僑民裡找到彼此，發展深厚連結，從而對台灣的解嚴以及民主化做出重大貢獻。至於監控的基礎結構，我指的是國民黨延伸到台灣之外，那套遍布各地的威權監督與控制網，以及持續對堪稱是市井小民的人員的壓迫，如何在一個世代的認同以及政治意識裡成為核心元素。

在概念結構上，我對社運行動與監控的基礎結構，乃是奠基在馬克思主義與黑人激進思想家對於「情感結構」（雷蒙·威廉斯〔Raymond Williams〕）與「情感基礎結構」（露絲．威爾遜．吉爾摩〔Ruth Wilson Gilmore〕）的動態理論建構上。「情感結構」指的是對廣泛的共同感受與理解的表達；那些感受與理解雖未被完整傳達，但會從對主流階級制度的反應當中浮現，顯示轉變可能性的一條界線，但也顯示了「改變的可能所帶有的動態物質極限」。[4] 如同吉爾摩的解釋：「年齡與地點必然帶有多重情感結構，這些情感結構帶有辯證性，而不只是單純同時存在。……關於傳統，最好的理解方式也許就是將其視為情感結構的累積——其累積並非藉著偶然，也非透過一段看來有如漂流或浪潮的自然過程，而是（威廉斯）所謂的『對於祖先的挑選以及重新挑選』。」[5] 吉爾摩引用黑人激進傳統，接著以威廉斯對傳統的定義為基礎，進一步把「情感基礎結構」定義為一種潛在意識，「深深影響了我們在挑選以及重新挑選解放性傳承之時直覺認知（不低於謹慎認知）先天可能性的能力——不但在個人一生當中是如此……在世代之間以及橫跨世代也如此」。[6]

本書依循這些論點，企圖找回並且傳達若干相互競爭的累積性情感結構：那些情感結構形塑了台美人的歷史、認同與政治，還有支撐那些情感結構的基礎結構——或是條件性結構，這兩者皆為隱而不顯的潛在基礎。這些結構與基礎結構都受到傳達（informed）（吉爾摩稱之為「表明並且連結」〔bespeak and connect〕）、闕漏與沉默影響，因為哪些東西遭壓抑或忽視，就架構了哪些東西會受傳達。[7] 監控的基礎結構不但是社運行動基礎結構的辯證對位，也透過國民黨的全球監控網絡採取的行動及造成的影響，指出冷戰與戒嚴時代那些扭曲的政治與意識形態限制。藉著從事這樣的探究，我的目標是要重構能夠受到「挑選以及重新挑選」的先祖範疇，並且揭露其他反霸權的歷史與政治傳承，以便夢想以及組織追求更具解放性的未來。把焦點聚集在意識形成的（基礎）結構辯證，乃是一項**將種族與認同重新歷史化**的過程——也就是重新找回種族與文化認同的主流理解當中，那些本質化傾向所丟失、省略或者夷平之物。

殺一儆百：監控的基礎結構

「殺一儆百」、「殺雞儆猴」，在戒嚴時期，國民黨會以微不足道或甚至是憑空捏造的罪行為由，藉此迫害個人，當時的受訪者經常以這兩句中文成語（尤其是第一句）描述國民黨如此作為的意圖。該說法也常見於當時的學生與社運人士的訪談，還有政治寫作當中。

「特務是國民黨的眼線。」一九七八年，夏威夷大學的一名台灣學生如此見怪不怪地向《檀香山廣告商報》（*Honolulu Advertiser*）表示。[8]《康乃爾每日太陽報》（*Cornell Daily Sun*）也在一九七六年指出：「對於在美國求學的部分台灣學生而言，時時受監控是他們的生活日常。」康乃爾大學的一名台灣研究生則如此說明：「我們習慣在公共場所注意自己做什麼事或者看什麼書——從小開始，我們就是這麼長大的。」[9]由這些發言和理解可見，對該世代的台灣留學生而言，國民黨的監控與迫害在他們的經驗與意識形成當中，占有多麼核心的地位。

一九六四到一九九一年間，美國共有二十一座大學校園傳出國民黨監視台灣學生的事件，且各有數十起。監視者經常是拿錢的線民，且同樣是來自台灣的學生，被人尖酸地稱為「職業學生」。[10]這些事件在校園與地方報紙上有詳盡報導，也多少可見於國家與國際媒體。在校園與地方層次上，有一份國民黨的「線民」報告單受到廣泛報導，據說出自一名前特務，他在一九七六年把這份文件交給了柏克萊加州大學的《加州人日報》（*Daily Californian*）。[11]此種舉報行為屬於中華民國政府一項廣泛的監控基礎結構，稱為彩虹計畫。之所以取這個名字，是因為彩虹與「採紅」或「踩紅」同音，而「紅」指的自然是國民黨政權所謂的「共匪」。

被舉報可能帶來各種後果，包括遭受恐嚇、收到人身或生命安全的威脅、身在台灣的家人遭到騷擾，或是被列入黑名單而不得返回台灣。許多被舉報者都是一回台灣就立刻遭到逮捕下獄，例如一九六七年的威斯康辛大學博士生黃啟明（第三章的主角）、一九六八年的夏威夷大學東西方文化中心（East-West Center）經濟系學生陳玉璽（第四章的主角）、明尼蘇達大學前社會學博士生葉島蕾，以及一九九一年的洛杉磯加州大學社會學博士生陳正然。另外有些被舉報者則是送了性命，例如一九八一年卡內基美隆大學教授陳文成的命運（見第五章）。[12]

每一個案例的細節都揭示了該時期在制度、跨國以及政治方面的動態。那些細節針對每一個地點與時間的政治意識，形成了與聯盟的建構，揭露了其中的辯證過程，還有美國與台灣不斷變動的關係，而且此變動受到在冷戰文化外交以及經濟、軍事目標裡，居於中心地位的教育機構的調節。舉例而言，在麻省理工學院，一個由台灣學生與社會行動協調委員會

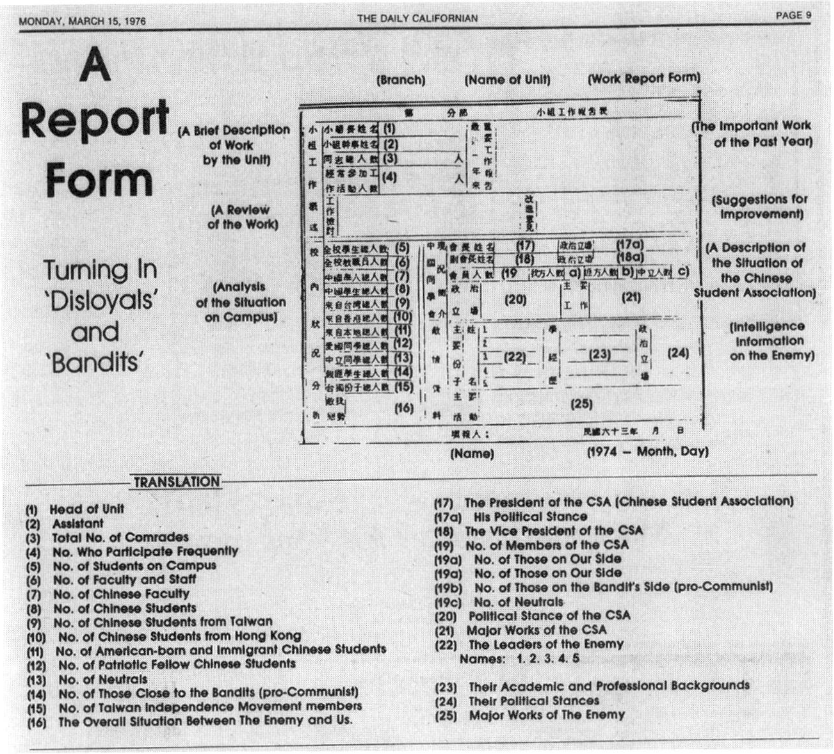
MONDAY, MARCH 15, 1976 THE DAILY CALIFORNIAN PAGE 9

A Report Form

Turning In 'Disloyals' and 'Bandits'

TRANSLATION

(1) Head of Unit
(2) Assistant
(3) Total No. of Comrades
(4) No. Who Participate Frequently
(5) No. of Students on Campus
(6) No. of Faculty and Staff
(7) No. of Chinese Faculty
(8) No. of Chinese Students
(9) No. of Chinese Students from Taiwan
(10) No. of Chinese Students from Hong Kong
(11) No. of American-born and Immigrant Chinese Students
(12) No. of Patriotic Fellow Chinese Students
(13) No. of Neutrals
(14) No. of Those Close to the Bandits (pro-Communist)
(15) No. of Taiwan Independence Movement members
(16) The Overall Situation Between The Enemy and Us.
(17) The President of the CSA (Chinese Student Association)
(17a) His Political Stance
(18) The Vice President of the CSA
(19) No. of Members of the CSA
(19a) No. of Those on Our Side
(19a) No. of Those on Our Side
(19b) No. of Those on the Bandit's Side (pro-Communist)
(19c) No. of Neutrals
(20) Political Stance of the CSA
(21) Major Works of the CSA
(22) The Leaders of the Enemy
Names: 1. 2. 3. 4. 5
(23) Their Academic and Professional Backgrounds
(24) Their Political Stances
(25) Major Works of The Enemy

圖一 這份國民黨的校園線民報告單不但被《加州人日報》與《檀香山廣告商報》刊登，一九七〇年代晚期更見於許多台美人社群刊物。（*Daily Californian*／提供）

（Social Action Coordinating Committee）成員組成的聯盟，在一九七六年舉行了一場座談會，揭露該學院與中華民國國防部支持的一所研究機構，合作進行了一個飛彈技術計畫。一名來自台灣的前學生，同時也是國民黨的海軍軍官，在一名中華民國領事官員的陪同下出席這場活動，並拍下了在場台灣學生的照片。麻省理工學院台灣同鄉會的成員，和一個名為波士頓關切台灣會（Concerned Taiwanese of Boston）的團體，與社會行動協調委員會合作，共同要求學院當局中止該計畫，並表明立場，反對外國學生遭監控。[13]就像那數十年間的其他許多案例，身在美國的台灣人利用了地方性與全國性的報紙表達自身認同——在此案例中，更是結合了反威權與反戰政治——並在他們覺得有必要時提出直率的糾正。如同波士頓區的台裔居民約翰・楊（John T. Yang）給《波士頓環球報》（*Boston Globe*）的讀者投書所寫：

> 貴報的文章……對台灣有些認知錯誤。派遣軍事人員到麻省理工學院接受訓練的是國民黨中國人，而非本土台灣人。在那場研討會監視台灣學生的也是國民黨中國人。……國民黨中國人是目前控制了台灣島（依據《戒嚴法》）的那群人，他們也聲稱自己代表整個中國。在當地台灣人眼中，他們則是不代表中國也不代表台灣。台灣人不想要任何飛彈，而且不管是在這裡還是在家鄉，都不想受到監控。[14]

在一九八三年北卡羅萊納州立大學發生的另一起事件裡，台灣同學會的兩名成員因在校園張貼傳單，指控中國同學會的副會長是特務而被捕，以「非法廣告」的罪名遭到起訴。其中一人名叫郭倍宏，他寫了封信給學校，表達他們的行為背後的多面向政治意識與戰術目標：

〔我所代表的學生〕已經學到，除非我們挺身互相支持，否則歷史悲劇將會再現。依據這項精神，我們在校園張貼傳單的主要理由，是為了警告新進學生，讓他們知道有必要隨時保持謹慎以及提防他人，不要誤以為我們同樣享有美國的自由。我們也意在訴諸美國友人的公平感受，激勵他們秉持貴國兩百年來的精神，也就是關注體現於美國革命當中的那些理想，關切發生在貴國國內的這種對於人權的基本侵害。[15]

郭倍宏一方面批評這些在人權保護方面的失敗，同時訴諸美國理想的承諾，在信末，他指出：「我不後悔在美國實踐我的言論自由權。……為了捍衛自己的理想而付出代價，是一項甜美的負擔。」[16]亞裔美國人研究學者王靈智親身經歷過國民黨在美國的迫害行為，也參與過為中華民國國民劉宜良申冤的行動（劉宜良因國民黨的命令而在一九八四年遭刺殺），後來依據這些經驗提出一項理論，把這種存在狀態稱為活在「雙重宰制」的結構下，也就是同時遭到美國的種族歧視以及國民黨的國家迫害。[17]

實際上，對國民黨而言，此類做法多方來看，都是延續了他們在一九三〇與四〇年代的作為，也就是在中國各大學的校園裡，和共產黨競逐學生的情感與理智認同。[18]不過，在冷戰晚期以廣泛的監控與恐嚇手段對待自己身在美國的國民，國民黨這樣的做法並不特別。在美國的盟友當中，不少威權統治政權也特別把學生視為重點監控對象——除了台灣以外，最引人注目的是伊朗。[19]根據一份曝光的一九七九年參議院外交委員會機密報告，伊朗與台灣「在美國內部建立了最廣泛而又活躍的反異議網絡」，據說兩者都派駐了「以外交身分做掩護的專案官員，手下掌控數十名乃至數百名特務，滲透了全美各地的大學校園與學生組織」，並且發動「透過掩護機構協調的大規模宣傳活動」。[20]

規範冷戰「友好國家」的情報機構此問題不但廣為人知，還在一九七〇年代晚期至八〇年代初期之間，受到國家層級的討論。這些受討論的情報機構，其中有些還是為了促進美國利益，由中情局訓練並成立的。一九七八年，參議院情報特別委員會提出〈「友好」外國情報機構在美國的活動〉這份報告，聚焦於韓國中央情報局的活動，認定國務院、聯邦調查局以及中情局皆無意且無能力監視或阻擋這類特務的活動。當時美國的國家資源與人員，主要投注於監控敵對國家的情報活動——尤其是蘇聯及其盟友——而且官員一致認為限制「友好」國家的特務人員可能會造成負面效果，導致美國特務在海外難以蒐集對本國有利的情

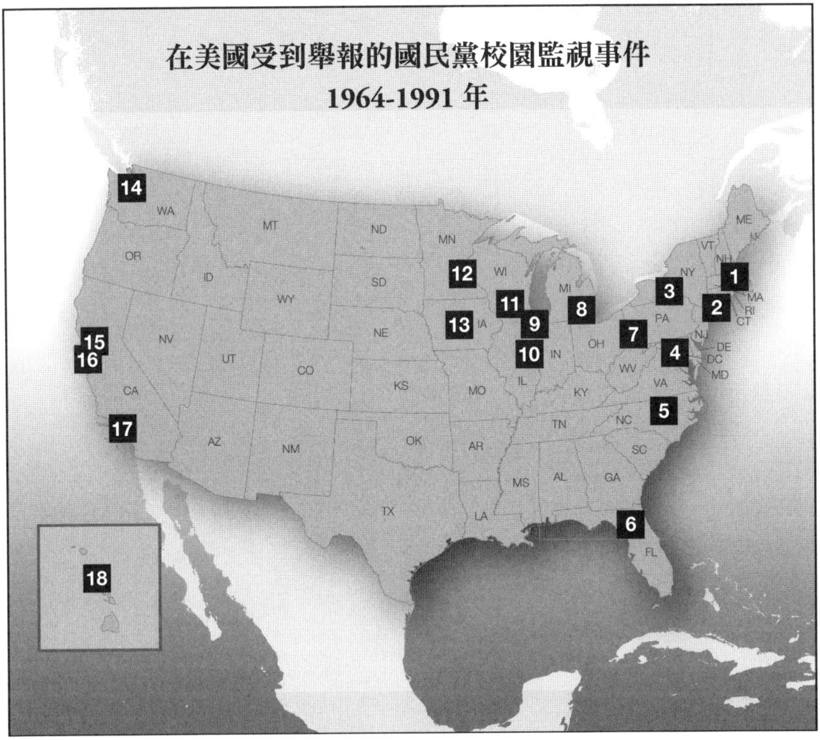

1 麻省理工學院
2 石溪紐約州立大學
3 康乃爾大學
4 華盛頓哥倫比亞特區
5 北卡羅萊納州立大學
6 佛羅里達大學
7 卡內基美隆大學
8 密西根大學
9 芝加哥大學
10 厄巴納香檳伊利諾大學
11 威斯康辛大學
12 明尼蘇達大學
13 愛荷華州立大學
14 華盛頓大學
15 柏克萊加州大學
16 史丹佛大學
17 洛杉磯加州大學
18 夏威夷大學

圖二｜ 受到舉報的監視事件地圖。（Dilni Abeyranthe／製作）

報。此外，涉及認證外國外交官的一名官員向該委員會表示，「我已相當習慣我們本身的情報活動在海外的普及性，所以絕對不會認定其他國家不該在我們國內發揮類似的功能」。[21]

這份一九七八年的報告之後，接著是先前提及的那份包羅廣泛、一九七九年的參議院外交委員會報告。後者詢問四十五名美國情報與執法官員關於五個國家在美的情報活動：台灣、南韓、革命前的伊朗、菲律賓，以及智利。[22]一九八一年，由於陳文成受台灣警備總司令部約談後喪命，美國國會因此再一次討論特務活動，尤其是關於台灣的部分，並在該年七月與十月舉行兩場詳盡的聽證會。不過，這些聽證會與報告皆未造成系統性的政府行動或改變。

台灣人社群及一般大眾對這類迫害的敘述（英文的學術探究相當稀少），通常是把這些個人視為國民黨暴行的無辜受害者；而在涉及實際政治活動的案例當中，則把他們視為台獨理念的殉道者。這兩種描繪雖具其真實性，卻掩蓋了那些迫害賴以發生的制度、結構與意識型態條件，尤其是美國以及其高等教育機構扮演的角色。特別是在一九七〇年代晚期以來，關於美國（包括美國政府、其相關機構以及美國政府和其他政府的關係）在形塑台美人的政治與主體性這方面所發揮的影響力，聚焦於人權與民主的自由派個人主義敘事通常都予以淡化、開脫，甚至是英雄化。然而實際上，美國絕非中立或善意的一方。台灣學生在美國校園遭其他台灣學生監視的眾多案例，就凸顯了美國教育機構在競逐情感認同、理智認同與人員加盟的冷戰戰役當中，扮演了積極的角色。藉著把僑民當中一切對於台灣與台灣性的認同歸類為激進、顛覆以及可疑行為，並且加以迫害，國民黨因此無意間使反對他們的勢力更加強硬，認同台灣與中國的僑民社群也出現極化對立，成為彼此的內部敵人。這種極化持續至今，壓抑並且限制了海外台灣人社群的政治表達，也阻礙了台美人左派的歷史記憶與發展。此外，由於台灣留學生是一群種族化的非美國國民，對自己的政府進行著內部抗爭（而且那個政府又是美國的盟友），因此無法獲得奠基於權利之上的主流道德與政治體制（例如公民體制與人道體制）的充分理解以及保護。

因此，本書有一部分在創造性重構，一方面企圖發掘並且參與創造遭壓抑與限制所抹除、漠視或者摧毀的歷史檔案，從而回歸當初那些相互競爭的情感結構存在的時刻，同時也要盡力發掘及理解使得那些情感結構有可能存在的情感基礎結構。

在方法學與認識論方面，由於台美人大體上被排除於全球歷史之外，因此本書也試圖把他們帶回這項歷史裡。從頭到尾，我都把台灣與台美人擺在區域研究、美國研究、亞裔美國人研究以及批判性族裔研究裡，也拿他們相互對照這些研究。台灣經常被視為一個不重要的地方，但台灣這種邊緣而又曖昧的狀態，對於理解民族國家架構以外的權力與主體形構之間的關係，提供了許多切入點。[23]這類關係與形構在論證上遭到的抹除，以及因此造成的廣泛無知，對於移民（在這個例子裡，是來自台灣的留學生）如何受到霸權敘事（例如歷史、認同形成以及意識發展的霸權敘事）的選擇性納入或排除，而且又會造成哪些影響，也深深啟發了我們的思考。

另一方面，本書也探討大學如何一面聲稱自己採取中立與善意的立場，但同時又在冷戰權力迴路之間居中斡旋，並且受到那些權力迴路的形塑以及從中得益。遭迫害的台灣留學生及他們的盟友，包括學校教職員、高階管理人員、政治人物，以及人權運動者，皆涉入發生在大學校園裡的冷戰跨太平洋戲劇性事件，在那幾十年間曾獲大量媒體關注，但現在已幾乎被遺忘。因此，《X島嶼》雖為一個世代的台裔移民社運人士的人生與社運行動提供了見證，卻也針對歷史的可解讀性、知識的政治，以及冷戰權力關係在認識論方面造成的長久影響，提出了重要問題。台灣與台美人的當代歷史，是一則更廣大的故事當中的一部分，也就是企圖主張以及行使新殖民權力的民族國家，相互進行多重尺度的意識形態與實體鬥爭，從而造成亞洲的猛烈分歧。[24]

這些分歧與鬥爭，原本的用意是要歸化成為民族國家的地理特色，並且在最受影響的人口當中具體化於他們的心智裡（情感與意識）。然而，霸權從來不會完整，總是處於過程當中。藉著揭發過程（也就是進展中的歷史）和揭露事情原本可能的發展，也藉著聚焦於懷有不同夢想之人，他們遭抹除、忽略，或者被排擠到歷史邊緣與腳注裡，我們可以從那些抱負與抗爭當中，找回更寬廣的傳承以及更開闊的視野。台灣留學生暨社運人士林郁子，把社運人士運用的不同策略比擬為試圖擊沉一艘船：「不論你做什麼，都像是對那艘船丟擲又一顆石頭。你不知道哪顆石頭會打沉那艘船，只能不停丟擲。……你的努力看似毫無用處，因為船仍然浮在水面上。你不知道哪一起事件、哪一顆石頭會造成那艘船翻覆，但它一定會沉。」[25]

台灣在哪裡？歷史與知識生產的問題

為了裨益美國的全球霸權，台灣是個明確的「戰略模糊」空間。[26]由於這種模糊不清的政治地位，台灣因此被貼上了各種標籤，像是「半國家」、「意外國家」、「準國家」、「從屬國」，以及美國的保護國。[27]藉著「台灣在哪裡？」這個問題，我呼應了艾美．卡普蘭（Amy Kaplan）發表於二〇〇五年的〈關達那摩在哪裡？〉（Where Is Guantánamo?）這篇深具影響力的文章。

卡普蘭視關達那摩這座惡名昭彰的監獄為美國帝國主義和軍國主義之下，一個殖民與新殖民領域。帝國主義地緣政治的條件，使關達那摩成為一座不受國家與國際法律管轄的監獄。如同卡普蘭指出的：「關達那摩這個『法律黑洞』並非在二〇〇一年九月十一日之後突然產生，而是肇因於漫長的帝國主義歷史。政府聲稱美國對於關達那摩這片區域不具主權，這長久以來對在該區域施行主權權力有所幫助，而非限制。」[28]同樣的，台灣長久以來雖然都是個事實上的民族國家，其主權卻沒有受到像聯合國這樣的國際治理機構承認，也沒有受制於其他任何國家的主權。如同關達那摩，台灣也是一塊「由殖民主義造就的土地」，其政治地位至今仍然處於戰術模糊且未定的狀態。[29]

史書美與廖炳惠指出，台灣可以受到無窮無盡的比較性與關係性觀點看待：是南島原住民的「群島之洋」（sea of islands）、是前荷蘭殖民地、是全球海洋貿易的一個節點、是個漢人遷占殖民社會、是前日本殖民地，或和中國與美國關係緊密等等。總的看來，台灣明顯可見是「多層次性」與「連續性」殖民主義的產物。[30]

台灣與美國之間的曖昧關係，產生自第二次世界大戰結束之際，當時美國協助了國民黨占領以及行政接管台灣。國民黨將領陳儀在日本戰敗後受任命為台灣省行政長官，他與隨行的部隊起初獲得台灣民眾的熱烈歡迎，承接對政治自由的期待——美國在二戰期間一再以空投傳單激起這樣的期待。然而，國民黨卻仍以統治殖民地的方式對待台灣。

一九四七年二月二十八日，由於兩名國民黨軍警人員毆打一名女性菸販，引發了遍及全島的暴動（後來被稱為二二八暴動或二二八事件），國民黨對此的因應做法是屠殺數以千計的當地人，並監禁了成千上萬人。此事件及後續漫長的國家恐怖時期，確立了國民黨與台灣本土人口的敵對動態。若沒有美國在最初及後續支持，這一切都不可能發生。如同喬治・卡西亞菲卡斯（George Katsiaficas）把台灣擺在亞洲各地的冷戰暴動情境當中，以生動的言詞指出的：

在台灣以及韓國的濟州島，人民要求自治的呼聲都遭到了屠殺的回應，加害者是受到美國支持的獨裁政權。在韓國的蜜月島以及中國的「美麗島」，美國的船艦以及美國武器，都成了巨大的死亡工具。美國要是拒絕提供這些在後勤方面深具重要性的物品，歷史必然會遠遠不同，至少對於成千上萬原本能夠因此倖存下來的人口而言是如此。美國的援助對於那些殺戮至關重要。如同美國助理海軍武官葛超智所寫：「所有人，包括全部的台灣人在內，都可以清楚看出國民黨完全仰賴美國。他們搭乘美國的運輸艦艇抵達台灣，而且也是美國的武器與援助讓他們得以待在台灣。」[31]

國民黨對台灣的統治，在一九四九年又進一步不可逆地轉變了這座島嶼的命運，因為那年國民黨在國共內戰當中落敗，蔣介石帶著一百萬名國民黨的從屬人員逃到台灣，結果這些人同時成了統治階級以及難民。[32]然而，美國雖然為國民黨占領台灣提供物質與政治的協助，但官員對於是否要支持這個他們早已知道是個腐敗又威權的政權，卻從一開始就抱持著模稜兩可的態度。他們認真考慮過把台灣納為美國的保護國，或者支持台灣獨立運動。一九四九年的一份美國國安會報告當中把台灣稱為「福爾摩沙」（源自葡萄牙探險家在十六世紀為台灣取的「福爾摩沙島」〔Ilha Formosa〕這個名稱，意為「美麗島」），而這麼指出：「島上的原住民人口擁有一股強烈的區域自主感，源自十九世紀，當時福爾摩沙處於獨立狀態。福爾摩沙人反中國人，也反日本人，會欣然接受在美國或聯合國的保護下取得獨立。」[33]不過，進一步的探詢卻得出了這項結論：由於日本的壓制以及國民黨在一九四七年二二八事件當中對本土領導人物的整肅，台灣的領導層因此「在政治上缺乏表達能力、缺乏組織，也缺乏可預測性」。

另一個受討論的選項，是由美國占領台灣，賦予其保護國地位。該構想受到麥克阿瑟將軍支持。官員承認並指出，在國民黨的統治下，「〔台灣〕會發展成一座堡壘，不合乎這座島嶼的理性經濟發展，也不合乎鞏固福爾摩沙人的大眾支持與政治發展所必須採行的措施」。換句話說，他們的首要關注雖然明白可見是計算台灣對於美國經濟與政治利益的最佳用處，卻也體認到國民黨的統治對於原住民與當地人口不免會帶有壓迫性。[34]美國一度認為台灣落入共產黨手中乃是無可避免的結果，因而把台灣與韓國排除於其防禦圈之外，採取國務卿迪安．艾奇遜（Dean Acheson）描述為「等到塵埃落定再說」的政策。[35]不過，由於韓戰爆發、中國與俄羅斯的關係，以及反共情緒的興起，美國於是恢復與國民黨的結盟。一九五一年，日本在《舊金山和約》裡正式放棄對台的一切權利、特權與要求，但主權問題並未明確規定。[36]

在後續數十年間，美國帶頭賦予蔣政權合法性，方法包括國際承認、支持發展台灣的戰後出口導向經濟、供應武器，以及承諾提供軍事保護抵擋中國侵略。渴望台灣擁有獨立主權的台灣人，因此一方面受制於美國對國民黨的支持，另一方面又受惠於美國保護台灣不受中華人民共和國占領的承諾。自一九七九年的《台灣關係法》以來，美國的立場雖有所更動，但至今仍然維持著與台灣還有中華人民共和國的三角關係，採取經精心計算的「戰略模糊」立場，一方面認知中華人民共和國的「一個中國」政策，官方姿態上反對任何追求台灣獨立的舉動，但又承諾在中華人民共和國發動攻擊或侵略的情況下，向台灣提供防衛性軍事援助。[37]距美國當初針對台灣問題提議「等到塵埃落定再說」，至今已超過七十年，其中台灣實施了四十年的戒嚴，結果塵埃至今仍未落定，台灣國家主權的問題也未解決。[38]

誰是台美人？亞裔美國人研究當中的問題

身在美國的台灣人，其跨太平洋的政治取向和參與，在亞裔美國人當中並沒有特異之處。不過，作為一群政治集體及受到冷戰地緣政治，還有帝國主義與殖民主義遺留下來的影響所形塑的人口，他們在美國的族裔研究和美國研究裡，都大體上遭到忽略。[39]讓台美人得以在美國安身立命的那些道路，使得他們能夠充任模範少數族群論述的典範，也相對享有階級優勢；而他們的職業道路往往必須和冷戰軍事工業複合體勾結。[40]許多台美人厭惡中華人民共和國——這是他們在台灣與美國受到灌輸的感受——催生了強烈的反共態度，而台灣長久以來仰賴美國政治保護及經濟和軍事援助，也培養了對西方自由主義意識形態的信仰，以及政治保守主義的傾向。在亞裔美國人研究當中，這些特質尤其使得台灣僑民社群成為難以理解、不吸引人或乏味無趣的探究對象，原因是亞裔美國人研究是個誕生自左派社會運動的學術領域，而左派社會運動的傾向即是重視勞動階級人口與反抗敘事。[41]更廣泛來說，由於中華人民共和國的社會主義受到美國以及整體西方左派的持續浪漫化，對台灣感興趣或者與台灣立場一致者，因此經常被認定為是保守或退步的表現。[42]

這類複雜的立場定位，使得台灣落入謝力登（**Derek Sheridan**）貼切描述的「認識論迷霧」。[43]儘管有此一「迷霧」，或者也許正因為此一迷霧，台灣（包括其人民與生活現實，以及這兩者在世界當中受到敘事化的方式不同造成的實質後果）為我們審慎追求「認識論正義」提供了許多的機會與強制力。[44]因此，我主張台美人就像其他許多亞洲人以及太平洋島民，必須被完全視為受到特定全球移民及軍國主義歷史所形塑的政治與歷史個體。如同重松雪（**Setsu Shigematu**）與基思．卡馬喬（**Keith L. Camacho**）在《軍事化浪潮》（*Militarized Currents*）當中主張的，要理解亞太地區的當代史，不能不注意日本與美國的帝國主義和軍國主義如何影響了太平洋的人口及各地命運。[45]對台灣，還有受當代中華人民共和國主張所有權的其他地區和民族而言，也必須考量披著民族主義的外衣推行的中國帝國主義與殖民主義。與此相關的另外一點，則是如金裘迪（Jodi Kim）所寫的，冷戰在亞洲形成三角關係，且一點都不「冷」，而是熾熱又血腥。[46]在金裘迪的分析當中，冷戰邏輯在認識論與世界觀方面持續框架政治與日常生活，而且其框架方式至今仍未被充分認知。[47]

與此相關的是，要談論外來移民，就不能不同時談論人口外移背後的條件。[48]從一九四七年二二八事件開始，一直到《戒嚴令》在一九八七年解除為止，台灣人經歷了一段漫長的國家壓迫與暴力，數以千計的人遭監禁、處死或者失蹤，其中多數為「本土」台灣人。[49]全體台灣人口遭受高度的社會控制、監視、審查，以及威嚇。[50]一套受到美國支配的全球制度，以袖手旁觀的消極態度看著國民黨特務威脅、恐嚇著大多數的台灣人口，時間長達四十年以上。在這段期間移居國外的許多人士，實際上都被禁止返回台灣，因為他們被視為異議分子，列入了國民黨的黑名單，而如同先前提過的，一旦返台，即可能遭逮捕、監禁，或者處死。至於留在美國的人，經常遭遇的後果則包括在台親人遭騷擾、情感創傷，以及與心愛對象無限期分離。此外，聯邦調查局也和國民黨合作，允許國民黨監控並威嚇台灣學生與移民。

在國民黨人的高壓統治下，台灣人日益高漲的獨立渴望遭到了冷戰兩極對立的「夾殺」，其中右派偏好國民黨的反共立場，左派則偏好共產中國。[51]這些情境創造了特定的移民道路，並使台灣留學生對美國產生深厚情感。然而，這也導致他們成為一群隱形人，並使外界無法理解他們對政治自決的追求。這些錯綜複雜的情形造成一個認識論的難題：在冷戰地緣政治扭曲的陰影下，如果大部分世人根本無法理解台灣的存在情境，那麼台灣人（不論其政治立場為何）怎麼可能說服世人同意台灣有權決定自身存在的條件？更令人困惑的是，蒙蔽那項理解的最大陰影，竟是台灣的贊助者暨保護者：美國。

若干學者，包括史書美、王智明、卓玉芳和我自己在內，主張台灣在批判性美國研究當中的重要性。[52]在本書，我主張針對台美人釐清歷史存有的政治、認同與情境，也是亞裔美國人研究當中一項帶有特定理論與歷史重要性的課題。

探究在美台灣留學生如何身為全球華語圈政治的一部分，也會對「台灣屬性」與「中國屬性」的本質化理解構成挑戰，並有助於拒絕、去自然化支持壓迫性權力階層的邏輯。在亞裔美國人研究以及其他族裔研究裡——更廣泛而言，也包括美國中心的種族與認同政治——這類本質化認同經常掩蓋群體內部的意識形態異質性以及其他形式的異質性，排除複雜的人格，並且扁平化少數化民族在政治與歷史上的完整主體。

不意外地，身在美國的亞洲僑民長久以來都習於以複雜、矛盾且經常策略性的方式表達民族主義抗爭。美國由於具有巨大的權力和意識形態影響力，因此在意識形態與實踐當中占有重要地位。美國不但是啟發者，也同時是壓迫者。簡單舉幾個例子：早在一九一〇年代的美國西北太平洋沿岸地區，南亞激進反殖民運動人士就在自己遭排除於公民身分與外來移民權利之外的同時，也從美國的革命歷史與自由主義理想當中獲得啟發。[53]二十世紀上半葉，身在美國的韓國民族主義者，於日本殖民統治期間創造了準外交的反殖民韓國政治實體。[54]一九七〇、八〇年代期間，菲人民主聯盟（Katipunan ng mga Demokratikong Pilipino）發展出「雙線」計畫，一方面在美國支持「社會主義革命」，另一方面在菲律賓支持國家民主，將這兩者視為「『反美帝國際抗爭當中密不可分的一部分』」。[55]

在這些抗爭當中，幾乎所有移民、流亡者、學生與知識分子都參與其中，或占有中心地位。不過，他們多數在亞裔美國人研究裡不是遭到邊緣化，就是完全被排除。關於外國學生的政治運動，王智明寫道：

> 把亞裔美國人運動視為在美國從事的革命計畫，目的是藉著反抗種族歧視與帝國主義而尋求正義與自決……此觀點經常比較聚焦於亞裔美國人涉入反種族歧視與反帝國主義運動的行為，以致沒什麼空間探討外國學生的參與以及他們本身的社運行動，但這些行為同樣也是受到此一革命情境啟發，並且同樣發生在此一革命情境裡。[56]

如同奧古斯托．埃斯皮里圖（Augusto Espiritu）指出的，亞裔美國人史學史帶有比較重視第二代及勞工與勞動階級經驗的偏見。「移居國外、流亡、外交以及跨太平洋通勤的經驗，顛覆了傳統的二元區別，亦即美國出生相對於外來移民，以及永久居留相對於旅居。」因此，前者的許多人士都沒有被視為亞裔美國人歷史的一部分。[57]然而，也許有些矛盾的是，聚焦於第二代經驗的這種觀點，有時也造成把種族分析的重要性置於階級分析之上的結果，而將每一個群體視為帶有同質性，並且聚焦於亞洲人在美國遭受的種族貶抑，但比較少探討那些複雜且經常相互對立的認同與政治在跨國情境下的形成。[58]

同樣的，亞裔美國人研究裡的跨國與跨太平洋觀點，雖然在過去二十年間大為盛行，但關於和美國帝國勾結、相互對立的政治立場，以及意識形態異質性的問題，則至今仍未受到充分探究。[59]如同東榮一郎所闡述的，這些議題有兩個面向，涉及外來移民帶來的認同與立場定位，以及他們後來在美國社會裡受到的定位。[60]實際上，這兩種立場定位對於理解台美人的政治立場來說極為重要。他們來到美國的時候，也帶來了他們那個多重殖民社會的內部歧見與敵意；其中有些人的自我認同為中國人，有些人則認同為台灣人，而且他們抱持各異的政治信念與態度。這些歧見與敵意，在亞裔美國人研究的「華人」這個單一族裔類別當中，大體上皆未探討以及處理。[61]

這個複雜的光譜可以描述為華語圈，也就是史書美所謂的「對於身在中國與中國屬性邊緣的漢語文化及社群所從事的研究」。[62]史書美雖並非第一位採用此用語的學者，但她明確偏離純粹奠基在語言之上的觀點，而認為該用語可以標記帝國主義、殖民與解殖的生活、文化與實踐。[63]正如英語圈和法語圈勾勒出受英國與法國帝國主義所形塑，但又反對英國與法國殖民主義的全球智識與政治傳統，史書美和她的同事也使用華語圈一詞，跳脫以漢人為中心而把種族、國籍與文化混為一談的華人本質主義：「簡言之，華語圈把中國屬性與中國脫鉤。」[64]他們也呼籲把注意力集中在文化與實踐的地點，指出華語圈文化雖然「在其構造與形成當中是跨國的」，但「實踐與表達卻總是在地的」。[65]關於華語圈對於當代台灣與香港所特別帶有的意涵，史書美闡述道：

> 華語圈的表達……可能含有反對中國霸權的反殖民意圖。……華語圈可以是渴望以及抗拒各種中國屬性建構的地點；也可以是長程民族主義、反中國政治，或甚至是與中國沒有任何關係的地點，不論是真實還是想像的關係。[66]

史書美的華語圈概念，在亞洲研究裡主要受到文學與文化學者採用。[67]這批研究著作建構於亞洲研究、文化研究與人類學之間從一九九〇年代以來的對話之上，那些對話探究了中國屬性，以及中國屬性如何在跨國權力體系當中受到體驗以及運用。[68]不過，就我所知，在亞裔美國人研究或者更廣泛的美國研究與族裔研究當中，幾乎沒有提及該用語或是這個用語在智識與政治上造成的挑釁，儘管至少早自一九九〇年代以來即有呼聲，要求在亞裔美國人研究當中對於中國屬性從事更具批判性且細膩的研究。[69]然而，華語圈為亞裔美國人研究提供了一個富饒的框架，能夠面對亞裔美國在意識形態以及族裔和種族上的異質性——尤其是中國屬性的異質性。

訪談、檔案與家族史：關於程序與方法

如同艾玟．甘地（Evyn Lê Espiritu Gandhi）所寫的：「本書有兩個開頭。」[70]第一個開頭發生在將近一個世紀之前，當時我的外公賴兩全剛開始感受到反殖民的憤恨情緒、恐懼，以及後來對於台灣人集體自決的渴望。他出生於一九二七年，在日本殖民期間長大，父親是林業鐵路工人，母親則可能帶有部分的原住民血統。[71]他在十二歲那年結束學校教育，就像當時在日本統治下的大部分漢族台灣人一樣，然後在宜蘭的中興紙廠擔任了數十年的檢驗員。二二八事件爆發，當時還年輕的他目睹了許多人遭國民黨的士兵殺害，屍體遺留在街道上，親友因害怕被進一步迫害，不敢出面認屍。

國民黨在一九四九年遭中國共產黨打敗，帶著大批支持者、士兵與難民逃到台灣之後，即開始認真統治台灣，賴兩全於是看著他原本的日本上司被國民黨人員取代。同樣的階級體系，只是換了統治者而已。他教導大女兒賴淑卿（也就是我的母親）「報紙要倒過來看」（意思是以懷疑的眼光看待國家機構，並以自己的批判性觀點解讀世事）。賴兩全這種勞動

階級的反殖民觀點，長久地影響了我的母親，她和我父親鄭德昌在一九七〇年代來到美國讀研究所之後，就成了積極追求民主、人權與台灣獨立的政治活躍分子。

一九七〇年代晚期，因為參與的運動，我父親因此實際上被列入了黑名單，不得返回台灣——之所以會發現這一點，是他在討論返母校擔任一項教授職務的過程中（那是他的夢想工作），一名政府官員對他說，台灣沒有他的工作。受到警告後，我的父母便決定留在美國，我們從此成了美國人；在戒嚴令於一九八七年解除之前，他們甚至不曾冒險回台灣探親。因此，我就和我這個世代的其他許多台美人一樣，在民主與人權運動人士的圈子裡長大，儘管父母和他們的同志都在美國生活、工作以及成家，他們的心卻總是向著台灣。我從小就內化了對許多事件的集體哀傷與憤怒，像是一九八〇年，反對運動人士林義雄的母親與雙胞胎女兒被害，以及陳文成在一九八一年死於台灣。生活在這種涵蓋了地方、國家以及跨國層級但是關係極為緊密的社運行動與社群關懷圈裡，我們因此認識了許多首要的社運人士以及深深受影響之人。

本書的第二個開頭——也就是正式的研究——則是從訪談開始。從二〇一一到二〇二二年間，我深度訪談了三十名在一九六〇與七〇年代來到美國的台灣留學生，他們都活躍於美國與台灣的政治之中，深入程度不一。此外，我又進行了六項訪談，對象是非台灣留學生的學者、社運人士以及社區領袖。如同先前提過的，我父母是活躍於政治且建立了廣泛社群人脈的台灣留學生，因此在訪談一事上，對於參與者的挑選與招募乃是始於家人與老友，接著再利用滾雪球的方式聯繫並招募額外的參與者，同時也直接接觸，聯絡已知以及受到推薦的政治運動人士。那群為數三十人的台灣留學生當中，男性二十二名，女性八名，他們皆出生於一九三二至一九五二年之間。受訪者男性成員居多的現象，反映了這段時期海外留學生當中男性比例之多，也反映了受到日本影響的台灣文化當中的傳統性別角色；對此，我試圖修正此一性別扭

圖三 像是這場舉行於聖地牙哥的這種多世代台人社群聚會，經常除了是社交活動之外，也提供了政治組織的機會。在這張一九七九年的照片裡，作者是最前排左起第二位，與母親、哥哥以及外祖母坐在一起。（作者家庭生活照；陳文盛／攝）

曲，刻意找出女性受訪者，並納入北美洲台灣婦女會的領導層與成員所提供的意見。

除了訪談，我也查閱了一九六〇至八〇年代期間，身在美國、加拿大與日本的台灣留學生所創立並散布的眾多政治刊物。我取得這些刊物的管道，包括了關鍵參與者分享的個人檔案，還有國立政治大學圖書館、慈林教育基金會、國立清華大學圖書館以及匹茲堡大學圖書館系統的大量數位收藏。張冬齡與陳啟懷（Trần Khải Hoài；當時他們兩人都是博士生，分別在亞利桑那州立大學從事正義與社會研究以及在耶魯大學從事東亞研究）摘要以及翻譯了部分刊物的內容，特別聚焦於《台灣革命》與《台灣時代》。不過，由於我本身的語言能力有限，要深入分析這類刊物顯然需要依賴太多別人的翻譯。因此，我終究不得不調整寫作計畫的方向與焦點。

我把目標轉向在美國受到國民黨監控而因此被捕、入獄或者被殺的個別台灣移民，是我關注個人經驗和敘事的具體性自然延伸的結果，因為那些個案都涉及更廣大的歷史與政治情境。每一個案例都浮現了社運行動與國家迫害之間充滿豐富資訊的辯證、網絡以及組合。這些個案也讓我得以發展出一種透過堪稱是市井小民的人物「側向」詮釋，以及重新詮釋歷史與意義的方法，並且認真看待每一案例對社運行動以及世代意識的影響。在美國與台灣的幾項檔案，包括國家檔案（台灣國家檔案與美國國會圖書館檔案）、大學檔案（威斯康辛大學、夏威夷大學、東西方文化中心、華盛頓大學），以及獨立檔案（吳三連基金會、陳文成博士紀念基金會），為我在第三、四、五章對個別案例從事的分析提供了豐富的第一手資料。地方、學院與大學報紙的檔案也是極為珍貴的資料來源，尤其是《檀香山星廣報》（*Honolulu Star-Advertiser*）以及《匹茲堡郵報》（*Pittsburgh Post-Gazette*）的數位化檔案。

個人檔案、社區檔案以及非正式檔案，對於這本書的寫作計畫的重要性無以復加。關於台灣人以及台美人的社運行動與政治歷史，已有一套內容更加廣泛的中文學術文獻（其中絕大多數都沒有反映於本書，因為本書主要仰賴英文的學術研究）。不過，關於一九六〇年代以來的社運行動，許多最重要的資料（包括中文與英文資料）都存於個人檔案、社區檔案，以及其他非正式檔案，還有短命的出版品當中（例如自力出版或者由社群出版的作品），至今大體上仍未受到學者或訓練有素的檔案人員注目。其中有幾部以英文出版（或是受到譯入英文）的作品如下：《台灣門：黑名單政策與人權》（*Taiwangate: Blacklist Policy and Human Rights*），由陳重信編纂（受到台灣人權協會〔Formosan Association of Human Rights〕資助，並且在一九九一年由台灣國際關係中心〔Center for Taiwan International Relations〕獨立出版）；《良心犯：陳玉璽》（*Prisoner of Conscience: Chen Yu-hsi*），作者為川田泰代（這項出版計畫由夏威夷大學學生聯合會〔Associated Students of the University of Hawai‘i〕發起，並且在一九七五年由二十一世紀圖書出版社〔21st Century Books〕獨立出版）；《我的聲音借你：台灣人權訴求與國際聯絡網，一九六〇—一九八〇》，由艾琳達與梅心怡（Lynn Miles）撰寫及編輯，並且在二〇〇八年由台灣社會改造協會於台北出版；還有《咱的故事：十六對海外台灣人夫妻的人生》，作者為楊遠薰，二〇〇四年由北美洲台灣婦女會出版。納入這些個人、社群、自力出版以及官方的文獻，為橫跨多個學術領域的閱讀創造了必要而且充滿活力的對位。採用各種位於不同地方的文獻，雖然不免有其混亂與充滿挑戰之處，卻能夠揭示其他文獻遭受的排除，也讓人得以窺見孤立的文獻。在這些方面，方法與過程對應了本書若干比較龐大的智識與政治目標。

各章概觀

本書共五個章節。頭兩章以較為廣泛的觀點看台灣與美國的關係，並概述教育和社會網絡，以及這些網絡如何為認同的形成、意識發展以及政治運動提供了基礎結構。第一章：〈社運與監視的基礎結構〉檢視了一九六〇與七〇年代期間，抱持台灣人認同的留學生在美國大學校園裡透過哪些歷史力量、社會與機構網絡以及情感結構，出現政治化的發展。我尤其檢視了台灣同學會與台灣同鄉會如何為雜亂零碎的政治形成過程，提供一套不可或缺的基礎結構，而使得身在美國的台灣僑民得以在此一過程當中互動。抱持台灣人認同與抱持中國人認同的同學會之間的分歧，提高了學生政治化的可能性。國民黨對抱持台灣人認同的同學會成員從事管控、監視，並且採取其他足以激起敵視態度的手段，而在無意間造成了反對勢力的形式化與團結。在這段時期，使得台灣人能夠移居美國的那些選擇性條件，確保了他們在完成學業之後持續於相同的地理位置與職業聚集；於是，在他們離開大學校園之後，他們的社會與政治網絡仍輕易地持續茁壯、發展。

第二章：〈比較黑的黑名單：台灣左派僑民系譜〉聚焦於一九七〇與八〇年代期間，身在美國的左傾台灣社運人士，追溯他們的信念與活動，並且把台灣政治運動人士定位於當下那個時代的全球政治當中。具體來說，我主張台灣學生應該被理解為一個華語圈政治可能性領域當中的一部分。從一九七〇到一九七一年刺殺蔣經國未遂的行動，以及反帝國主義的保釣學生抗議活動開始，並以位在紐約的台灣革命黨於一九八六年解散作結，本章追溯了台灣僑民社運行動的激進另類系譜。這些系譜的存在，造成了自由主義、族裔民族主義以及右翼共犯這些常見敘事的複雜化。

第三、四、五章，詳細檢視中華民國政府在美國大學校園裡，針對在美台灣人所從事的法外監視與暴力行動。我探討美國與中華民國這兩個政府之間的公開與祕密關係，以及這些關係如何形塑了台灣學生與職業人士的認同、意識以及生活經驗。每一章都各自聚焦於一個案例，探究台灣留學生如何因遭指控在旅美期間涉入政治活動，而在台灣遭遇國家暴力（包括逮捕、監禁，以及謀殺）。每一個案例都體現了該時代的全球政治，也運用並創造了各種網絡與組合，有時會造成社運人士之間出人意料的結盟，且影響深遠。這三章檢視了大學如何在冷戰期間成為全球與跨國關係競逐、對立的場域，以及大學與校園如何成為國家權力與暴力，還有法外權力與暴力的發生地點及調解者。這些活動在個人、意識形態以及政治層面上帶來的風險受到了辯論與爭執，包括地方上的個人與團體間的鬥爭，在校園、地方及全國媒體，包括學校管理層與政府官員的通信和通訊，還有在美國與中華民國代表之間，那些政府對政府的公開與私密通信之中。

第三章：〈黃啟明與知識政治〉檢視黃啟明的案例。他是威斯康辛大學的研究生暨研究助理，而他的學術與政治生活以及後來遭受的逮捕與監禁，凸顯了區域研究、美國政府以及知識形成在此時期的密切關係。

第四章：〈陳玉璽與夏威夷冷戰國際主義〉仔細檢視了陳玉璽的案例。他是夏威夷大學東西方文化中心的學生，一九六八年從日本被引渡回台灣監禁。陳玉璽是土生土長的台灣人，對中國共產主義頗感興趣。他反對越戰，並且與民主社會學生會（Students for a Democratic Society）檀香山分會的領導層交好。在夏威夷與日本，一個由學生、教職員、學校管理高層人員、政治人物以及人權運動人士組成的國際聯盟發起動員，為陳玉璽爭取權益。陳玉璽案件當中的國際性與國際主義面向，不僅彰顯了那個時期的全球政治，也凸顯了夏威夷以及東西方文化中心這個由美國國務院為了冷戰文化外交的目的而成立的機構所處的具體情境，包括地方性和區域性的。

第五章：〈陳文成的生與死、自由主義、美國的天真〉，則聚焦於陳文成的案件，以及這起案件的後果與影響，還有傷痛與哀悼的政治。陳文成是美國居民，在卡內基美隆大學擔任教授，於一九八一年返台探親時被政府人員帶走，並在那段期間死亡。他的死引起了全美媒體的注意，並促成美國國會針對在美台灣人遭受法外監控與迫害的議題，舉行了兩場聽證會。這兩場聽證會雖在要求台灣解除戒嚴並且踏上民主化進程上，增加國際壓力且所貢獻，但最終也鞏固了一項自由主義與個人主義的人權論述，把美國定位為一個抱持善意關懷，但根本上與台灣分立的實體。藉此，那兩場聽證會抹除了中華民國台灣與美國政府之間構成性的歷史關係，兩者之間虛構的道德地理學直至今日仍在運作。

本書的結論：〈成為台美人〉，省思了把在美台灣留學生擺回全球歷史當中的重要性。這一章探討了這麼做的迫切性，以及此舉對於當前與未來世代的潛在意義與影響。

社運與監視的基礎結構

Chapter 1

一九七二年八月，鄭德昌離台，前往麥迪遜威斯康辛大學分校就讀核子工程研究所，當時的校園反越戰的學生抗議浪潮洶湧。他記得自己在抵達之後不久參加了一場校園活動，見一名越南年輕人發言，批評美國政府在越南的行動：

> 我不禁納悶，怎麼可能會有那樣的情形，因為當時有一場戰爭正在打，而那些人應該都是美國的敵人。他們怎麼可能到美國來，然後談論美國如何侵略他們？……這種情形在台灣根本無法想像。所以，我想民主和自由的思想大概就是這麼一回事，能夠造成這種……矛盾但美妙的情形。[1]

一九六〇到八〇年代期間，台灣有超過十萬名留學生赴美，鄭德昌即是其一。[2]儘管來自一個從一九四九年就實施戒嚴的威權社會，許多台灣學生卻很快就產生了勇氣，敢於參與這種「矛盾但美妙的情形」。他們自行成立或迅速加入了同學會，也建立僑民網絡，不但橫跨美國各地，也延伸至加拿大、日本、歐洲與南美。他們創立自己的政治刊物並流傳於台灣人社群當中，也大膽踏入主流對話空間。不只如此，也發起大規模抗議與行動，有些人更策畫以和平與暴力的手段發動革命。

鄭德昌記得的那個時刻之所以重要，也因為在威斯康辛大學發言的那名越南年輕人很可能是越南人聯盟（Union of Vietnamese）的成員。[3]越南人聯盟是一個以美國為根據地的草根組織，成員皆為反越戰的越南人士，創立者則是領取美國國際開發署獎學金到美國留學的學生；那些學生被認定抱持親美立場，也沒有人預期或者預設他們會發展出這樣的批評。[4]不過，如同傅傳玫（May Fu）所言：「他們入美國大學就讀……而因此開啟了一項出乎意料的政治教育。」[5]這兩名亞洲留學生在同一所美國大學的校園裡，在美國軍國主義與美國看似出自善意的舉措共同造成的情境裡，各自表達或者發展自己的政治觀點，提供了一個重要的窗口，可讓人窺見至今仍然相對鮮為人知的亞裔美國人政治史。在美國接受教育的學生的重要性，雖然在若干非美國國民的歷史當中受肯定，王智明卻主張「外國學生潛伏在亞裔美國人歷史與再現的邊緣，有時受到承認，但經常未受認知」。[6]

尤其就台灣留學生而言，此一闕漏是揮之不去的冷戰權力認識論與結構的結果，也是源自亞裔美國人研究的一種傾向，亦即把台灣人視為毫無疑問的中國人，或是擁有階級優勢的留學生，而沒有任何政治立場可言。[7]來自台灣的許多留學生雖然都自我認同為中國人（這些學生主要出身自當初隨蔣介石的國民黨政權逃離中國的家庭），卻也有為數不少出自在台灣生活了好幾個世代的家庭，因而認同自己是台灣人，或者將在不久之後產生這樣的認同。[8]在一九六〇年代期間，政治學家道格拉斯・孟岱爾（Douglas Mendel）估計，在認同自己是台灣人的留學生裡，有多達百分之二十的人活躍於政治上，而且台灣人社會組織的參與者絕大多數都對台灣獨立懷有「共鳴」。[9]同樣的，在一九七〇年一項針對台灣人學生與職業人士的調查裡，張淑媛（Shu Yuan Chang，音譯）發現「反蔣以及支持民主的情緒」相當普遍，而且有將近五分之一的人「都把『逃命』列為離開台灣的理由（之一）」。[10]

本章檢視抱持台灣人認同的留學生透過哪些歷史勢力、社會與機構網絡以及情感結構，而在一九六〇與七〇年代的美國大學校園裡出現政治化的發展。我尤其要檢視的一點，是在美國台灣僑民零碎雜湊的政治形成過程裡，台灣同學會與台灣同鄉會如何構成一套不可或缺的基礎結構。台灣同學會建立了友誼與信任的網絡，而且經常是明確作為「中國」同學會的替代選項。中國同學會的參與者是抱持中國人認同的台灣留學生，且不少同學會與政府機構有直接關係，擁護的是國民黨，也是監控台灣學生的場所。

最後，台灣學生從事的部分高知名度事件證實了威權政府的恐懼，包括康乃爾大學肄業研究生黃文雄在一九七〇年於紐約刺殺蔣經國未遂的案件；華人學生（包括來自台灣的學生在內）在一九七一年的反帝國主義保釣運動當中發起的大規模抗議，以及他們因此出現的政治化發展；還有一九七九與八〇年間一系列以國民黨辦公室與官員為目標的炸彈案，導致台灣人一度被聯邦調查局列入恐怖分子觀察名單。[11]更常見的，是台灣人利用教育及私人網絡找到彼此，交流關於台灣政治發展的資訊。他們撰寫、散播提倡台灣自決的文章；有些人把台灣的處境與第三世界左派連結在一起，並且針對馬克思主義理論的細節進行辯論。至於個人返台探親的旅程，則可以提供機會把資訊或甚至是像無線電廣播器材這樣的物品夾帶進入台灣。[12]

台灣學生在美國的政治化，透過三項相互關聯的重要條件成形：一種從台灣的多重殖民史衍生而來的潛在底層心態；機構之間緊密相連的社交網絡——包括在台灣學校裡建立的長久情誼，以及美國大學裡有助於這種關聯形成的情境；此外，還有更容易接觸書面資料、其他媒體以及表達自由。藉由前學生運動人士的第一手經驗與觀點，檢視這些條件如何共同促成政治運動，台灣移民即可被理解為帶有複雜主體性的政治行為者，以富有創意和政治策略的方式利用奠基於機構的社交網絡。

就此一意義來看，本章也將研究更廣泛的社會關係與結構如何促進以及維繫社運行動，尤其是僑民政治運動，創造出潛在的**社運行動基礎結構**，或者可能性的結構條件。因此，本章的用意不在於詳盡記述台灣人在美國的政治運動史；雖然我會提及若干在這段時期打出名號的台灣社運團體，但主要的焦點乃是在於同學會以及校園網絡。[13]聚焦於留學生經驗與觀點的第一手陳述，可讓人窺見台灣移民的「複雜人格」，亦即一方面受益於壓迫性的權力體系，同時卻又致力反抗之。[14]這些經驗與觀點開啟了寬廣的分析空間，可讓人理解橫跨各種社會群體與階級定位的許多不同政治運動形式。

報紙要倒過來看：台灣政治意識的反殖民根源

這些僑民社運人士的動機，若非汲取了一項早已存在的反殖民或底層心態，就不會形成我們所見的樣貌。台灣漫長的反威權歷史中，產生了一種台灣意識。在《台灣人四百年史》這本在台灣廣為人知的著作裡，長期以來的左翼分子暨台獨運動人士史明，描述該心態為「先人傳下的抗外血氣」。[15]據史明所言，此心態始於原住民在十七世紀對於荷蘭人的抵抗，經歷清朝而持續至後來的日本與國民黨統治時期。在《被出賣的台灣》裡，葛超智也對受到清朝統治的台灣描述如下：

> 做了兩個世紀無效率及暴虐的統治……產生了當地台灣人憤慨的傳統，並且醞釀出對大陸當局的敵視心理。暴動和流產的獨立運動時常發生，以致在中國談起台灣來，就說是「三年一小反；五年一大亂」，十九世紀就有卅次以上激烈的暴動。[16]

史明主張這些抗爭與感受隨時間過去，創造出了一個獨特的民族與文化：「台灣的四百年歷史不只是一段持續遭受支配的歷史……也讓人看到一個民族為了自由而不惜冒險，更重要的是不惜反抗剝削性的壓迫者。」[17]

我的一位訪談對象名叫陳秋山，一九六二年抵達美國就讀物理學研究所，後來在一九七〇年代晚期成為台灣獨立建國聯盟（World United Formosans for Independence；簡稱台獨聯盟）這個激進組織的一員。他也以類似的說法描述從台灣的歷史情境當中產生出來的台灣意識：

這座島嶼總是受到那麼多不同的外人所影響，因此逐漸形成了其本身的認同。我認為……台灣可憐的命運使得台灣人甚至必須多思考幫助台灣，因為台灣總是任憑別人擺布，對不對？日本人、中國人。……他們統治我們，他們沒有平等對待我們。他們對你略施小惠，然後我們就感激不已。可是那些福利本來就是我們該有的，對不對？[18]

一九六〇與七〇年代期間，反國民黨與支持台灣獨立的感受主要不是以族裔敵意的方式表達，而是一種階級與反殖民的怨恨，以及對於自決的原則性渴望。另一位訪談對象李遠哲，憶述了他在一九五〇年代於台灣讀高中時的氣氛：「這（是）統治者與被壓迫者之間的摩擦，而不是台灣人與中國人的摩擦。可是中國人是以統治者與支配者的身分來到這裡。」[19]實際上，相對於台美人社群在近數十年來表達的反中情緒，在一九七〇年代以前曾有一群台灣社運人士對於共產中國頗感興趣，認為他們有可能成為反國民黨的盟友。[20]簡言之，台灣的既有人口覺得國民黨又是另一個殖民實體，而實際上也確實如此。國民黨精英不但全面施行國家暴力，也承繼了日本人早已建立的殖民階級結構，在政治與經濟上支配居多數台灣人，且從此一結構獲利。羅柏・艾蒙森（Robert Edmondson）簡潔扼要地概述了這一點：

> 他們搬進日本人的住宅、接任最重要的行政職務、在警力當中取代日本人、把先前由日本人持有的各項最大產業國有化，並且把對於台灣人而言有如外語的漢語強制推行為國語。公立學校與辦公室裡的日本天皇肖像換成孫逸仙與蔣介石的照片，作為強制儀式化國家崇拜的新對象，而且城市空間也換上與「祖國」有關的地名，儘管沒幾個現存的台灣人見過那個祖國。[21]

成長於這段時期的台灣人，隨著權力從日本人轉移到國民黨人手上，也就親眼目睹了前述的這些動態。舉例而言，賴淑卿成長於台灣東北部一家造紙廠所建立的公司城鎮裡，那裡的台灣工作人員僅能從事低階職務，而且他們以及其家人住的宿舍與日本人不同。後來的國民黨人採取了和日本人相同的做法。賴淑卿的父親自十二歲起就在那家造紙廠工作，曾對她說了日本管理層如何在戰後直接由隸屬於國民黨的中國人取而代之的事。[22]賴淑卿兒時雖然不了解那些細節，但她的父親還是教導她對於自己周遭發生的事情須培養出批判性的認知，尤其是涉及政府的事情。如她所述：

我（不懂政治），可是我爸爸在家裡說話都很直率。他和其他的……父母不一樣，別人家的父母不會說這些東西。他對政府非常不滿。他總是對我說，看報紙的時候要倒過來看。他們如果說是白的，事實一定是黑的。我就是在這樣的環境下長大。[23]

因此，台灣認同與台灣意識深受反殖民與底層認同形塑。此意識雖備受壓抑，但在台灣留學生抵達美國之時，卻已存在於他們的人生經驗與家族歷史當中。[24]他們抵達美國之後遇到的環境以及建立的人脈——尤其是透過教育圈裡的社交網絡所促成的人脈——為這些早已存在的世界觀提供了激發行動的豐富機會。

社交網絡與政治化的同心圓

教育網絡不只是台灣學生得以移居美國的條件，對他們在美國相互聚集在一起的能力更是不可或缺。[25]前往美國的台灣學生之中，多數人成績從小學起就名列前茅，原因是台灣的教育制度在每一個階段都以考試分數分類學生。在大學聯考的制度下，僅分數最高的學生才能入頂尖學校（例如：台灣大學與清華大學）的醫學院以及科學與工程學系就讀。因此，學生從國中開始，接觸的大概就都是同一群人。由於當時台灣的就業或者研究所教育機會不多，因此到美國念研究所成了極為普遍的現象。以台灣大學的物理系為例，同一屆的畢業生可能有一大半人都會前往美國繼續求學。實際上，台灣的教育制度正是為了此一目標量身訂做，因為學校不但從國中就開始教導英語，也鼓勵學生「精通美國就業市場所需的技能」。[26]

於是，美國成為這段時期最熱門的海外留學目的地，在一九六〇至一九七九年間接收了百分之九十的台灣留學生。[27]這些留學生主修的科系，大部分都與科學或科技有關。[28]張林秀菊發現，一九七六到八一年間，每五名科學與科技學系畢業生就有一人前往美國就讀研究所。這些學系包括機械工程、電機工程、物理學與化學。在聲譽最崇高的大學裡，像是台灣大學與清華大學，更是每五名畢業生當中就有兩人出國留學，而且前往美國的比率將近百分之九十五。所以，當時才會流行這麼一句話：「來來來，來台大；去去去，去美國。」[29]這些學生多數是他們那個世代的頂尖學生，因此普遍被台灣人視為未來的領袖。美國盛行一種刻板印象，認為主修科學與科技的學生都是不關心政治的書呆子（尤其是亞裔美國人），但這不適用於台灣留學生。[30]他們雖然可能受到家人告誡要迴避政治以策安全，但就文化上而言，他們接受的訓練以及擁有的技能，被認為能夠與政治參與以及領導互補，而非互斥。

美國的第一批台灣同學會，是一九六〇年代初期至中期間，由中西部各大學的台灣研究生與教職員創立的。台灣留學生在美國中西部的密集程度，以及台灣同學會的蓬勃發展相當引人注目。這點雖然還需要更多的實徵研究，但明顯可見大部分的台灣學生出身的階級背景低微，且缺乏社會資本與財務資源，與來自台灣的「外省人」學生形成對比，因為後者雖同樣面對相同的結構條件，卻比較有可能來自優勢階級，而可以循既有的管道前往加州與美國東岸的精英大學就讀。[31]這也是為什麼大部分的台灣學生，會聚集在競爭比較沒那麼激烈的二線研究型大學，因為學費較低廉，且他們在這裡也比較容易獲財務支持，包括獎學金，以及教學助理和研究助理的工作機會。[32]舉例而言，林郁子在一九六九年進入堪薩斯州立大學就讀建築碩士班，她後來被問及台灣學生在該校的高度密集現象，就指出國際學生到此就讀，從第一年開始就享有繳交本州居民學費費率的資格。「我的標準是：哪一所學校的學費最便宜？所以，我就是因為這樣而來到堪薩斯州立大學。」[33]

至於外國學生的華人同學會歷史，可以追溯至二十世紀初。早期的同學會裡，中國留學生聯合會（Chinese Students Alliance）於一九〇一年創立於柏克萊加州大學，全盛期的成員涵蓋了全美三分之二的華人學生，而其組織結構以及造成的長期影響與後來的台灣同學會極為相似。許多著名的中國知識分子都是中國留學生聯合會的成員，胡適即為一例（他後來在台灣成為一位重要人物）。[34]不過，到了一九四〇、五〇年代，國民黨已與聯調局及中情局合作，控制與監視海外中國人組織的意識形態。到了一九六〇年代晚期，這些工作更以學生組織為焦點。[35]中國同學會的成立，表面上是為了提供來自台灣的學生支持性的社會網絡，實際上是為了監控他們的活動。

中國同學會的顧問經常與中華民國領事館有直接關係，而國民黨特務則擔任職業學生的聯絡人。出國留學的學生有時會在出發前，接到錄取大學的中國同學會顧問聯繫，要求在抵達之後主動聯絡對方。[36]非正式組織遭到禁止，且同學會若取名「台灣」而非「中國」，會被視為是在政治上宣告反對國民黨。儘管如此，學生還是勇往直前。實際上，有些校園裡有三個不同的華裔同學會：除了隸屬於中華民國的同學會、台灣同學會之外，第三個組織則是主要吸引來自香港的學生（關於這三種不同組織的政治立場，請見第二章）。

即將前往美國的留學生會在出國之前必須參加的政府說明會裡受到明確警告，要他們不得與有問題的人物往來，尤其是在威斯康辛大學，因為政府官員指稱那所學校是「共產黨人與台獨分子的總部」。[37]事實上，最早的一個台灣同學會就是在一九六三年成立於威斯康辛大學，登記名稱為「威大台灣同鄉會」（The Formosan Club of the University of Wisconsin）。[38]當時是經濟學研究生的吳得民參與創會，他記得中國同學會對此提出激烈抗議，他們還必須向學生會提出申訴，才得以成立這個台灣同學會。[39]對於自稱在來到美國之前「不關心政治」的吳得民而言，這起事件令他留下「深刻印象」。他覺得中國同學會「代表了中國政府（意指國民黨）的思想。所以，就算我們想做的（只是）成立一個台灣同學會這種小事，他們也不允許」。[40]幾年後，吳得民在堪薩斯大學取得教職，也在一九六四年參與成立該校的台灣同學會。當地的中華民國領事館派了一名代表前去勸阻學生，但他們不受威嚇。吳得民在學生的要求下擔任台灣同學會的首任會長，並且在一次接受學校報紙訪談的時候公開批評國民黨。不久，他收到父親從台灣寄來的信，指稱有一名政府人員家訪，要求他們警告吳得民不得再發表相關言論。他這時才充分理解，自己不認為與政治有關的行為有可能帶來什麼樣的後果。

在一九六六年一個比較嚴重的案例裡（這是第三章的主題），威斯康辛大學博士生黃啟明為論文研究返台，結果卻因煽動叛亂的罪名遭逮捕，被判處五年有期徒刑，理由是他在芝加哥出席了一場台獨團體的會議，並在返台途中到東京與一名台獨領袖會面。在麥迪遜參與台灣問題研究社（Formosan Affairs Study Group）也是他被捕的原因之一。美國國務院與美國駐台北大使館雖然否認涉入黃案，但他終究獲得再審，於一九六七年五月因證據不足而獲釋，但不准再出境。[41]

後來，美國大學校園裡大多數的學生、教職員以及管理高層都深知，成立或者參與台灣同學會可能帶來的後果。一九六〇年代晚期，游正博與陳鈴津這對同是芝加哥大學研究生的夫妻憶述道，他們把成立台灣同學會必須提交的簽名名單呈交上去，結果身為白人美國人的學生活動顧問在審核通過之後，就把名單丟進壁爐裡燒掉，因為他知道名列其上之人可能會因此招來危險。[42]台灣學生發展出隱晦的社交暗號，藉此示意他們當中可能有職業學生，有時也會在公開活動或演出時把購物紙袋套在頭上以隱藏身分。[43]

留學生開始湧入美國之後，一則典型的抵達故事顯示了台灣學生有多麼快就開始參與台灣同學會，而這對他們而言又是多麼自然的事情。范清亮在一九六九年抵達印第安納州的拉法葉（Lafayette）就讀普渡大學，他回憶指出：

我記得，在我抵達那裡的第一天，我的同學和她的朋友到機場來接我。……他們把我接到學校，我已經申請了宿舍，所以辦好入住手續之後，他們就帶我去了披薩餐館。那是我第一次吃披薩。……（笑）

你和那個同學是很好的朋友嗎？

不是，不算。因為台灣朋友到這裡來，都會聚在一起，所以他們有一個團體。[44]

身為外國學生，他們經常聚居在大學宿舍，或透過既有的台灣人網絡找尋住宿地點。舉例而言，莊秋雄在一九六五年抵達堪薩斯州曼哈頓（Manhattan），到堪薩斯州立大學的國際學生辦公室尋求住宿地點，結果被安排住進一間地下室公寓，室友是另一名台灣學生，恰好是他在台灣認識的一個老朋友，隔壁鄰居也是台灣學生。莊秋雄很快就跟著室友與鄰居加入台灣同鄉會，接受了他們的政治信念。[45]在他的台灣認同發展過程中，這是一個顯著的時刻。他在台灣長大成年的過程中，有過「各式各樣的朋友，有些是中國人，有些是台灣人，他們（看起來）沒有什麼明顯的差異」（但他說，「我們內心都知道誰是什麼人」）。不過，來到美國之後，「我幾乎立刻就明白了來自台灣的台灣人學生和中國人學生有什麼不同，因為非常明顯可見。……校園裡有兩個群體……這兩個群體的意識形態不一樣，認同也不一樣」。

在一九六〇年代期間，堪薩斯州曼哈頓擁有數一數二多的台灣認同學生人口，對於新興的台獨運動而言也是一大中心。繼莊秋雄之後到堪薩斯州立大學就讀了幾年的林郁子，描述了那裡的台灣學生之間如何互相照顧：

> 那是一個非常非常緊密的組織。例如我如果需要採買日用品……就會打電話找人載我一程。剛開始，我住在宿舍裡的時候……每個星期都有一天沒有供應晚餐……我記得自己（在那些日子）總是會有人邀請我共進晚餐。而且，已婚的同學……就像是我們的接待家

庭。……只要遇到節日，他們就像分工合作一樣：「我邀請這十個人，你邀請（那些人）。」他們都是這樣安排的。[46]

她覺得，就是因為這種緊密的關係，所以她才會在抵達堪薩斯之後不久就首度發展出明確的台灣認同：

我認為，那樣的環境，也就是你離鄉背井的狀況，還有幫忙照顧你的同學會（都是貢獻因素）。你會信任他們，然後意識到他們懷有特定的……觀點，於是後來你也採取那些觀點，並且認同他們。[47]

社交元素包覆了政治元素。一九七〇年代中期，明尼蘇達大學社會學博士生黃再添和另外六名台灣學生租住在校園附近的一棟住宅。他們輪流做飯、每天一起運動，從而成為整體學生社群裡的一個中心。他們舉行理髮日活動，由一名有些剪髮技巧的朋友為前來參加活動的人低價理髮，另外也舉行學習自己修車的聚會（大多數人以前都沒有車）。黃再添後來之所以加入台獨聯盟，是由朋友的朋友引介。此人是物理學博士生，恰好是台獨聯盟主席的小舅子，曾借車給黃再添搬家。在一次午餐時，他們討論了黃再添為了幫助台灣的貧寒學生而從事的組織工作。他對黃再添說，要幫助社會，還有一個更好的方法：「你如果真心想要幫助別人，就應該設法改變這個政府。」[48]幾年後，黃再添搬到紐約，成為台獨聯盟少數的全職運動分子之一，後來又成為台灣革命黨的關鍵成員。

社交組織的結構，使得社運人士得以策略性地把那些組織當成推行政治的廣泛網絡，也當成加強政治化的同心圓。同心圓的最外圈由台灣同學會或者以社區為基礎的台灣同鄉會組成，這些組織的運作以社交活動為主，而促成了理念的散播以及對內圈人員的招募。比較小的第二圈負責舉辦活動，並更為明

圖四　明尼亞波利斯（Minneapolis）的台灣學生在一九七四年秋季參加明尼蘇達州台灣同鄉會舉辦的一場「自己的車子自己修」聚會。（黃再添、楊淑卿／提供）

確地討論政治與戰術。最小的第三圈則是最內部的「核心群體」，成員都是支持台灣獨立的運動分子，負責組織那個中心團體。如同這個內圈的一名成員所述：

這個核心群體非常支持台灣獨立。我們說，要怎麼宣傳這項理念呢？所以，我們需要這批廣大的群眾。……你如果……說我們要追求台灣獨立，很多人（一定會）感到害怕，這樣他們就不會來……所以我們必須……不要那麼明顯，設法吸引愈多人來愈好。（如果）在什麼地方發生了什麼大事，如果台灣發生了違反人權的事件……我們就可以召集很多人加以關注。可是在那背後的人，其實是……台獨運動人士。[49]

由台灣同學會舉辦，廣受許多在美台灣人喜愛的區域壘球錦標賽，就是一項具備這些多重功能的活動。在一九七三年進入雪城大學（Syracuse University）就讀的林文政，覺得就連這項運動的挑選也帶有微妙的政治意味，因為這有效吸引了抱持台灣認同的學生，原因在於那些學生受國民黨來台前的日本殖民影響：[50]

我認為，基本上在台灣的大多數……台灣人……都認同棒球。……棒球是日本人的運動。這就像是一種台灣的傳統。所以，非常微妙的一點是，你如果打棒球，就是認同台灣。……這種元素早就已經存在。[51]

後來，林文政體認到那些核心成員刻意利用區域壘球錦標賽招募人員，並募款支持政治犯與台灣獨立。一年一度的夏季錦標賽聚集了美國中西部與東北部的學生，為中西部各地以及紐約、多倫多、底特律和華盛頓特區之間，多達十所大學當中的台灣人建立了連結。[52]這些活動除了是各類台獨運動人士的祕密會面地點以及招募場所，也讓老朋友得以相聚，創造了一個能建立新友誼及結識新對象的平台，並可望在未來派上用場。

壘球聚會這種非正式而又具彈性的社交結構，使其成為林文政所言的「一件非常強大的工具」。若有人只想打壘球、吃吃喝喝，享受台灣同胞的陪伴，也完全沒有問題。不過，許多人在多次參加這項活動之後，最終都成了台灣同學會的關鍵成員以及領導人。這種非正式的社交結構，也讓核心成員得以集體濾除可能是職業學生的同學。如果有人言行可疑，例如：突然問起某人的私人背景，「大家（就會）互相提醒：『小心這個人。』……『如果你和某某人在一起，不要說任何反對政府的話。』」[53]

其他活動，例如每年舉行於堪薩斯州曼哈頓的區域感恩節晚宴，也發揮了類似的功能，把遠在內布拉斯加、奧克拉荷馬與科羅拉多等州的台灣學生聚集於一堂。身為台灣人的經濟學教授范良信，是堪薩斯州立大學台灣同學會的導師，指導了許多後來成為獨立運動人士的學生。他憶述自己捐贈了許多火雞，而學生則是互相協調並參與料理食物。[54]有許多人會為了賺取生活費，利用暑假到餐廳廚房打工，這些人因此在這項活動當中特別受歡迎。[55]富有藝術天分且主修室內建築學的林郁子，記得自己有一年以蘋果和蠟燭為三百名左右的賓客布置了精美的會場。[56]關鍵主辦人經常也是獨立團體的核心成員。舉例而言，莊秋雄是一九六六年感恩節晚宴的首席主辦人。當時，他除了是堪薩斯州立大學台灣同學會的會長，也是全美台灣獨立聯盟（United Formosans in America for Independence；台獨聯盟的先驅）的創始成員，並且特地邀請該聯盟的核心成員參加晚宴，覺得自己有責任要「把這場派對辦得非常盛大而且重要」，藉此彰顯成立於該年稍早的全美台灣獨立聯盟。[57]

這類定期聚會雖主要有社交性，卻為比較明確的政治活動創造或強化了可以付諸行動的網絡，例如：為舉行於紐約或華府的抗議與示威行動安排集體運輸工具、募款幫助政治犯的家屬、製作台獨宣傳品並寄往台灣，而且也在一九七〇年的刺殺蔣經國未遂案件後，為黃文雄與鄭自才這兩名刺客募集保釋金。[58]地方上以及區域性的社交聚會創造了一股團結感受，也促成台灣認同的發展。此外，那些聚會也強化了從事敏感而且高風險的小規模交流活動，不可或缺的情感連結與信任。包括把錢移交給身在台灣的行動人員、當面溝通機密資訊，以及從台灣攜出政治書寫與宣言，或將之傳回台灣。[59]

對部分台灣學生而言，宗教也是其中一個要角，不但形塑那些深受信任的網絡，也為人提供了採取行動所必須具備的勇氣與信念。尤其是從小的生長環境就與台灣基督長老教會有些關聯的人士，更是早已做好了實踐自身政治信念的準備，因為長老教會不但與台灣漢人以及台灣的原住民社群建立了深厚連結，也有廣泛的全球網絡，能夠連結台灣與世界。歷經日本人與國民黨統治時期，長老教會一直支持本土台灣人的領導、保存台語和原住民語言，以及為台灣人提供高等教育機會，從而與那兩個政權產生直接衝突，同時也使得長老教會在一九七〇與八〇年代的政治抗爭裡成為抗爭者的自然盟友。60

在幾乎所有這些領域當中，另一種社交元素包覆了政治元素的面向，則在於異性戀父權制度的性別與性規範。女性雖積極參與各種形式的籌劃工作，多數領導職位卻還是由男性擔任。女性被認為應當從事打字或繕寫這類幕後支援，以及從事社群關懷與社會再生產的工作，包括做菜、打掃以及照顧兒童。如同林郁子先前所述，在許多校園社群裡，已婚夫妻的住處成為社群聚會與關懷的中心，遵循關懷與社會組織的異性戀本位家庭結構。

有些女性欣然接受這類角色，而這點對於社群關懷與政治組織無疑極為重要。舉例而言，我在二〇二二年的北美洲台灣婦女會年會上發表了一場演說之後，該會成員羅瑞梅就對我說：「我希望妳可以（在妳的書裡）針對台灣女性在（赴美台灣人的）早期生活增添更多內容。在那個時期，我們常常為我們的子女、丈夫以及聚會煮飯。」在羅瑞梅位於明尼蘇達州的社群裡，台灣女性也參與照顧社群兒童工作，好讓「許多男人」以及其他「喜歡釣魚」

的人能夠出外釣魚，而他們釣到的魚會平分給每個家庭。此外，那些台灣女性也會學習台灣本土舞蹈，在區域文化節上演出，藉此展現台灣。[61]

有些女性則對自己受到指派的角色頗感惱火。黃美惠在一九六〇年代就讀堪薩斯州立大學的食品科學研究所期間，受台灣獨立的理念吸引，開始熱切關注政治。她在一九七〇年代初期與同是台灣移民的先生一同搬到亞特蘭大，夫妻倆共同協助台獨聯盟領導層，為當時的台獨聯盟主席籌辦了一場公開演說，不惜為此冒上巨大的個人風險。黃美惠回憶指出，擁有政治人脈的雖然是她，但台獨聯盟領導層後來邀請加入該聯盟的對象卻是她先生。他們夫妻持續活躍了好一段時間，先是在亞特蘭大，接著在匹茲堡，不但支持台灣人的政治組織工作，也致力於建立社群；而在這段期間，黃美惠大體上接受了自己的次要角色。「我退居在我先生身後，」她說：「大部分女性（都是）這樣。」[62]

不過，由於卡內基美隆大學教授陳文成是他們的朋友，也是匹茲堡社群裡的一名台灣同胞，因此他在一九八一年被國民黨人員帶走而遭到殺害之後，黃美惠就因為支持陳文成的遺孀陳素貞而再度激起政治熱情：「我會說陳文成改變了我的人生。……我發現自己可以做的事情不只是養育子女，不只是煮飯。」後來，黃美惠獲選為當地台灣同鄉會的會長，並且在一九八八年成為北美洲台灣婦女會的創始成員。創立北美洲台灣婦女會的女性，包括呂秀蓮這位女性主義領袖、政治運動人士暨律師在內（她後來成為台灣的副總統），都認為女性需要有屬於她們自己的獨立組織。如同黃美惠所言：「你如果參加全美台灣同鄉會或者教會，你的工作主要就是煮飯或者當保母……只能做這種事情。女人不只是廚師，女人還有其他的能力。」[63]在後續數十年間，北美洲台灣婦女會成了一個首要的台美人組織，成員數到了二〇〇六年已超過一千人。該會持續支持台灣與北美之間的文化與政治教育及倡議，也支持其成員的個人與職業發展，而且還是一個重要的訓練基地，訓練了許多後來在其他台美人組織裡成為領袖的女性。[64]

表達自由、新聞和書面資料的流傳

在透過大學社交網絡推動反國民黨台灣意識的過程中，另一項關鍵的因素是在美國比較容易接觸書面資料，再加上擁有更多的表達自由，以及一九六〇與七〇年代在美國以及全球各地政治抗議的熱烈氛圍。這是留學生有時本就預期且渴望的環境：能夠自由閱讀在台灣「必須冒著生命危險才能讀」的書——此為一九六〇年代，於柏克萊加州大學攻讀化學博士的李遠哲的描述。[65]舉例而言，洪哲勝在一九六七年夏季抵達美國後，立刻買了一張九十九美元的「遊覽美國」（See America）巴士旅遊券。此票券的持有者，可以在九十九天的期限內搭乘灰狗巴士前往美國的任何地方。除探訪朋友之外，「我想看我在台灣不能看的書」。當時洪哲勝即將前往科羅拉多州立大學修習水利工程博士學程，趁秋季學期前旅遊美國各地，盡可能造訪關於東亞的大學圖書館與收藏。暑假結束之前，他發現自己已堅定認為台灣必須獨立。[66]該信念形塑了他的餘生。他後來成為台獨聯盟少數的全職運動人士，不惜為此放棄穩定的工程事業，後來又在一九八〇年代成為台灣革命黨的領導人——這是一個從台獨聯盟分裂而出的組織，致力為台灣的未來提倡一條左傾的道路（見第二章）。

除了到圖書館閱讀書籍，提倡各種政治立場的學生也自力出版雜誌與期刊，並且藉由台灣同學會的聯絡名單加以流傳。有些人甚至挨家挨戶發送這些刊物。[67]收到刊物的人，為求保險起見，閱讀時可能會用筷子翻頁或者直接將其丟棄，以免在這些顛覆性讀物上留下指紋。葛超智的《被出賣的台灣》，即被人從大學圖書館內借出、傳閱。曾經的同學雖分散於美國各大學，卻以巧妙的方式保持聯絡，分享各自的經驗還有對美國社會的印象。其中一種做法是寄送「循環信」，亦即一本能夠記錄眾多條目的小冊子，收件者收到之後依序寫下自己的最新消息，再寄給下一個人；許多小冊子同時流傳，即可提高消息在一個群體當中受到分享的效率和頻率。[68]

一九七〇年代晚期，張富雄與楊宜宜這對身為全美台灣同鄉會紐約分會成員的夫妻檔，創立了「台灣之音」（Voice of Taiwan）電話專線（我訪問的對象幾乎全都知道這條專線）。這條專線終究衍生出四十一個地方分支機構，可以從任何地方撥打以聆聽用國語、台語和客家語錄製的訊息，描述台灣最新的政治發展。[69]張富雄說：「我所以做此提議，是因當時在美國，隨時都能打一通電話去問當天的天氣。我自己每天早晨都如此使用，非常方便。」[70]楊宜宜則是把這條專線的創立歸因於三個「國度」的影響：對於台灣的愛、美國的人表達自由，以及「上帝的國度」。她和張富雄都是從小生長在信奉長老教會的家庭，「兩人自小就在類似環境中奠定了台語的深厚基礎」。[71]在紐約，楊宜宜感到一股「悲憤又似悲天憫人之心」，不只是因為她對於台灣人在國民黨統治下遭遇的困境獲得更多訊息，也因為在哥倫比亞大學「目擊……熱血沸騰、如火如荼的反越戰學生運動」。[72]

張富雄在多年後回憶指出，由於他們是在自己紐約市皇后區林邊（Woodside）的公寓裡錄製那些廣播內容，因此有時會無意間錄入背景噪音，包括他們當時年幼的兩個孩子在門外玩耍的聲音。在一九七〇年代晚期至八〇年代初期，對於身在台灣以及海外的台灣人而言，台灣之音是最重要也最普及的溝通工具，經常是緊急政治事件唯一的消息傳遞管道，即便不然，不論在消息傳入還是傳出台灣，也是最即時的。[73]關於台灣之音的重要性，反對派運動人士施明德在一九八七年於台灣的獄中寫道：「這條熱線開啟了海內外大結合之門。」他憶及自己當年擔任黨外全國助選團總幹事之時，接到楊宜宜打來的第一通電話：「我永遠都會記得：『施總幹事嗎？我這裡是紐約台灣之音！』宜宜姊這樣打通了歷史之音。」[74]

李瑞木是國民黨員，是領取國民黨政府獎學金赴美的。他記得自己在一九六八年抵達明尼蘇達大學之後不久，收到了一份倡導台灣獨立的小冊。他一看內容，「心裡立刻就受到觸

VOICE OF TAIWAN

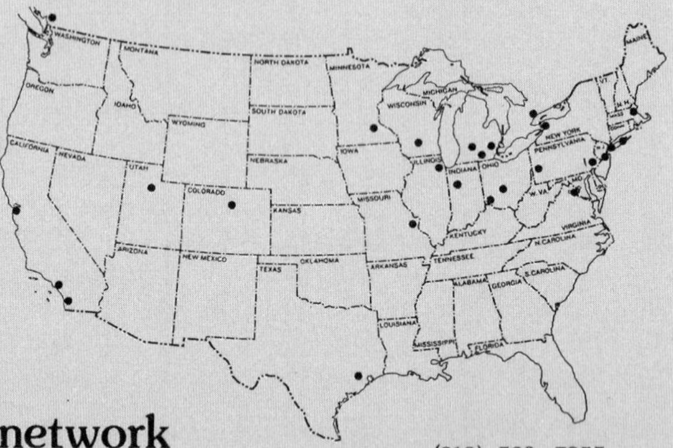

network

(212) 523-7855

WEST		EAST	
Boulder CO	(303) 499-7855	Boston MA	(617) 969-7855
Los Angeles CA	(213) 921-1222 北	Buffalo NY	(716) 631-3339
Salt Lake City UT	(801) 278-8888	Long Island NY	(516) 689-9694
San Diego CA	(714) 453-8581 北	New Jersey	(201) 821-6108
San Francisco CA	(415) 967-7385	New York I	(212) 523-7855
		New York II	(212) 523-5672
MID-WEST		Philadelphia PA	(215) 677-4850
		Pittsburgh PA	(412) 828-0589
Ann Arbor MI	(313) 459-5023	Washington D.C.	(301) 871-8267
Chicago IL	(312) 241-5755		
Cincinnati OH	(513) 521-1907	SOUTH	
Columbus OH	(614) 436-2623		
Detroit MI	(313) 879-8334	Houston TX	(713) 777-8718
Lansing MI	(517) 882-2224		
Madison WI	(608) 238-5979	CANADA	
Purdue Univ. IN	(317) 743-4724		
St. Louis MO	(314) 962-3752	Toronto	(416) 661-0022
Twin City MN	(612) 636-0504	Vancouver	(604) 437-9729

圖五　這份台灣之音傳單列出了美國與加拿大各地的地方分支電話號碼，只要撥打進去即可聆聽描述台灣最新政治發展的錄音訊息。一九七〇年代晚期，張富雄與楊宜宜在他們居住於皇后區林邊的公寓裡創立並且經營這項重要的電話新聞服務。（張富雄、楊宜宜／提供）

動。……我（當時）還是（國民黨）黨員。……可是我收到那份宣傳，那本台灣獨立雜誌之後，我就明白了一切。於是，我的心態從此……澈底改變」。如同我的許多訪談對象，李瑞木也提及閱讀《被出賣的台灣》對他影響極大。我問他當初讀那本書的感覺，結果那雖然已是超過四十年前的事情，他的眼眶還是湧上了淚水，簡短答道：「我哭了。」他抵美不到兩年，就加入了台獨聯盟，深入參與發展以及推廣爭取台灣獨立的游擊戰術。[75]

在一九六九年的芝加哥，游正博與陳鈴津對於學生為了反對越戰而舉行的靜坐、罷課以及抗議活動深感驚奇，因為這種景象與他們「來自的那個受到戒嚴法統治多年的國家」形成強烈對比。那一年的芝加哥八人審判（後來稱為芝加哥七人審判）令他們留下深刻印象，尤其是黑豹黨成員巴比．希爾（Bobby Seale）在審判當中拒絕服從法官禁止他發言的命令；後來，希爾遭綁縛並塞住嘴巴，以藐視法庭的罪名遭判處四年有期徒刑。「看到別人怎麼對抗種族歧視，實在是個令我們大開眼界的經驗。基本上，那就是公民不服從的做法。」抗議人士願意公開發聲反對政府，包括部分「最傑出的學生」也不惜這麼做，令他們兩人「大開眼界」。[76]

台灣學生很快就產生了勇氣，敢於參與這個遠遠更加開放的公共領域，不但在台灣人的圈子裡生產以及流傳他們自己的出版品，而且還踏入主流的對話空間。在書面資料的領域裡，他們向學校報紙以及地方報紙投稿社論。在一九六六年發生於堪薩斯州立大學的一項早期事件裡，由於瑪格麗特．貝克（Margaret Baker）這名美國的「東方權威專家」到校訪問，盛讚了國民黨在「自由中國」的成就，結果引起抱持台灣認同與中國認同的學生在事後數週的時間裡幾乎每天爭論，而他們言詞交鋒的場所是該校的學生報紙《堪大學生報》（*Kansas State Collegian*）當中的「校園評論」版。一名台灣人投書者寫道，在參加了那場活動之後，「我不禁回想起家鄉那麼多挨餓受苦的民眾，而因此睡不著覺。……我覺得我必須說出那些苦難大眾的故事，因為他們慘遭吸血，就只是為了滿足一個獨裁者的虛榮」。這名投書者呼籲美國人「睜開眼睛」：「大多數的美國人都堅信美國在世界各地為了民主與自由而戰。你們的想法也許沒錯。不過，卻有一項例外——台灣。……現在，該是時候美國檢視自己與這個『堅定盟友』的關係了。」[77]

《堪大學生報》的一名記者指出，那場活動「引起的公眾反應與評論，大概比今年的其他任何一位演說者都還要多」。[78]最後，由於爭論看來得不出任何結果，因此報紙編輯呼籲讀者停止在投書版來回爭辯。不過，「堪薩斯州立大學的一群台灣人」卻沒有因此打退堂鼓，次月利用《堪大學生報》的付費廣告版面刊登了一則廣告，紀念一九四七年二二八事件的受害者，原因是他們在校園評論版當中那些支持國民黨的對手同學，聲稱那起事件根本不曾發生過。由於二二八事件是台灣歷史與認同形成當中深具象徵性的分水嶺，因此這則廣告相當於一項大膽的自主宣言，而支持國民黨的學生以及政府人員，也幾乎可以確定是以這樣的眼光看待這則廣告。

這類早期衝突的重要性雖相對不高，卻使得台灣學生社運人士得以在地方層次上發展能力與經驗，從而充足的準備，迎接一九七〇年代晚期至八〇年代初期更大規模的抗爭。那段期間，有幾項重大事件震撼了台灣及其海外僑民，包括長老教會發表《人權宣言》鼓吹台灣獨立（一九七七）、美國與台灣斷交並與中華人民共和國建交（一九七九）、美麗島事件（一九七九）、林宅血案（一九八〇），以及卡內基美隆大學教授陳文成在返台期間於可疑情況下死亡的事件（一九八一）。

面對這些事件，海外支持者採用了許多他們先前在校園與地方場所發展出來的那些方法，只是擴大了規模。舉例而言，台灣長老教會的《人權宣言》在發表之後立刻遭到國民黨禁止，於是張富雄即安排由他姐姐把那份文件夾帶出台灣（當時他姐姐並不知情）。除了在台灣之音一再廣播《人權宣言》的內容，張富雄也召集全美各地台灣同鄉會與台灣人教會的六十八名成員以及其他「教會友人」，在《紐約時報》買下一則大版面的廣告，宣傳這份文件並且鼓吹台灣獨立。[79]

一九七九年十二月，一場爭取民主的群眾示威活動引來警方暴力鎮壓，釀成所謂的美麗島事件。這起事件後，數十人遭逮捕並送上法院審判，其中八名反對派領袖更面對被判處死刑的風險。植根於台灣同學會與台灣同鄉會，或是受到這些組織支持的僑民網絡，因此採取他們早已發展出來的許多方法，吸引了國際社會對於此一審判的關注。他們向《紐約時報》與《波士頓環球報》等刊物投稿評論文章，並且祕密提供身在台灣的囚犯家屬金錢資助。他們在校園和購物中心裡擺攤募集連署請願書，爭取美國國會議員支持。

台灣人權協會這個當時總部設在聖地牙哥的台灣僑民組織，為艾琳達籌辦了全美巡迴演說活動。艾琳達是支持民主的社運人士，也是遭到監禁的反對派領袖施明德的美籍妻子，當時剛因為涉入美麗島事件而遭台灣驅逐出境。在艾琳達巡迴演說的每一站，台灣人權協會都會通知新聞媒體，並且透過他們在全美各地的台灣同學會與台灣同鄉會的聯絡人，號召大批群眾高舉標語，鼓吹台灣必須要有人權與自由。[80]這樣的宣傳與鼓吹促成了要求讓異議分子接受公開審判的國際壓力，結果國民黨政府也確實一反常態，舉行了公開審判。今天，當時的台灣人權協會運動人士相信，那些行動引來的關注與回應扮演了關鍵角色，不但拯救了異議分子免於死刑的命運，也向世人揭露了國民黨的威權行為和對人權的侵害。[81]

從這些例子可見，台灣同學會與台灣同鄉會在地方、區域以及國家層級上的基礎結構，一九七〇年代晚期早已存在，對於僑民政治運動的目的而言也已經發展得相當成熟；其時，核心成員已經有了共同工作以及行動的豐富經驗。他們雖然可能會為了教育和就業機會遷移到不同區域，但因擁有相似的背景與專長，通常會聚集在類似的地方，因而再度團聚在一塊。就此意義上而言，選擇性移民的結構性力量以及發展中的冷戰地緣政治優勢，無意間造就了適合集體社運行動的社會環境。

小結：無心插柳的社運人士

那麼，我們該怎麼從亞裔美國人、美國以及全球歷史此類比較廣大的脈絡，理解台灣留學生的社運行動？明白可見的是，留學生在互相找出對方以及建立聯繫這方面極為成功，而這些努力也在後來為台灣結出了非常重要的社會與政治果實。對於思考社會組織與網絡，在海外僑民和其他邊緣化社群的政治意識形成以及社運行動當中所帶有的重要性而言，他們的經驗頗具啟發性。他們顯示了第一代外來移民與優勢階級外移人口的批判主體性，也顯示了冷戰期間美台關係的矛盾本質，如何同時提供了機會與限制。

就留學生的經驗與觀點清晰可見，透過恐嚇與威脅的做法，國民黨無意間參與建立了反對陣營在情感與組織方面的基礎結構，鼓勵「本土」台灣人區分自身與抱持中國認同的台灣人，並在許多先前沒有強烈政治傾向的人士心裡喚起了台灣意識。身在美國的台灣僑民，受到超出他們控制之外的地緣政治力量與條件所推動；直到今天，他們仍然被多數歷史陳述排除，在學術論述當中也遭邊緣化。為了因應這些力量與事件，他們建立了充滿韌性的社交網絡與組織，不但肯定自身的存在，也促成政治網絡，而藉此主張他們決定自身認同與未來的權利。

我訪談的許多留學生都認為，自己如果沒有來到美國，絕對不可能以同樣的方式活躍於政治。舉例而言，在一九八〇與九〇年代成為台灣人公共事務會（Formosan Association for Public Affairs）創始成員，並且擔任北美洲台灣婦女會會長的林郁子，就自稱為「無心插柳的社運人士」。[82]對於她和其他人而言，關鍵的差異在於美國的環境賦予了她「實際上認同我自己是台灣人的機會」。她認為，如果待在台灣，可能不會有這樣的機會。[83]國民黨對台灣僑民採取的壓迫行動，也促使被列入黑名單的移民踏上義無反顧的道路。以鄭德昌為例，他原本對於加入反對組織雖感猶疑，後來卻願意接任台灣人權協會的領導職務，「因為我已經被列入了黑名單」，只要當前的政權持續掌權，就不可能有返台的希望。[84]

不過，美國雖然孵育出台灣僑民的台灣政治運動，大部分的台灣留學生卻沒有對美國本身提出持續性的批評——尤其是針對美國在支持國民黨以及維繫其專制政權方面所扮演的核心角色。之所以如此，一部分是因為台灣留學生在美國社會裡相對孤立又與外界隔離。身為優勢階級的外移人口，又被種族化為模範少數族群，他們在一定程度上受益於現狀，因此缺乏能夠吸引其他邊緣化群體關注的物質基礎或者激進聲譽。在實際層面上，身為英語能力有限的第一代外來移民，要和非台灣人建立實質關係以及團結情感有可能相當困難。他們除了因為自己的特殊移民條件，有機會在職業生涯方面獲益於冷戰地緣政治，也曾在台灣接受親美意識形態的教育，而且台灣也仰賴美國軍事保護的承諾。

也許最重要的是，逃離一個威權社會而得以享有較為自由的生活與思想所帶來的解脫感受，使得他們許多人都傾向於對美國抱持感激以及情感上的依附。這些元素累積起來，提供了一項情感與經驗上的基礎，促使他們相信美國的例外性以及模範少數族群的迷思，而這兩項信念就如維克多．巴斯卡拉（Victor Bascara）所言，共同抹除了對於美國帝國主義的思考。[85]由於這些因素，主流的台美人政治運動終究只聚焦於透過向美國政府提出公民陳情的方式反對國民黨，而沒有從真正國際主義或反殖民的角度表達廣泛的政治意見。[86]然而，此一整體發展軌跡並非理所當然。實際上，台灣留學生就和其他在一九六〇與七〇年代產生政治意識的社運人士一樣，也是全球冷戰和第三世界去殖民化這個充滿活力的政治情境當中的一部分。

比較黑的黑名單：台灣左派僑民系譜

Chapter 2

「但是也可以是左派愛台灣。」

——史書美等，〈華語語系面面觀〉，頁一八九

對於關乎台灣的政治而言，一九六〇年代晚期到一九八〇年代中期是一段形成期。在這段影響力強大的十五年間，共產主義與台灣獨立並沒有被視為必然互相牴觸的目標，而且在校園內外，也有一小群台灣學生運動人士將自己明白視為當時全球解放運動的一部分。且讓我們回顧國民黨官員向即將出國的留學生提出的警告，並且思考抱持台灣認同的學生在美國校園面對的政治情境：「你們如果去威斯康辛大學，要非常小心，因為那裡是共產黨人與台獨分子的總部。」[1]美國的大學校園——在這個案例當中是威斯康辛大學——被指稱為同時是「共產黨人與台獨分子」這兩種人的「總部」，到底是什麼意思？

在這兩種立場成為二元對立的兩極之前，有些台灣學生還致力於發展一種受到第三世界左派與國際主義所影響的激進政治實踐，儘管冷戰的政治與意識形態環境嚴重限制了他們這麼做的能力。在加入或者成立的團體內，他們挑戰了自己那個世代盛行的族裔民族主義，也敢於掙脫冷戰的二元對立敵意——這種敵意直到今天，仍持續限制他們在歷史上的可辨識性。他們在社運行動上相互重疊以及彼此分歧的道路，彰顯了他們多重帝國主義形成的華語圈政治界當中的一分子。在美國與台灣，面對不斷變化的歷史情境而一再調整，他們在這個

經常不予承認其存在的世界裡，持續扮演著地方、區域以及全球層次上的歷史媒介。聚焦於他們的行動以及意識形成過程，可為台灣與美國之間一個充滿活力與異質性的華語圈左派提供不同的系譜。這些系譜構成了一項全球的反帝國主義遺緒，也對強加於台美人身上——並且經常為他們欣然接納——的意識形態，構成持續不斷的挑戰。因此，本書可以被視為一個長期過程的一部分，而此一過程即是台灣作家暨社運人士陳映真所謂的「找回失去的左眼」，因為在國民黨受美國支配的全球霸權支持，遂行了長達數十年的戒嚴統治之下，台灣的左眼就像是被拔掉了一樣。[2]

由於本書聚焦於抱持台灣認同的留學生在政治方面的形成，因此本章和其他章節一樣，對於學生與社運人士的經驗所從事的探討，也是以本省人後代為中心，而非外省人後代——所謂的外省人，指的是在一九四九年之後逃亡或移居台灣的中國人，或是這群人的後代。不過，來自台灣的外省人學生在本章談及的部分運動以及事件中扮演了首要角色，從而顯示他們如同那些跨越族裔界線的台灣認同學生，這類政治立場也不必然受到個人家庭背景所決定。[3]我大量援引深入訪談以及其他第一手記述的內容，檢視幾名人士如何在不斷變動的歷史和政治情境當中，於個人的層次以及身為左傾集體成員的層次上，努力發展能夠引起共鳴而又有效的政治行動。個人記述，尤其是自我敘說，雖然必定有其局限，在事實方面也並非全然可靠，卻非常有助於讓人看出政治意識在特定歷史情境當中如何發展、演變，也能夠揭露過程中的種種掙扎，包括個人層次及意識形態層次。這些記述顯示了奧貝托．梅魯奇（Alberto Melucci）及其同僚所描述的，社會運動當中固有的異質性與脆弱性，能夠讓人更充分接觸運動和集體認同賴以發展、凝聚以及消解的過程。[4]

因此，我無意針對任何一名個人終其一生的社運行動做詳盡分析，也無意針對他們涉入的運動或者組織。這些異質性的團體例示了尋求連結的時刻。為了追求台灣不同的未來所從事的努力，在這些時刻呈現出來的形貌，也許不是定義較為狹隘的族裔民族主義。這些團體顯示了台灣僑民在這段時期從事的組織有哪些可能性以及限制，也顯示了人生受到冷戰地緣政治形塑的個人如何能夠發展政治意識，並且能夠認知族裔與民族主義的限制，而以富有創意的方式發揮能動性。藉由這些方式，這些團體也許有助於我們思考僑民與少數族群社運人士如何在與多重帝國（美國、日本與中國）具有矛盾關係的情況下，還是有可能在限制性情境當中採行有原則的行動方針。

如同本書一再討論的，台灣學生在這段時期移居美國的條件在本質上有矛盾性，而且其矛盾的方式，對於人生受到美國在海外的暴力與國內的善意這種雙重面向形塑的無數移民與難民而言並不意外。[5]台灣的反共教育，再加上台灣人能夠外移追求學士後教育以及就業機會，促使他們傾向於對美國心懷感激，也能夠欣賞美國相較於戒嚴統治下的台灣所享有的，範圍更大的個人自由；然而，美國卻也扶植並且持續支持壓迫他們的政府。身為國民黨治下的人民，他們過著依賴美國的生活。身為科學、科技與工程學生，而且即將成為技術精熟的專業人士，他們一方面對美國軍事工業複合體的擴張有所貢獻，一方面也從中獲益，而此一擴張不但是美國能夠支配全球的原因，也更進一步強化了那樣的支配。台灣僑民當中的社運人士利用他們共有的條件與地點，建立並且運用了令人驚豔的社會與政治網絡，而得以有效從事組織活動，促使國際關注發生在台灣的嚴重不公，並且加速了解嚴以及台灣的民主化。[6]

不過，一部分由於調和上述那些矛盾的困難，這樣的組織行為終究採取分類方式進行，並追求有限的雙重焦點：終結國民黨在台灣的統治，達成台灣獨立。此外，到了一九六〇年代，在戒嚴統治之下，留在台灣的大多數台灣人都已遭殘暴而有效的整肅。台灣移民從小的成長與教育環境充滿了濃厚的反共與親美氛圍，而且國民黨的控制與監督遍布社會的大部分面向，包括教育和就業。[7]因此，在台獨運動後來的主要論述裡，極少討論台灣在革命之後應該採取什麼社會型態，也極少談及台灣的奮鬥和世界各地的去殖民化與主權運動浪潮可能有什麼關係，更是幾乎沒有提到美國所扮演的一項中心角色：也就是創造並且維繫了一個三角位置給抱持台灣認同的人口，使之介於國民黨、中華人民共和國與美國這三者的利益之間。到了一九八〇年代，身在美國的大多數台獨運動人士都傾向於把中華人民共和國、任何種類的左派意識形態以及中國屬性混為一談，而一致認為這三者都不相容於台灣民族認同。[8]隨著異議與政治抗爭的核心地帶在一九七〇與八〇年代逐漸移回台灣，尤其是在一九八七年解嚴之後，海外台獨運動人士於是愈來愈轉向一種於美國從事的「公民跨國主義」，也就是為了自由主義的民主理想以及台灣的人權，遊說美國政府機構以及訴諸美國大眾支持。[9]

不過，還是有些左派、去殖民化以及國際主義的思想與社運行動存續。這些團體與個人，持續尋求對於自己以及其故鄉的存有情境獲得更加批判性的理解，同時也隨其他更大型的運動，夢想著大眾的解放以及去殖民化的世界。[10]如同前一章討論過的，到了一九六〇年代初期至中期，美國的大學校園——尤其是在中西部——對於支持台獨的組織活動而言已然成了一個個分部。這些由抱持台灣認同的留學生所組成的早期團體，在英文當中通常以「福爾摩沙」（Formosan）為名，也經常與位在日本的台獨派別關係緊密。[11]在一九六〇年代中期至晚期，大學裡的團體擴大組織活動，把美國各地乃至美國之外的社運人士連結起來，而在一九六六年組成全美台灣獨立聯盟。這段成長與整合的時期終究在一九七〇年促成台灣獨立建國聯盟的成立。[12]台獨聯盟雖然不時採取激進策略（後續將會討論這一點），這些組織卻大體上都抱持自由主義、族裔民族主義以及親美的思想。不過，在同樣這段時期，隨著反越戰的抗議日趨激烈，第三世界左派的去殖民化運動在全球各地的影響力也愈來愈大，在較為主流的組織內外，因此都有些台灣學生發展出不同的政治思想。

在一九七〇年代初期，對於橫跨整個政治光譜的在美台灣學生而言，兩起事件同時證明、啟動了他們的激進化發展：一起事件是康乃爾大學研究生黃文雄在一九七〇年四月二十四日，於紐約刺殺中華民國行政院副院長蔣經國未遂；另一起事件是為了保護釣魚台列嶼，爆發於一九七一年的大規模學生運動（「保衛釣魚台運動」，通常簡稱為「保釣」）。在英文書寫中少數對跨太平洋台美人社運行動從事深入探究的其中一部著作裡，王智明主張黃文雄的刺蔣行動是個關鍵時刻，不只代表台獨運動的激進化（黃文雄與他的共犯都是台獨聯盟成員），也顯示了第三世界左派與全球去殖民化運動對於海外台灣僑民的影響。實際上，黃文雄抱持左派認同，也在多年後撰文指稱自己在一九六〇年代中期就讀匹茲堡大學期間，因隨著學生非暴力協調委員會（Student Nonviolent Coordinating Committee）與民主社會學生會的成員參與民權與反戰運動，發展出了第三世界主義的觀點。除了推翻國民黨這個直接目標之外，黃文雄也認為自己的行動是對美國帝國主義提出挑戰，以及反越戰，因為蔣政權是「華府的共犯」。[13]

在短短九個月後的十二月以及一九七一年一月，數以千計的中國與台灣學生——其中大多數來自台灣與香港，但當中也有部分華裔美國人——集結起來反對美國移轉釣魚台列嶼給日本。又稱為尖閣諸島的釣魚台列嶼，是東海上一批無人居住的珊瑚礁小島，位於台灣、中國與沖繩之間。日本和中國雖然在歷史上不曾熱切主張過這座群島的所有權，但由於美國在

圖六　身為台獨聯盟成員的台灣留學生黃文雄，因為在紐約行刺蔣經國（當時的中華民國行政院副院長）未遂而受到警方制伏。（Associated Press／提供）。

圖七　一九七一年四月十日，台灣學生在華盛頓特區參加了保釣運動當中規模數一數二大的一場抗議活動。（國立清華大學圖書館特藏組／提供）。

一九五〇與六〇年代利用此地軍事演習，而且就在美國於一九七一年提議把這座群島「歸還」給日本之前，又發現蘊藏石油與天然氣，因此引發了關於軍國主義、帝國主義以及主權的激烈爭論。[14]保釣運動人士在美國若干城市以及台灣、香港舉行了抗議活動，對釣魚台列嶼主張泛中國的主權；那些活動反對美國與日本的帝國主義，成為美國歷史上，由抱持中國與台灣認同的學生所主導的集體政治行動當中，規模最大的一波。值得注意的是，這波運動是由台灣與香港的學生先展開於美國，後來才擴散到台灣與香港。[15]保釣運動本身的持續時間雖然相當短暫，卻是中國與台灣學生建立國際主義第三世界意識的一個重要時刻，並且產生了長久的政治影響，儘管此一影響終究頗為有限。[16]

關於中華人民共和國，陳柏旭提到來自台灣的學生面對了美國扮演的「兩面角色：一方面向海外台灣學生提供反共教育，同時卻也矛盾地向他們提供了了解共產中國的機會」。換句話說，單純（或者也許是尤其）因為他們「在此之前都沉浸在反共教育當中」，所以「來自台灣的海外學生……都沒有免疫於全球毛澤東主義」。[17]許多因為保釣運動而政治化的社運人士，完全靠向中華人民共和國，成為統一支持者。我在本章將會觸及此種政治立場，因為這與來自台灣而抱持台灣認同的學生在美國大學校園裡的政治形成有關。[18]另外有些人則終究無法接受支持統一，也無法支持獨立，以致在政治與僑民圈處於不上不下的狀態。

在信奉馬克思主義又支持獨立的這一方，前中國共產黨追隨者暨激進革命人士史明是重要人物。在《台灣人四百年史》當中，他傳達了明確的台灣人與反殖民歷史意識，並在東京經營一家麵店，充當左派台獨運動人士的國際交流中心。[19]在美國與加拿大，史明影響了不少派別，而那些派別都透過自力出版的政治雜誌表達並傳播觀點，包括《台灣革命》與《台灣時代》在內。[20]另外有些社運人士則採取泛社會主義立場，試圖從較為自由派或中間派的組織內部發揮影響力。如同引言討論過的，這種異質意識與聯盟在政治光譜上的變動，可以理解為史書美傳達的那種反本質主義、去殖民而又跨國的華語圈，「把中國屬性與中國脫鉤」。[21]雖然國民黨官員顯然沒有使用「華語圈」一詞，卻可明白看出他們把美國大學校園以及那些校園所在處的城鎮、都市以及區域，理解為充滿活力的全球華語圈政治論述與實踐地點，也看出了這類論述與實踐對於國民黨權威造成的多面向危險。

「麥迪遜夜未眠」：大學校園裡的僑民左派意識

劉喬治（這是個假名）與賴淑卿的故事，顯示了麥迪遜威斯康辛大學裡抱持台灣認同與中國認同的學生團體之間相互重疊的政治化，而讓人得以窺見兩名對於左派政治感興趣的台灣留學生，如何因應校園內外不斷變動的地方與全球政治動態。起初，劉喬治的政治化過程與第一章探討過的那些常見故事頗為近似。他於一九六九年抵達麥迪遜，來到美國後的第一週，劉喬治前往芝加哥拜訪一名朋友，「他向我談起了台灣獨立的理念。我感到……害怕又興奮。換句話說，二十四年的中國教育，抵禦不了六到八個小時的談話」。那名朋友也向劉喬治推薦《被出賣的台灣》，而他就在留美的頭幾個月裡閱讀了這本書。根據他自己的估計，他在這個時候成了「一個澈底的右翼自由主義者」。不過，劉喬治的政治發展曲線並沒有在這裡停止。他和其他人一樣，也因為反戰學生運動而注意到「美國民主與台灣獨裁之間的強烈對比」。反戰運動以及喬治．麥高文（George McGovern）在一九七二年以左派進步主義的立場參選總統，也讓他接觸到「一定程度的左翼思想」。劉喬治在麥迪遜經常因為思考台灣政治而「徹夜難眠」。

一九七一年，中華民國的聯合國席位遭到中華人民共和國取代，美國總統尼克森又派遣國家安全顧問季辛吉訪問中華人民共和國。同年夏季，劉喬治記得有五名來自台灣的學生也訪問中華人民共和國，獲總理周恩來接見。那五人全是保釣運動人士（「保釣五人團」），其中包括威大學生王春生。根據劉喬治所言，他們返美後，「就開始巡迴各主要大學校園，宣揚中國社會主義的美妙，並且貶抑台灣獨立運動」。他在雙方的影響之下深感困惑，指稱「我是個心思混亂而自動自發的左翼分子」。在接下來的幾天，劉喬治鑽研了馬克思主義與哲學，也聽進了支持統一的左派，批評台獨人士為日本與美國帝國主義的奴才或者「走狗」的論點。直到《台灣時代》團體在一九七七年出現——其起源是台灣的一股左翼思潮與組織活動，以及沒有參與保釣運動的僑民——劉喬治才終於覺得自己找到了一個令他滿意的立場，不但信奉左派而且又支持台獨。劉喬治成為《台灣時代》的一員，而覺得自己終於成了一個「刻意選擇而成的左翼分子」。[22]

二十三歲的賴淑卿在底特律修習物理學一年之後，於一九七三年抵達麥迪遜就讀生理學碩士班。她說麥迪遜威斯康辛大學有三個不同的華裔學生組織，就像當時的許多美國大學：一個是台灣同鄉會；另一個是支持中華人民共和國的中國同學會，成員主要是香港學生，但也有部分台灣學生；第三個則是支持國民黨的中華民國同學會，由台灣學生組成。賴淑卿回憶指出，該時期的「那三種組織裡，前兩種彼此相當友善，但兩者都對第三種組織抱持敵意。學生特務行動（以及）對於彼此的活動加以破壞的行為，是華人圈子裡部分最『精彩』的事件」。[23]

賴淑卿當時剛嫁給一名早已融入麥迪遜台灣同鄉會的台灣學生，因此自然也與台灣同鄉會的成員交好。不過，由於她「不是隨和（並且性情傳統）的人」，所以她也和中國同學會的成員結為朋友。「他們全都懷有非常強烈的革命意識，都認為共產主義對社會最好，也相信種種相關的說法」。她參與他們的讀書會，也出席他們的電影放映會以及戲劇演出。由於賴淑卿從小生長在勞動階級家庭，父親是造紙廠員工，母親也為了維持家庭生計而在家裡接縫紉工作，因此她頗受中國同學會的激進階級政治思想吸引。此外，中國同學會的性別政治也相當誘人，尤其是相較於她所謂的「台灣人那種澈底的大男人主義」。與此形成強烈對比的是，「中國在那個時候有一句俗話說：『婦女能頂半邊天』，對不對？所以他們的一切充滿革命色彩，他們非常吸引人。我也是出身於下層階級，經歷過那一切，所以那些思想在我看來極為完美。」在台灣同鄉會裡，賴淑卿觀察到女性總是受到預期要負責煮飯以及待在幕後，而中國同學會則是「平等得多。女性也能夠擔任同樣的重要職務，她們說起話來也和男人一樣大聲」。在麥迪遜威斯康辛大學的華語圈世界裡，賴淑卿邂逅了革命性的全球女性主義政治，在當時戒嚴統治的台灣是根本無法想像的事情。[24]

這些年間，賴淑卿深感著迷於中國共產主義者的新世界願景，因而把自己的子女取名為鄭晧（出生於一九七五年）與鄭昕（出生於一九七七年）。「晧」的意思相當於「黎明」，「昕」相當於「日出」，而這兩個名字的靈感則來自毛澤東頌歌〈東方紅〉——她對這點保密到家，連丈夫也不知道。這類意象在當時麥迪遜的華語圈裡相當常見。賴淑卿記得自己在一九七五年出席過一場由中國同學會舉行的戲劇演出，劇名是《黎明之前》。[25]一九七六年夏季，當時鄭晧差不多六個月大，賴淑卿帶著他回台探望家人。這趟旅程，她自告奮勇為身在台灣與美國的左派社運人士擔任聯絡人。當時美國的聯絡窗口，是住在芝加哥的保釣運動人士林孝信（後續還會進一步談到他）。[26]與保釣運動直接相關的抗議活動雖已在一九七二年結束，但該運動的許多領導人及參與者仍然活躍於和台灣與中華人民共和國有關的通訊和行動，持續多年，而眾多美國大學裡的台灣與中國學生，都是因為這些通訊和行動而連結在一起，威斯康辛大學也是其中一環。

國民黨對新一波反對政治運動的壓迫，在該年夏季達到高峰。在台灣，賴淑卿暗中與一群首要左派運動人士及作家會面，包括陳映真、蘇慶黎與王津平，他們全都涉入一本富有影響力的新刊物，名為《夏潮》。《夏潮》公開呼籲推行政府改革，也把帝國主義與資本主義納入中國的長期革命史當中加以批評，並且將台灣的反殖民抗爭歷史含括在內。身為知名作家的陳映真，此前早已因為抱持社會主義信念而坐了五年牢。蘇慶黎是日據時期一名共產主義反殖民政治運動人士的女兒，曾為不久之前停刊的《台灣政論》這本短命但極具影響力的反對派刊物供稿，並且在那年夏季成為《夏潮》主編。[27]同樣身為作家而且也是《夏潮》供稿者的王津平，是賴淑卿的主要聯絡對象，因為王津平在一九七〇年代初期也在麥迪遜就讀研究所，他即是在那裡認識了賴淑卿，並與她結為好友。在這場會面之後，賴淑卿提早結束旅程，以便將一則緊急訊息帶出台灣，內容是《夏潮》的關鍵支持者陳明忠遭捕，恐怕會因煽動叛亂的罪名被處死。[28]

這類行為要是被國民黨的監控機構發現，絕對有可能導致賴淑卿自己被列入黑名單、遭到逮捕，或被關進牢裡，但她說：「我當時就是什麼都不怕。」她指出，在戒嚴期間，不管是支持中華人民共和國的左派還是台獨運動人士，只要發現有贊同他們理念的人即將前往台灣或自台灣出境，經常會請求對方擔任聯絡窗口。實際上，這段期間，國民黨當局也注意到了賴淑卿。她提及當局一再詢問其在造紙廠的父親，且警告他女兒和女婿在威斯康辛從事的行為。此外，她有個外省人姑丈也寫信告誡她必須忠於國家。「所以，他們受到了壓力。」不過，她父親雖憤怒於自己遭受的威脅性關注，卻早就因為數十年來的戒嚴統治而對此習以為常，也沒有怪罪女兒。賴淑卿笑說：「台灣人都知道怎麼面對那樣的狀況。他們不敬重那些人……也不把這種東西當一回事。」[29]

不過，短短幾年後，賴淑卿就因為四人幫垮台以及文化大革命的濫權迫害被揭露而深感幻滅。她從此成為台灣獨立的無條件支持者，將先前的馬克思主義傾向拋諸腦後。由於先生在麥迪遜台灣同鄉會擔任領導職務，很有可能名列黑名單，以致她在戒嚴解除之前無法再返台灣，她於是選擇專注於發展自己的生物化學職業生涯以及照顧家庭。不過，即便經過數十年，儘管政治立場已走上了分歧的道路，她仍對自己在麥迪遜求學年間親近過的那些左派運動人士心懷敬重。賴淑卿的經歷雖非台美人圈子的普遍情形，卻也並不獨特。許多台灣留學生都有過這樣的掙扎，也就是該怎麼把左派政治思想調和於他們對台灣的情感依附，以及台灣在世界當中的複雜定位，而他們這種掙扎的歷史後來也經常遭到避而不談，或甚至否認。對某些人而言，這是「因為中國共產革命後來淪為一場政治災難，於是愈來愈多的台灣人都開始接受自己的本土（台灣人）認同」。還有一項因素也進一步蒙蔽了實情，也就是前政治犯及其家人都背負了污名、遭到歧視，因此強調自己的無辜是合乎利益的做法（不過，也有一些人堅定拒絕否認自己的政治立場，例如陳明忠就是如此）。[30]至於對中國共產黨追求社會主義改造的承諾仍然抱持信心的人，中國在鄧小平時期（一九七八－一九八九）轉向資本主義的發展又是另一項挑戰。[31]

賴淑卿與劉喬治代表了這段時期在左派台灣人全球網絡裡，扮演支持性但相對微小角色的人物，我接下來即將探討的三名留學生，則是在左派台灣僑民的三個不同流派當中扮演了積極的領導角色。他們的政治觀點與政治發展曲線雖各不相同，但每個人奮力追求的未來，都是基於對台灣政府與社會的解放轉變所抱持的夢想，不論是反殖民、人民民主，還是環境或社會進步的夢想，從而擴展了台灣僑民組織活動的利害得失以及範圍。這三人身為在美外國學生所經歷的政治化過程，深深形塑了他們的政治思想、社運行動以及人生道路。此外，此三人受到政治化的情境都是在地方、區域以及全球層次上相互重疊的網絡裡，還有在由朋友、對話、團結與衝突所形成的長久圈子當中。不只如此，三人解嚴後仍然活躍於政治上，隨著時代與環境的變遷調整自己的策略。

保釣運動及林孝信的政治化

一九六七年，台灣大學畢業生林孝信抵達芝加哥大學就讀博士班，當時他正在成為一位傑出物理學家的道路上，而這生涯發展也正合乎他對科學的終生熱愛。然而，不到四年，他就因為在保釣運動當中扮演領導角色，導致自己的中華民國護照遭吊銷，還被列入「比較黑的黑名單」，而在後續的十三年間成了一個沒有國籍的人。林孝信的經歷，顯示了在美台灣僑民公然從事左派政治活動會遭遇更加嚴重的下場（相較於自由主義台獨政治立場的支持者而言），也顯示了在台灣以及海外台灣僑民當中的兩種分歧對立的二元立場之間，要走出一條堅守原則的道路有多麼困難。另一方面，他在那些年間開創以及維繫的道路、連結以及網絡，則見證了台灣與美國之間一種頑強存續且塊莖式（rhizomatic）的「地下政治地理」，不只就左派而言，也遍及政治光譜的各個部位。[32]

林孝信一九四四年出生於台北，人生的第一個月大半都因為美國空襲的威脅而在鄉下避難。他父親是在日據時期受過良好教育的工程師，但在國民黨統治下卻因為身為本土台灣人而遭到就業歧視，以致只能在台電公司擔任低階職務。[33]這兩項早期人生經驗，也許影響了林孝信的反帝國主義以及支持社會主義的政治思想，還有他終生對美國與國民黨所抱持的懷疑觀點。成長於宜蘭縣的他，學業表現相當優異，成績一直名列前茅，後來更考上台大，主修物理學。畢業後，美國有六所大學的物理學博士學程向他提供研究助理獎學金，芝加哥大學即是其一。二十三歲的林孝信抵達芝加哥的時候，心中唯一的念頭就是繼續追逐自己成為科學家的夢想。

不過，如同許多台灣學生，他也因為來自充滿壓迫的戒嚴社會，而在抵達美國後立即注意到這裡有「好多政治活動」，尤其是大學校園裡針對政府發動的反越戰示威。林孝信在短短一年內通過博士候選人考試之後，決定把部分精力投注於參與創立一份台灣人的科普雜誌，而和一群同樣來到美國的前台大同學共同創辦了《科學月刊》。不過，應該指出的是，林孝信雖然聲稱自己在這時並不關心政治，《科學月刊》本身卻不是完全沒有社會與政治動機；這份刊物追隨了中國五四運動的智識成就，因為當時的運動人士致力推廣民主與科學，認為這是促成中國現代化的核心要素，而林孝信在數十年後仍然呼應這種追求，而把自己對於科學的熱愛描述為「提升祖國」的一種方式。[34]這群人想出一個新奇的方法，能夠讓六、七十名散布於全美各地的人士交流訊息，也就是前文提到的，寄送「循環信」：他們預先設定一連串收件者的順序，依序連環寄送六本小冊子。每一名收件者都會在小冊子裡寫下自己想寫的任何內容，然後再寄給下一個人。這麼一來，一大群人就能夠以相當高的頻率保持聯繫。

林孝信在台灣就讀大學期間曾創辦一份堪稱是《科學月刊》前身的刊物，並且擔任主編，因此在這時成了循環信的管理者。他認為自己就是因為扮演了這種「主要聯絡者」的角色，才會那麼深度涉入保釣運動。[35]他指出，身為芝加哥大學的學生，而且又是《科學月刊》的主編，他因此「自然而然」受邀擔任芝加哥第一場示威活動的主要策劃者，而後來又參與了其他示威活動。如同他的許多朋友以及《科學月刊》當中的同事，林孝信也「對於日本政府試圖霸占釣魚台（列嶼）深感氣憤」。他一樣認為釣魚台列嶼的移轉象徵了受到美國支持的日本軍國主義再度抬頭，並且侵害了中國與台灣的主權。他對於國民黨把保釣示威活動視為受到共產黨煽動的反政府行為，而派遣使者從中作梗，甚至肢體攻擊學生抗議人士，也同樣深覺反感而失望。[36]他在多年後回顧這段時期，這麼說道：「你置身於那樣的處境，而不得不採取行動反抗政府。……那種情形真的促使我們深入思考，而看出了這個政府有什麼問題。我們以前沒有看出這點這麼重要，儘管……我們意識到其中可能潛藏了什麼東西，或是有什麼扭曲的地方。我們當時不在乎，可是現在我們很在乎。」[37]

林孝信的經驗，相當合乎王智明把保釣運動視為一個「認識論斷裂的時刻」這項分析，也就是來自台灣與香港的留學生在當時「從冷戰的安全保障與美國的民主這種幻象當中醒了過來，而對於美國現代性的帝國主義本質產生批判性的理解」。[38]保釣抗議活動及其造成的影響，使得林孝信對國民黨、日本與美國都深懷不滿，也促使他質疑自己年輕時期受到教導的歷史敘事：

我們發現……我們對於當代歷史的了解可能不正確。實際上，我們在高中的歷史課堂上，就發現有許多東西是……他們不願教我們的。……他們不肯把真相告訴你。有什麼東西受到隱瞞，他們甚至會試圖扭曲事實。……我們當時雖然不知道這一點，卻還是猜想可能欠缺了什麼東西。……我們一旦意識到自己必須關注那些……事情，就會想辦法找些書或者歷史記載以及文件。……芝加哥大學的這類藏書……非常豐富。所以，在那個時間之後，我們花了很多時間閱讀研究。在先前的當代史當中，日本、美國、國民黨發生了什麼事情……我們都努力找出答案。[39]

值得注意的是，在一月三十日紐約的示威活動，一千名以上的學生、職業人士與知識分子從聯合國總部遊行到日本領事館，藉此展現「華人」的共同認同而非民族主義的衝動，所以遊行隊伍中完全沒有國旗。[40]這是保釣運動人士分裂成不同陣營（親國民黨的改革派、支持統一的左派，以及台獨支持者）之前，一個值得記住的時刻，因為這顯示了學生運動人士起初乃是受廣泛反帝國主義情緒驅動。[41]四月十日華盛頓特區的保釣示威活動，有逾兩千名學生與職業人士參加，「堪稱是在美華人舉行過規模最大的示威活動」。[42]

這項運動正值美國與中華民國、中華人民共和國的關係出現重大轉變之際。當時，中華民國失去了聯合國席位，而美國與中華人民共和國則是朝著相互建立外交關係的方向踏出步伐。一九六〇年代晚期至一九七〇年代期間，中華人民共和國備受全球左派敬仰，而有些來自台灣的學生，尤其是保釣運動的參與者，也受毛澤東主義吸引。保釣運動起初政治上有多元異質性，成員甚至還包括國民黨改革派人士，但在四月的示威活動之後，就因為對於毛澤東主義及中華人民共和國的興趣上升而逐漸左傾。一九七一年九月密西根大學的一場關鍵會議上，國民黨支持者退場抗議；這項運動從此確切轉向左派與支持統一的方向，並且對支持獨立的社運人士展現出強烈敵意，把他們描繪成「帝國主義的走狗」。[43]

不過，我們不該忘記，這項運動的形成過程中，有些保釣領導人物對於獨立和支持統一的政治立場都抱持批評態度，而主張台灣學生運動人士必須先深入研究台灣的「半殖民」地位，並且對自己身為「博士買辦集團」成員的身分進行自我批判（郭松棻強力主張後者；他是一名本省人保釣運動人士暨作家，當時是柏克萊加

圖八　台灣與中國學生聚集於華盛頓特區參與一九七一年四月十日的保釣運動抗議活動；有些人準備的牌子顯示了他們屬於哪個區域委員會。（國立清華大學圖書館特藏組／提供）

州大學的研究生）。[44]即便是對一九七〇年代初期前往中華人民共和國訪問的那些保釣人士而言，支持中華人民共和國也不代表毫不質疑地接受台灣是中國的一部分。在王正方與王春生這兩名保釣運動人士合著的遊記裡，他們寫一九七一年底前往中華人民共和國訪問的經歷，當中有段有趣的內容，記述了陳恆次這名當時身為伊利諾大學經濟學博士生的本省人保釣運動人士，與周恩來之間的對話。[45]二王寫道：

> 他（陳恆次）抵達中國大陸之後，就一再指出大陸官方針對台灣所提出的主張：「台灣是中國不可分割的領土」……會讓人覺得你只是在展現自己的領土野心。台灣只是一塊土地而已嗎？這座島上難道沒有住人嗎？[46]

如同陳柏旭所言，陳恆次公開「針對台灣是一片不可分割的主權領土這項觀念提出質疑」。[47]

實際上，在這段時期造訪中華人民共和國的許多保釣學生運動人士，看見中國共產黨統治下的人民生活現實之後，不禁和自己抱持的毛澤東主義夢想相較而深感幻滅。[48]然而，他們卻一致遭禁返台灣。[49]明顯可見，保釣運動永久改變了許多關鍵參與者的政治立場與人生道路，林孝信也是其中之一。他因為在保釣運動當中扮演領導角色，立刻被列入禁止返台的黑名單。後來，他提出簽證延長申請，護照卻因此遭吊銷。他說，相較於其他單純只是遭拒絕延長簽證的人士，他顯然是名列一份「比較黑的黑名單」。由於林孝信抗議過美國在決定釣魚台列嶼的未來當中所扮演的帝國主義角色，不願向美國申請政治庇護，以致在接下來的十三年成了沒有身分證件的無國籍人士，最後才提出申請並獲得永久居留權。在身為無國籍人士的那些年間，他被迫放棄博士學程，也無法穩定就業。對於自己拒絕選擇比較容易的道路，林孝信秉持的道理很簡單：「我們抗議了（美國的）惡行，所以請求他們協助是矛盾的行為。」[50]

儘管如此，林孝信仍活躍於政治，持續發展及鞏固他的社會主義政治信念，也仍擔任台灣與美國的左翼社會運動的主要聯絡窗口。幾個台灣人家庭在長達十年的時間裡，每月集資支助他的生活開銷，這項社群行動見證了他的困境以及政治勞動。[51]不同於保釣運動裡的其他主流同志，林孝信不支持統一也不支持獨立，而是和一小群認同他聚焦於「關心台灣」這項理念的保釣運動人士共同努力，並把自己視為一座橋梁，連接了台灣若干提倡民主的左翼流派以及左派進步政治。[52]林孝信在一九七二年開始，為「中西部保釣運動團體」（其中涵蓋了密西根、威斯康辛、印第安納、伊利諾、愛荷華、密蘇里以及其他地區的十幾個團體）籌辦年度會議以及「夏令營」。這些聚會成為台灣與美國之間的溝通管道，後來更直接納入來自台灣的左派反對運動人士。[53]

一九七九年二月，林孝信創立台灣民主運動支援會以及《民主台灣》這份相關刊物。一九八一年九月，台灣民主運動支援會如此描述他們自身：

台灣民主運動支援會是個遍及全國的非營利組織，總部位在芝加哥。……我們的成員主要是來自台灣的大學生與大學畢業生。我們相信真正民主的實踐是台灣人民的共同要求。由於這項信念，我們因此致力於向美國的台灣人社群……宣揚我們的觀點，並且探索在台灣實現民主目標的方式。[54]

二〇一五年的一場訪談裡，林孝信主張自己成立台灣民主運動支援會是依據黃武雄的指示。黃武雄是台灣人民社會主義同盟的中心人物，也是台大數學教授，當初林孝信就是在台大與他相識。[55]根據林孝信的說法，黃武雄特地找上他，原因是他一心一意支持民主化，並且將民主化擺在支持統一或者支持獨立的立場之上：

支援會的人整體來講並沒有那種基本教義派的台獨，主要是關心台灣的弱勢者，探討台灣的左翼力量能不能興起。就兩岸問題而言，沒有堅持統一或獨立，更多還是基於尊重台灣人民的意願。[56]

林孝信接著說：

支援會主要的工作就是支持台灣各式各樣的社會運動。同時我會跑很多地方見各種人，其中很多人是到目前為止沒有被人知道跟我接觸過的，甚至有些是回到台灣後當了官的。這是靠長期的到處串聯把人連在一起的。……我當時努力想要盡量跟所有對台灣進步運動有熱誠的人聯絡，聯絡面很廣。

雖然沒有左派理論的支撐，當時我覺得省籍矛盾不是重要的，可以講台灣的問題是國民黨統治者和被統治者的矛盾。我當時這樣的講法是統運的人不能認同的。[57]

林孝信因出身本省人家庭，明白「本省籍的人因為不滿國民黨，容易同情台獨。至少他們是為了台灣人民在努力，而且是冒著上黑名單的風險站出來，不應該那樣批評他們」。起初，他以《科學月刊》主編的身分開始組織人們的時候，覺得不少人的政治立場都不是受族裔認同（本省或外省）驅動。不過，他覺得許多後來成為統一運動支持者的保釣運動人士，都因為視台獨運動人士為敵，而終究把更多人趕向台獨陣營。「我們對這些狀況應該是同情地了解，而不應該對他們冷嘲熱諷……結果反而是把很多本來不是台獨的人逼去支持台獨。」[58]

一九七九到一九八七年間，《民主台灣》發行了四十一期，主要刊登與台灣與中華人民共和國的政治、經濟以及社會狀況相關的文章與評論。[59]此刊物強調必須克服統獨團體的分歧，團結追求台灣民主，並主張統獨雙方的爭吵只會有害台灣人民。這本雜誌裡有不少黨外運動人士與「鄉土」作家的身影，也許是他們直接供稿，或者是翻印，再不然就是在台灣民主運動支援會舉行的論壇中作為討論與辯論的對象。[60]此外，台灣民主運動支援會還舉辦了充滿活力的夏令營，邀請反對陣營運動人士與知識分子參加，而在台灣與美國之間促成了

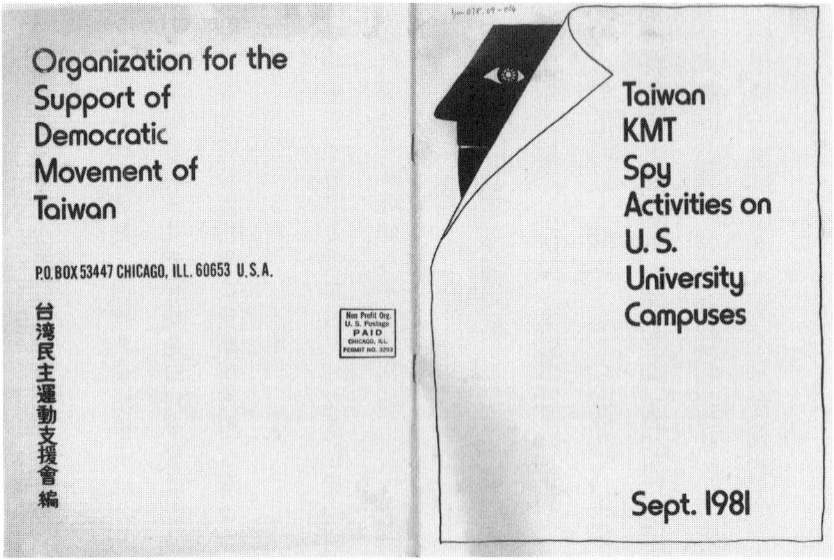

圖九　《民主台灣》發行於一九八一年九月的特刊，試圖引起全美關注國民黨在美國大學校園裡的特務活動，而在其中收錄了二十八篇報紙文章，詳述發生在十幾所大學的特務活動事件。（國立清華大學圖書館特藏組、吳三連台灣史料基金會／提供）

激烈的政治辯論與對話。後來，《民主台灣》報導了這些始於一九八四年的辯論與對話。《民主台灣》偶爾會針對緊急議題發行特刊，例如：針對國民黨在大學校園裡的特務活動所提出的廣泛報導；另外也有第一手報導，例如：陳文成喪生後，不過短短幾天，《民主台灣》就刊登了他們訪談卡內基美隆大學校長理查．賽爾特（Richard Cyert）的文章（見第五章）。

台灣民主運動支援會與《民主台灣》試圖打破統獨陣營隔閡的做法，終究令許多台獨支持者無法接受，而被貶抑為「統一併吞派」。[61]不過，儘管有這樣的摩擦，台灣民主運動支援會與《民主台灣》卻還是繼續以含括國家問題在內的方式，聚焦於台灣人民的利益。

林孝信在二〇一一年接受我的訪談，指稱自己當初如果沒有去美國，也沒有擔任《科學月刊》發行人，很有可能根本不會成為左派，而只會是「主流」的一員。每一項因素——從保釣抗議活動與國民黨的回應開始，包括他的護照遭吊銷——一再相互疊加：「如果有任何一件事情沒有發生，」林孝信說：「我的涉入程度可能就不會那麼深。」[62]儘管如此，在一九七〇與八〇年代期間，他雖然沒有國籍又名列黑名單，卻還是在他所從事的一切組織工作當中堅守自己的政治信念，拒絕受制於特定的族裔民族主義。在「長期四處串聯，把人連在一起」這樣的網絡當中，身為一個活躍節點，尤其是在奠基於台灣與美國之間，共同的教育網絡之上，長期的組織圈與人脈之中，林孝信因此得以維繫泛左派的無特定認同聯盟，並且在那些聯盟當中採取行動，支持台灣民主化。儘管大多數這些聯盟，終究未能實現其較為激進或革命性的目標。

林孝信從未打算定居美國，因此一九九七年搬回台灣。距離他當初離台，已過了整整三十年。他仔細思考了自己的技能與努力應該投注在什麼領域，才能夠對長期的社會轉型造成最大的影響，結果決定投身大眾教育。他加入「社區大學」運動：這是解嚴後社會運動的一個分支，以教育改革為焦點，希望藉追求教育的民主化促成公民社會的轉變。[63]「教育不該只關在象牙塔內——一般人也可以是批判思考者，」他在二〇〇二年向《高等教育紀事報》（*Chronicle of Higher Education*）的記者表示。[64]他也在幾所大學教書。二〇〇二年清華大學的一堂課上，他向學生講述了愛因斯坦對於社會主義理想的信念，以及愛因斯坦認為「每個人都有權批評社會」的主張。他呼應了保釣運動人士三十年前的自我批評，向學生指出：「身為台灣一所頂尖大學的學生，我們畢業以後將會受益於社會的現狀。我們可能會因此落入自滿的陷阱，支持這套體系而不去質疑其中的不平等與不公義。」[65]

二〇一二年，林孝信再度投入釣魚台議題，在台北領導了一場數千人的抗議活動，原因是當時日本把釣魚台列嶼當中的三座島嶼國有化，爆發了漁權爭議。[66]一如他四十年前抱持的立場，林孝信重申自己反對日本軍國主義與帝國主義的態度，建議台灣與中國合作建立聯合巡邏機制維護漁民安全。「終結日本的占領合乎我們雙方的利益。如此一來，台海兩岸對於往後的其他一切問題都能夠找出和平的解決方案。」[67]他也重提對美國的一項批評，針對日本依賴與美國的盟友關係，維護自己對釣魚台列嶼的權利這樣主張，直言不諱地指出：「美國出賣盟友的紀錄從來沒有斷過。」[68]主辦這場抗議活動的團體名為「人人保釣大聯盟」，明確彰顯了這項運動的包容性。[69]王智明指出，截至目前為止，釣魚台列嶼「與其說是領土主權的對象，更是地理上的一項認同隱喻」，所以保釣運動仍是「地下政治」意識的一個重要歷史標記，把「北美、台灣以及香港的華人學生」連結起來，並且在「台灣、香港與沖繩之間喚起了亞洲內部的潮流交會」。[70]身為一名思想家暨運動人士，林孝信是這段地下塊莖式歷史的一部分，以他建立、維繫的網絡跨越難解的政治隔閡，並忠於自己的理想，直到二〇一五年去世為止。

高成炎與《台灣時代》：（新）左派與支持台獨

如同賴淑卿與劉喬治，高成炎也是在一九七〇年代就讀威斯康辛大學時政治化的。一九七四年，高成炎赴麥迪遜修習電腦科學的博士學程。他是台北一間小工廠老闆的兒子，成長過程中目睹了警察與地方政府官員的貪污腐敗。[71]他的家人雖然不涉政治，但支持反對陣營。高成炎記得，自己在初抵美國的頭兩個月裡，參加了兩場對他造成重大影響的活動。首先是剛到美國沒幾天，就出席了中國同學會舉辦的關於文化大革命的電影放映會，且有兩名台灣人朋友同行，其中一人即為賴淑卿。高成炎雖還是對中國共產主義抱持懷疑，卻立刻深感著迷其理念。接著，約一個月後，麥迪遜台灣同鄉會邀請洪哲勝（以下還會進一步談到他）代表台獨聯盟舉行了一場演說。根據高成炎的回憶，洪哲勝談到「台灣的未來以及歷史，也說台灣人不是中國人」。洪哲勝針對這一點提出的理由，對高成炎來說雖是初聞，卻意識到那些理由與自己抱持的信念深有共鳴。他也注意到，過去幾個月來對他「非常親切」的左傾親中學生有多麼氣憤洪哲勝的主張，不禁大感「震驚」。在高成炎眼中，左派與支持台灣獨立這兩種立場並不牴觸。他後來長期抱持兩種立場，且其政治思想雖與林孝信頗為不同，卻同樣為了在台灣實踐左派政治而實驗了許多不同的形式和組織，終究在解嚴後的台灣成為以社會運動為基礎的「新左派」的一員。72

經歷了這兩場活動後，高成炎透過朋友以及學校的一位台灣教授，取得了幾本當時由其他台灣僑民發行的左派政治刊物，包括涵蓋支持統一與台獨這兩種觀點的《台灣人民》、史明的《獨立台灣》，還有抱持馬列主義思想的《台灣革命》。《台灣革命》的主導者是左雄，他相當神祕，先後住在溫哥華與多倫多，從《台灣人民》分裂而出，主張以暴力革命追求獨立，並且呼籲身在台灣的台灣人與僑民社運人士合作創立一個先鋒政黨，領導台灣的全國民主運動。這本雜誌對美國抱持明確的批評態度，並採取國際主義立場；其中刊登的內容包括與南美洲一個左派台灣人組織（台灣社會主義革命美南第二小組〔Taiwan Socialist Revolution Association of South America〕）的通信，還有探討諸如一九七四年葡萄牙革命與越戰等世界事件的文章，其作者認為，這些事件可供台灣革命人士從中學習。

高成炎開始寄送小額捐款給《台灣革命》，也和創辦人通聯。另一方面，他開始在美國中西部結交志同道合的台灣人，涉足寫作與出版，擔任台灣同鄉會發行量達四百份的《每月通訊》的主編。他為這份通訊寫的其中一篇文章，是針對一名藉游泳逃離台灣的異議分子訪問威斯康辛大學的報導，結果後來成了另一本新刊物的首篇文章。該刊物名為《台灣時代》，由高成炎和中西部一小群夥伴與多倫多一群曾參與《台灣革命》的人士共同打造而成。《台灣時代》採取馬列主義立場，更加深入地闡述《台灣革命》支持的觀念，並帶有更明確的國際主義色彩。除了刊登探討世界各地反帝抗爭的文章，《台灣時代》也試圖把台灣過往的反殖民抗爭與左派組織，強調為「四百年來台灣革命」當中的一部分，而此一歷史架構乃是取自史明的《台灣人四百年史》。《台灣時代》最早發行於一九七七年，直接回應了那些「把台獨運動鄙夷為（支持）美國帝國主義並且甘為日本走狗」的統派人士。[73]《台灣時代》強烈反對中國民族主義者對台灣主張的權利，而如其成員劉喬治所言，宣稱「民族主義是在相同的語言、相同的經濟與文化條件上形成相同的心理狀態；民族主義和血統一點關係也沒有。中國族裔（民族主義者）的觀點根本不是左翼概念」。[74]藉由這項強烈的公開駁斥，《台灣時代》於是在美國支持台獨的台灣僑民圈裡引起注意，也受到了肯定。

一九八〇年，高成炎接下他在美國的第一份工作，搬到休士頓任美國太空總署的電腦程式設計師。他原打算返台定居，也接受了一所頂尖大學的教職。不過，他申請延長護照效期的時候，簽證遭取消，他於是才意識到自己已被列入黑名單。十年後，他才得以回台。居美期間，他持續參與製作及發行《台灣時代》以及其他幾份支持台獨的左派刊物，並買下一部三手的中文印刷機，在家中車庫從事大部分的印刷工作，再邀請志同道合的台灣人朋友幫忙裝訂與摺疊。他的太太陳麗貞親手抄寫了許多文章。一如當時活躍於政治上的台灣人，尤其是左派的圈子裡，他在寫作時使用了許多筆名。他經常利用在太空總署上班的午餐休息時間寫文章；由於沒有其他台灣人員工，也沒有人看得懂中文，所

圖十　一九七八年這本《台灣時代》的封面，以一幅原創插畫顯示該組織對於台灣與台灣人民所抱持的國際主義抱負。（作者私人收藏）

以他覺得自己在那裡不怕遭監視。然而，在進入太空總署工作的第一年，有一天聯調局探員突然來到太空總署，詢問他發生在洛杉磯機場的華航爆炸案；探員如何取得他的名字？高成炎無從知悉。[75]

一九八〇年開始，《台灣時代》的社運人士展開了一個行動，長期的左派台獨運動人士暨社會學家艾琳達，稱之為「一項公開運動，志在轉變海外台灣人的保守意識型態」。[76]他們指控台獨聯盟操弄台灣人內部的族裔歧異，而且又缺乏進步的階級分析。高成炎認為，重點在於「必須把台灣的勞工組織起來，而且要發動階級鬥爭」。[77]當時發行量約有一千本的《台灣時代》,試圖以比較進步的觀點擴獲新進台灣學生的心。據高成炎估計,《台灣時代》的影響力臻於巔峰之際，政治活躍圈裡也許有四分之一到三分之一的社運人士，認同他們這種比較左派的觀點。連同台灣革命黨在台獨聯盟內部提出的挑戰，艾琳達認為海外反對陣營的中央領導層一度有可能被左派人士占據。不過，在台獨聯盟領導層的謀劃之下，此結果並未發生。

然而，到了一九八〇年代中期，釐清如何在台灣實踐革命的挑戰，卻遭到台灣內部的情勢發展阻礙：也就是威權統治的逐漸鬆綁，以及《戒嚴令》在一九八七年解除。高成炎於一九九〇年返台，任台大的電腦科學教授。他評估了當下那個社會運動與新政黨紛紛冒出的政治情勢，決定自己下一階段的社運行動是在台灣成立綠黨。[78]一九八六年的車諾比核災以及其他事件，使得他「對環境問題非常敏感」。他開始積極涉入反核環保運動，也覺得綠黨能夠成為一個策略平台，讓他可以持續「和國民黨直接衝突」，把台灣既有的權力結構（這時已包含了先前在野的民主進步黨）推向更為進步的方向。藉著把「台灣」兩字納入黨名裡，台灣綠黨因此表明了支持台灣獨立。

在一九九六年與高成炎合作創立台灣綠黨的年輕人，有許多都是在一九九〇年的野百合學運當中成為社運人士。他們覺得，高成炎以及其他美國歸國學人在美國的經驗——例如：目睹反越戰運動——使得這些前輩「非常進步」，不但令人心生嚮往，對於他們共同的目標也有互補的效果，因為「我們在台灣沒有過這種經驗」，只有數十年來的威權壓迫。[79]從一開始，台灣綠黨就是個以社會運動為基礎而且奉行國際主義的政黨。該黨在一九九六年首次參與選舉，推出的候選人除了許多環保人士之外，也包括一名原住民權利運動人士、一位著名客家作家，以及一名前政治犯，還有倡導本土語保存、身心障礙者權利以及女權運動的候選人。[80]一九九七年，高成炎邀請他在美國結識的艾琳達，返台擔任台灣綠黨的國際事務部負責人。逾二十五年後的今天，台灣綠黨雖還是無法在選舉上有大幅斬獲，但仍然「無疑是最國際化的台灣政黨」，在亞洲內部與全球的綠黨聯盟當中不僅是創辦者，也是活躍成員。[81]台灣綠黨的領導者「在台灣幾乎所有的環保運動當中都站在第一線」，而且它也是「第一個提名出櫃同志候選人的政黨，還早在二〇一〇年就開始倡導婚姻平權」。[82]

台灣綠黨分別在一九九六與二〇一五年，取得歐洲綠黨聯盟（European Federation of Green Parties）與亞太綠人聯盟（Asia Pacific Greens Federation）支持台灣主權與自決的宣言。不過，台灣綠黨把中華人民共和國的軍國主義框架視為不僅是台灣人，而是區域性的問題，於一九九六年飛彈危機後一年指出：「中國與台灣的政治衝突可以透過民主與外交手段解決。我們呼籲中國撤除瞄準台灣以及亞太區域其他任何國家的飛彈。」[83]該黨與韓國綠色聯合（Green Korea）合作，揭露並且反對台電一份把核廢料運往北韓的合約，從而促成非核行動論壇（No Nukes Action Forum）創立，成員團體囊括台灣、南韓與日本。艾琳達在ICRT（台北國際社區廣播電台）主持每週一次的英語廣播節目，喚起聽眾關注發生在台灣及其全球航線當中的環境問題，例如：南亞塑膠公司運汞污泥到柬埔寨棄置的醜聞。[84]高成炎把自己在美國的左派政治運動路線延續到了台灣，而他參與、主導台灣綠黨的發展與方向，則顯示了他這時能夠發展國際主義的區域政治網絡，並且參與更廣泛的社會與政治運動，這是當初他以外來移民身分住在美國的時候，雖然有意卻終究無法達成之事。透過台灣綠黨，高成炎與艾琳達以及合作夥伴，得以藉聚焦於環保以及其他社會正義的議題，在台灣主張並實踐左派國際主義政治原則。

重要的是，高成炎在美國的意識覺醒，奠定了台灣綠黨的基礎。他認為自己如果沒有去美國，絕不可能創立台灣綠黨。他說，他要是一直都待在台灣，那麼「我認為我會比較抱持中間思想，而不會左傾，因為我要是待在台灣，就不可能有機會接觸左派觀點」。那麼一來，他也認為自己可能不會這麼強烈支持台灣獨立，因為「我在台灣的地位有可能會比較好」——他有許多留在台灣的同學或朋友賺了很多錢，因此非常著重於維持現狀。

洪哲勝與台灣革命黨：從主流到邊緣

即便在台獨聯盟這個最大、最知名的族裔民族主義台灣獨立團體內部，也有左傾的異議之聲。本章最後一節，將探討設立於紐約的台灣革命黨這個由台獨聯盟分裂出的團體，切角則是分析洪哲勝這位台灣革命黨領導者的政治發展軌跡。[85]

一九三九年出生的洪哲勝不同於許多活躍於政治的在美台灣人，從小就有活躍的政治意識。他的父親與祖父都在台南擔任佛寺住持，因此扮演社區領導人角色。洪哲勝清楚記得，他正值青少年時期的一九五〇年代，發生了一位知名僧侶失蹤的事件。那名僧侶是其父的好友兼同事，後來才得知，原來他是因涉入二二八事件，遭國民黨處死。洪父抱持自由主義思想，冒著相當大的風險收藏了一批禁書，都是中國出版的政治與哲學書籍，是委託身在東京的朋友寄送的。年輕的洪哲勝仔細閱讀了這些書，日本馬克思主義者河上肇的《經濟學大綱》尤令他留下深刻印象。[86]父親雖然不曾直接反對國民黨，年輕的洪哲勝卻認定「國民黨做事的方式不公不義」。[87]到了十五、十六歲時，他已下定「想要設法推翻這個政府」的決心。他的閱讀也喚起了對共產主義與左派政治的興趣：「我下定決心，如果共產中國與毛澤東攻打台灣或者再次解放台灣，我一定要當他的幫手。」洪哲勝記得，自己在大學畢業後服兵役期間，有一天，蔣介石到營區來視察。當時他心生槍殺他的念頭。「可是我的手沒有動。我心想，我要是對他開槍，確實可以殺了他，但是這樣又有什麼用？」

他離開台灣前往科羅拉多州立大學修習水利工程博士學程之時，已開始和朋友討論怎麼推翻蔣政權，但對台灣獨立的必要性則是還未信服。他後來持那張九十九美元的「遊覽美國」旅遊券遊歷美國各地，途中除了與朋友會面，也趁著科羅拉多州立大學的秋季學期展開之前，盡可能走訪各大學的圖書館以及東亞收藏。他閱讀了像是魯迅這樣的中國自由派與左派作家的作品，還有他所能夠找到的一切關於台灣的學術文獻，其中許多都與支持台獨有關，著者為旅日台灣人。他抵達舊金山之後，第一站是造訪柏克萊加州大學，他記得那裡的「學生運動非常活躍」，而且還在那買了一本英文版的《毛語錄》，又稱為「小紅書」。他從舊金山搭遊覽車到洛杉磯，穿越亞利桑那前往密蘇里、南卡羅萊納以及北卡羅萊納，並在北卡羅萊納州造訪了杜克大學圖書館。接著，他繼續北行，瀏覽了普林斯頓大學的圖書館收藏、在紐約稍停，又在麻州埋首於哈佛大學的燕京圖書館。途經費城時，他突然意識到，自己已經認定了台灣必須獨立。

這項信念影響了他的餘生。六個月後，一九六八年二月，洪哲勝加入全美台灣獨立聯盟

（這個組織在一九七〇年和世界各地的台獨運動團體結合起來，成為台灣獨立建國聯盟，簡稱台獨聯盟），並且成為《望春風》雜誌的編輯。《望春風》由科羅拉多州立大學的台灣學生主辦，不久後即公開刊登有關台灣的文章，尤其是在異議分子彭明敏於一九七〇年從台灣逃往美國之後。一九七二年，洪哲勝向博士學程請假，全心為彭明敏與台獨聯盟工作，並帶著家人搬到紐澤西州卡尼（Kearny），因為當時台獨聯盟的總部位於此。由於洪哲勝的住家也充當了台獨聯盟的辦公室，他們一家人在居卡尼的三年內搬了好幾次家，以避免國民黨幹員騷擾。此模式在接下來的二、三十年間，重複發生了幾次。頻繁搬家對家庭造成了很大的壓力，尤其是孩子們。如同洪哲勝所言：「我的孩子必須一直轉學，所以都交不到長久的朋友，真的很糟糕。」

一九七五年，洪哲勝為了完成博士論文而返回科羅拉多。他在六個月裡搞定了這件事，又在學校當了一年的助理教授。一九七七年，他搬到波士頓，找了一份工程師的工作，部分原因是他希望能夠再度更加積極地參與台獨運動：「在科羅拉多什麼都做不了。你可以欣賞洛磯山脈，但是沒辦法參與台獨運動。所以，我刻意找了一座大城市。」兩年後，一九七九年，隨著台灣的安全因為與美斷交以及美國正式承認中華人民共和國而備受威脅，洪哲勝再度受邀為台獨聯盟從事全職工作。這一次，他為此放棄了穩定的工程師職涯。

一九六〇年代晚期到八〇年代初期，台獨聯盟經常定位自身為激進的第三世界主義組織。在一九六八到六九年間，此組織在日出版並寄送至海外各地的雜誌，刊登的文章探討了全球學生運動、切·格瓦拉、越戰，以及冷戰地緣政治，並將這些議題與台灣連結，敦促台灣挺身因應革命鬥爭的呼聲。[88]然而，台獨聯盟在實務上最常從事的是「遠距民族主義」，奠基於台灣人的族裔認同上，而非國際主義。[89]如同許多遭受威權或殖民支配的民族主義團體，台獨聯盟也抱持一項單一目標，就是推翻國民黨並促成台灣獨立，但沒有特別考慮台灣在獨立之後會成為何種類型的社會，或是應當成為什麼類型的社會。此運作方式令洪哲勝與黃再添等左傾的台獨聯盟成員難以接受，於是，他們後來偕同其他人成立了台灣革命黨。如洪哲勝所言：「馬克思主義意識形態當中最重要的元素是……你如果要改變社會，就必須由下而上改變社會的運作方式，而不只是推翻領袖再換上另一個人。」

台獨聯盟內部充滿了矛盾衝突，也有實踐上的問題。此組織雖支配了海外台獨運動達數十年之久，但許多批評者（而且其中許多曾經是台獨聯盟成員）指稱台獨聯盟的領導層經常採取諱莫如深、精英主義及威權的行事方式，思考邏輯根本與他們想要推翻的那個政府如出一轍。台獨聯盟雖然相當善於募款與連結全球各地的台獨運動人士，但對政治對話及組織群眾卻不是特別有興趣，但這兩者卻正是左派政治實踐的基石。如同這段時期大多數的海外台灣政治組織，台獨聯盟也是由男性主導，組織的行事做法更公然帶沙文主義色彩。不過，台灣革命黨未提出此議題或加以因應。[90]到了一九八〇年代初，台獨聯盟內部有一群不容忽視的少數成員，已對該組織採取的手段與策略愈來愈感沮喪。[91]

一九八二年，約二十七名心懷不滿的成員出走，成立了台灣革命黨。相對台獨聯盟，台灣革命黨對大眾民主以及強化公民社會的重要性深信不疑，也涉入階級議題。他們最早採取的其中一項措施，就是聯繫台灣的勞工運動人士。此外，台獨聯盟把台灣獨立擺在其他一切議題前面，台灣革命黨則是認為台灣的勞工運動，不論人民對台灣獨立抱持何種立場，都應該把他們團結起來。台灣革命黨成立了出版部門，中譯革命與社會運動方面的文獻，再傳於台灣。艾琳達指出，台灣革命黨在紐約上州設置了一處安全閱覽室，「讓年輕的台灣人能夠在那裡閱讀他們在台灣不能閱讀的各種作品」。台灣革命黨的領袖把目標對準打算在完成學業之後返台的研究生，每年都邀請十幾個人參加政治教育訓練營。艾琳達認為，初期參與成立民主進步黨（台灣在解嚴後第一個成立的合法在野黨）的許多「比較激進的人士」，包括部分台灣原住民領袖在內，都參加過這些訓練營，即便未實際參與，也有受其影響。[92]

對其他「非台獨聯盟」的反對團體而言，台灣革命黨也是一個匯流之地；而那些團體的領導人包括住在日本的史明，以及當時流亡洛杉磯並自認社會主義者的在野領袖許信良。[93]許信良雖然是個「變化莫測的政治人物」，但他的支持者卻在一九七七年為了抗議國民黨的選舉舞弊，發起一九四〇年代以來的第一場群眾政治抗議活動，後稱「中壢事件」。當時，為數一萬人的群眾縱火，燒毀了一間警察局，與士兵發生衝突，從而為反對運動「注入了一股興奮與希望」。[94]台灣革命黨的成員意識到，許信良擁有廣大群眾支持，於是在一九八六年幕後策劃了海外台灣人運動當中的一項高知名度事件。[95]他們受菲律賓的政治發展鼓舞，包括反對派領袖艾奎諾二世（Benigno Aquino）在一九八三年的戲劇性返國，以及三年後爆發的人民力量運動，而終究在一九八六年二月推翻馬可仕。台灣革命黨策劃、實際支持一項運動，企圖把許信良和另外兩位被列入黑名單的反對派領袖——謝聰敏與林水泉——送回台灣，希望他們的返台能夠在台灣促成廣泛的人民運動。送許信良返台雖起初未成功，卻在台灣獲得莫大支持，激勵了民眾挺身對抗政府。一萬名台灣民眾為了支持許信良回國的權利，聚集在桃園機場外的街道上，「與警方對峙了九個小時」，期間「有二十六輛警車遭到掀翻」。[96]這一刻標誌了一個階段的展開，也就是台灣內部與海外的台獨運動團結起來，共同支持新興的民主進步黨，以及許多流亡海外的運動人士終於返回台灣。因此，「遷黨回台」運動，是台灣在一九八〇年代逐漸自由化的發展當中的一部分；在蔣經國的統治下，政府開始心照不宣地允許反對黨的活動，於是社會運動（例如：勞工運動與環保運動）的強度與數量也隨之成長。這項發展在一九八七年的解嚴達到高峰，並終究在一九九六年促成首次的民主總統選舉。

一九八六年後，台灣革命黨成員依循他們把組織風潮帶回台灣的決心，一致同意解散該黨。連同其他台灣政治團體，他們組成了「海外民主台灣聯盟」（Overseas Alliance for a

Democratic Taiwan）。有些人參與一九九一年於紐約市成立民進黨美東黨部，而他們也參與在皇后區法拉盛（Flushing）成立台灣會館（Taiwan Center），這座會館至今仍在。從這些方面看來，他們長期以來的政治活動——從激進的革命行動轉向比較中間派的公民社群組織行為——對於身在美國的台灣社運人士而言雖引人注目，卻還在尋常範圍。

較不尋常的是，除了持續從事與台灣直接相關的工作外，前台灣革命黨成員也開始把注意力轉向台灣在華語圈世界裡的地位，尤其是在一九八九年天安門事件之後。在紐約，他們接觸西藏人以及維吾爾人的政治團體，安排了幾場非正式會面與談話，也參與了他們的部分活動。他們一度還提供財務支持，讓年輕人參加自由西藏學生運動（Students for a Free Tibet）舉辦的一項訓練課程。雖不曾和其中任何一個團體建立起長久的關係，但這些小小的舉動，卻顯示了一種在海外台灣社運行動圈子裡相對罕見的華語圈觀點。

到了一九九六年，洪哲勝在皇后區觀察了台灣的第一場民主大選之後，又踏出對台獨運動人士而言更不尋常的一步。他認為，要對抗國民黨的持續制度化，並且確保台灣的長期福祉，已不只需要從事區域性的工作，也必須從文化面下手。他說：「台灣的問題……不能單純在台灣解決。」因此，一九九八年開始，他每天都在亞洲民主基金會（Asia Democracy Foundation）資助的「民主論壇」這個出版平台中編輯、發表中國異議人士的著作，在支持台獨的台灣報紙《自由時報》以半版篇幅每日連載，持續幾年之後才自行成立一個網站。他的想法是，強化中國的民主公共領域，可能是保障台灣未來最關鍵的變數。[97]在接下來的十八年裡，一直到二〇一五年為止，洪哲勝把一週七天、每天十二個小時投注於工作，為了維持這個論壇運作而退出社交生活與公共生活，最後總共發表了約兩千名中國異議人士的作品。洪哲勝引介的作者包括天安門運動人士茉莉，以及異議作家暨政治犯劉曉波。在一份談到民主論壇重要性的感言當中，劉曉波寫道：

> 無論兩岸的未來關係是統還是獨，只有推動大陸盡快走向民主化，才是確保兩岸的和平與人民福祉的最佳選擇。[98]

與劉曉波結盟，顯示了洪哲勝的激進左派政治的部分限制，因為劉曉波就和他們那世代的許多中國與台灣思想家一樣，也對西方抱持理想化的觀點。他熱切提倡中國的「西化」，並大體上支持美國的軍國主義，例如：小布希執政期間入侵伊拉克的行動，以及美國對中東採取的其他干預手段。[99]不過，藉把焦點擴展至中國民主運動，洪哲勝與他的亞洲民主基金會認知到台灣主權的問題涵蓋廣泛，必須把區域性的大規模民主化納入考量，不能僅僅將其視為一項國家努力，有著明確的界線與終點。

二〇一五年底，我在紐約市訪問了三名前台灣革命黨成員與夥伴，他們三人仍然從事著他們已經做了一輩子的工作。黃再添與他的太太楊淑卿（楊淑卿本身也是一位專心致志的社運人士）持續經營他們位於布魯克林區布希維克（Bushwick）的房地產仲介公司，這家公司多年來也以許多方式為各種型態的台灣社運行動提供了聚會中心與資源。在仲介公司隔壁，他們經營了一個社群空間，稱為布魯克林藝站（Brooklyn Artists Studio），親切、熱情地提供造訪紐約市的台灣藝術家與社運人士住宿。洪哲勝因近年身欠佳，工作速度已不比從前，但他仍盡可能把時間投注於寫作及與中國異議作家通信。在他位於皇后區里奇伍德（Ridgewood）那間外觀樸素的住家與車庫裡，有一大批稀有收藏，內容是一

圖十一 洪哲勝位於紐約皇后區里奇伍德的樸素住家與車庫，拍攝於二〇一五年。他在家中握有一大批稀有收藏，內容是一九六〇至九〇年代的中文左派書寫作品。（作者拍攝）

九六〇至九〇年代的中文左派書寫作品：一套全球華語圈政治檔案，隱身在這不起眼的環境當中，而他希望這套檔案終有一天能夠回歸台灣。[100] 五年後，洪哲勝在二〇二〇年十二月十九日去世。不久，台獨聯盟的台灣本部為這位先前分道揚鑣的成員舉行了紀念追思會（由於新冠肺炎疫情的緣故，這場活動同時在實體與線上舉行，全球各地的人士也因此皆得以參與），顯示新世代對於台灣革命黨的歷史已然達成和解，也對該段歷史頗感興趣。

小結

二〇一八年，香港民主運動人士暨史學家敖卓軒把台灣描述為「左派所忽略的島嶼」，意指美國左派總是傾向於把台灣視為「一個反動國家，不然就是一個毫無重要性的國家」。敖卓軒進一步指出：「支持這個堪稱亞洲最進步的國家的，是一項深深附屬於美國保守主義的計畫，這麼說也許有些怪，但那是因為左派尚未擺脫冷戰的陰影。」[101] 曾是留美研究生的文學學者暨文化理論家史書美，二〇一九年也同樣描述了多面向的「話語霸權」。該霸權在受美國支配但也具有全球性的學術界當中加以邊緣化或者澈底排除台灣，左派尤其如此。[102] 不過，史書美指出：「也可以是左派愛台灣。……畢竟，台灣也有一段活躍的左派歷史，儘管舊左派（親中而且支持統一）與新左派（支持台獨）全然不認同彼此的觀點。」[103]

史書美針對舊左派與新左派的分別所提出的這項說法，雖有助於了解台灣複雜的政治歷史與現狀，但台灣海外社運人士各自相異的激進抱負，卻顯示了這些分別其實混亂不清、不完整，而且極為善變。在本章，作為「找回失去的左眼」這項遭到台灣、中國與美國之間的冷戰政治與意識型態所掩蓋的廣大進程當中的一部分，我試圖呈現台美人如何活躍於這段複雜政治歷史當中，而他們也參與了形塑這段歷史延續至今的現狀。密切關注這些海外社運人士的意識覺醒過程以及社運行動發展軌跡，顯示了不論在當時還是現在，自由主義、中間派以及族裔民族主義政治，對於台美人而言都不是無可避免的發展，儘管該發展也許可以預測。

追溯了他們的人生道路與政治立場之後，即可明白看出在一九六〇與七〇年代期間，美國的台灣留學生裡有一群人數不多但不容忽視的少數群體，不但深受第三世界主義與左派的政治運動與意識形態影響，而且也在他們各自所屬的組織裡，積極把思想與價值取向推向較反帝國主義、勞動階級以及國際主義的觀點。這是艱困的任務，原因在於，在這段時期成年的台灣人都有親美的傾向，也因為多數台灣移民在結構上所處的位置都能夠獲益於既有的美國與全球社會階級制度。[104]不過，一旦從全球華語圈的觀點看待他們的政治立場與實踐，即可發現他們其實在地方、區域以及國際層次上都積極參與他們那個時代的全球政治鬥爭。像劉喬治與賴淑卿這樣的個人，對於反殖民、勞動階級和女性主義意識的華語圈表達有共鳴，因此產生參與其中的動力。林孝信與洪哲勝放棄了前景看好的職業生涯以及穩定的生活，以便推進他們各自終生信奉的激進政治思想。高成炎則是找到了意識形態與政治上的立足點，後來就在這個立足點之上，參與建立國際主義、相互交織而且跨世代的聯盟，藉以追求一個進步而且獨立的台灣。

他們每個人都探究了塊莖式的地下政治地理，而找到一條能夠引起自身共鳴的未來道路。弗朗茲．法農（Frantz Fanon）在一九六三年省思革命與反殖民的跨世代歷史，這麼指出：「每個世代都必須找出自己的使命，加以實現，或是在相對不透明的情況下背棄那項使命。」[105]他接著表示：

> 我們現在既然置身於戰鬥當中，就必須捨棄對於我們祖先的努力加以譴責的習慣，也不該假裝無法理解他們的沉默或者消極態度。他們以自己當時擁有的武器盡力抗爭過，而他們的努力如果未能對整個國際場域造成影響，我們絕對不該將其歸因為他們欠缺英勇，而是應該歸因於在根本上有所不同的國際情勢。……對於我們這些決心要推翻殖民主義的人來說，我們的歷史使命就是授權每一場造反、每一項走投無路的行為，以及每一項中途放棄或者淹沒在血泊裡的攻擊。[106]

人類學家暨社會運動學者莊雅仲以與此類似的論點書寫一九八〇年代的台灣黨外，將其描述為「一個關係鬆散而且極為零碎的聯合體，目標在於顛覆國民黨的國家支配」。莊雅仲指出，這種多樣性雖然在那個時刻對於黨外具有強化效果，「卻因此非常難以精確指出黨外究竟試圖代表什麼樣的利益與世界觀」。[107]在僑民當中，在台灣與美國之間，也有眾多的理念與利益相互拉扯，但共同的目標都是終結國民黨的支配。揭露以及回歸這種多樣性，就是把台灣人與台美人從認同與政治的本質化理解當中解脫出來，把他們在意識形成以及社運人士打造世界的做法當中所具備的完整可能性歸還給他們。

黃啟明與知識政治

Chapter 3

「在這個領域裡沒有台灣學者的情況下討論台灣的問題，你不覺得這樣好像少了什麼嗎？」

——黃啟明寫給道格拉斯·孟岱爾的信件（一九六四）

一九七〇年，加州大學出版社出版了《台灣民族主義的政治》（*The Politics of Formosan Nationalism*），作者是政治學教授暨前海軍情報官道格拉斯·孟岱爾。他以「坦率直言的姿態倡導台灣人民的自決」，所以自一九六六年起就遭禁止入境台灣。[1]儘管如此，在寫這本書的過程中，他還是自己從在一九五七至六四年間在台灣針對「本土台灣人」的超過一千次訪談、在一九六三至六八年間於美國針對「學生、商界人士以及其他台灣人」的六百次訪談，以及對居日台灣人的眾多訪談當中，汲取了所需的足夠資料。一名評論者指稱，這本書「基本上是台灣民族主義意識形態發展過程的書面紀錄」。[2]評論者戈登·貝奈特（Gordon Bennett）在《中國季刊》（*China Quarterly*）寫道，《台灣民族主義的政治》這本書的出版：

> 不但是一項重大的學術事件，也是一項政治事件——之所以說學術，原因是這項主題幾乎沒有受到過任何具有學術價值的書寫，尤其是從台灣的觀點加以書寫；之所以說政治，原

因是兩岸的中國政府都嚴詞否認台灣人訴求的正當性，對於宣揚此一訴求的任何嘗試也都做出負面反應。[3]

實際上，孟岱爾的這本書頗有爭議，尤其是他採用的研究方式。身為台獨運動前領導人的日本史教授陳以德，雖稱許孟岱爾的研究「精確、客觀，而且大體上反映了大多數台灣人的感受」，卻有不少人質疑孟岱爾的方法與結果。[4]舉例而言，皇后學院（Queens College）的汪一駒指控孟岱爾在蒐集以及評估資料的過程中「沒有採取嚴謹的程序」、受訪者談論這些議題的資格「令人懷疑」，而且孟岱爾的分析也抱持了不利國民黨的偏見。[5]即便是貝奈特，儘管他當時是一名年輕的亞洲研究學者，並且熟識孟岱爾以及他的部分關鍵資訊提供者，卻也質疑這本書高度仰賴「海外學生提供的陳述」，又批評孟岱爾沒有採用殖民主義與民族主義的比較理論。[6]

暫且不談學術批評，我在超過半個世紀之後的今天重讀孟岱爾的書，發現這本書和葛超智的《被出賣的台灣》都是不可或缺的歷史文本。在亞裔美國人研究、美國研究或者其他相關領域裡，針對廣泛研究台獨運動的英文著作，至今找不到幾本廣為普及或者廣為人知的作品，更遑論被閱讀。此外，孟岱爾的這本書之所以重要，還有其他較不為人知的原因：透過這本書，我們可以探究台灣留學生在區域研究與冷戰知識生產當中，一段大體上模糊不清的歷史。在本章，針對孟岱爾這本書作為「不但是一項重大的學術事件，也是一項政治事件」這點，我要講述的是一則「旁支」故事，主角為孟岱爾研究助理：台灣留學生黃啟明。[7]

王智明寫道，外國學生在受到美國支配的智識與政治史當中，雖相對隱而不顯，但他們「各式各樣的文化與政治參與，以許多重要而複雜的方式把亞洲與美國連結了起來。……這些外國學生代表……一股跨國智識力量，不但形塑了亞洲，也形塑了亞裔美國」。[8]換句話說，像黃啟明這樣的學生，雖然是在冷戰權力關係的文化與智識架構當中受到選擇性且暫時性地納入美國，卻也是歷史的主動行為者以及主體。他們善用自己待在美國的時間以及獲得的機會，依據自己的意識形態取向追求自己的目標。把外國學生個別的主體性納入區域研究的智識與政治史當中，有助於一項持續進展的計畫，也就是把以美國為中心的學術觀與世界觀加以去中心化。如同黃啟明本身在一九六五年秋季，寫給孟岱爾的一封信裡明確指出的：「在這個領域裡沒有台灣學者的情況下討論台灣的問題，你不覺得這樣好像少了什麼嗎？」[9]

冷戰在根本上影響了美國的大學。第一項影響在於知識本身的結構與生產；冷戰促成了美國大學的大規模社會化，以迎合軍事科技與情報的需求。政府的迅速補助以及後續的高等教育擴張，轉變了大學學術研究與教育本身的形成、假設與結果。除了獲得國家大力補貼的科學與技術研究因此崛起之外，新的學術領域——尤其是區域研究——也因此出現，以便促成美國的文化外交，也讓美國更容易了解敵人，也能蒐集相關情報。實際上，最早的區域研究學程就是源自於美國的戰略情報局（Office of Strategic Services），亦即中情局的前身。[10]不過，增加接觸並且聚焦於西方的文明他者，終究帶來了「意料之外的結果」。在一九九七年的一篇論文裡，伊曼紐·華勒斯坦（Immanuel Wallerstein）討論了漢密爾頓·吉布斯爵士（Hamilton Gibbs）一九六三年提出的一個隱喻，也就是把區域研究比擬為特洛伊木馬。吉布斯是一位英國東方學者，後來成為哈佛大學中東研究中心的主任。根據吉布斯所言，區域研究最重要的一項功能：

> 就是扮演特洛伊木馬的角色，亦即在整體學術社群裡，在依學科劃分的學系與教職人員當中，喚起並且激發對於非西方文明的興趣以及關注。與其躲在大學校園裡各處的角落或縫隙裡各自為政，區域研究的每一名專門成員都必須……適切參與自己所屬學系的正常活動；從而在形形色色的大學生與研究生——還有他們系裡的同事（希望如此）——當中，集體展現出對於非西方文化的特定面向所具備的知識與理解。[11]

華勒斯坦指出：

教職員的組成一旦改變，課程就隨之變動，尤其是研究主題的正當性也因此轉變。這攻破了原本只有一小部分的研究對象擁有正當性的情形。起初的破口僅在地理方面，然而這至關重要，因為該破口跨越了西方與非西方以及文明與野蠻之間的界線。破口一旦打開，其他的一切就與之俱進；而在一九六八年之後，也確實出現了這樣的狀況。[12]

因此，區域研究帶來的意外後果，包括了其中部分學者因為「和區域接觸」而在政治與智識上出現激進化的發展，還有族裔和女性研究課程在一九七〇年代由下而上的興起：雖和區域研究由上而下的起源恰恰相反，但同樣擴展了文化與地理範圍，也打破了傳統的學科界線。[13]

這些各自不同但彼此相關的現象以兩種方式發生，而這兩種方式都與一九六〇年代晚期至一九七〇年代的激進全球社會運動有關：第一種是反戰運動以及對毛澤東治下的中國感興趣，在亞洲研究領域裡激發了來自內部的挑戰；第二種是從美國第三世界左派運動當中誕生的族裔研究。法比歐．蘭薩（Fabio Lanza）深具說服力地指出，由關懷亞洲學者委員會（Committee of Concerned Asian Scholars）帶頭對亞洲研究提出的內部挑戰，是一項重要的轉變，揮棄了西方數百年來對於知識與權力的東方主義建構，使得絕大部分是白人男性的亞洲研究學者首度能夠把亞洲民族理解為歷史的主體，而非客體。[14]不過，如同史書美指出的，即便過了數十年，這點在亞洲研究當中仍是一項在政治與地理方面帶有選擇性的評價，而且經常充滿爭議，因為在亞洲研究，不同群體之間的區別仍持續受到複製，一方是「那邊」的亞洲他者，另一方則是「這裡」沒有受到明言的白人自我。[15]同樣的，史書美主張族裔研究聚焦於少數群體的國內種族化，有可能導致亞洲充滿異質性的政治與歷史，無法獲得足夠的關注，而這些政治與歷史從過去到現在不斷形塑著亞裔／美國。在慮及這些動態與議題的情況下，我建議智識與政治史不只必須受由上而下以及由下而上的探究，也必須透過沒有被確認為支配性主體，也未被確切定位為底層的人士所抱持的觀點與經驗，自側面檢視。[16]

研究「亞洲問題」的台灣學生

一九六七年三月，威斯康辛大學校長弗瑞・哈林頓（Fred Harrington）向美國國務卿迪恩・魯斯克（Dean Rusk）拍發緊急電報：

> 緊急請求您介入威斯康辛大學中華民國研究生黃啟明的案件，他目前遭到台灣的中國政府監禁。……台灣問題研究社（Formosan Affairs Study Group）是正式登記的威大學生團體，也依據規定指派指導教授。這類團體經常自由辯論各種議題。教職員對這類會議的參

與，確保這類會議絕不會遭到煽動叛亂的指控。……沒有一所自由的大學能夠容忍正當研究遭到這種政治干預。[17]

哈林頓以電報式的簡明文字接著指出：「來自中華民國的學生如果不能自由參加這個國家的討論課程，那麼我們將無法繼續接收這些學生，也會如此建議其他研究所。」[18]身為教育領域博士生的黃啟明，為論文返台從事研究卻遭逮捕，以煽動叛亂的罪名獲判刑五年，理由是他參加台灣問題研究社、出席台獨團體在芝加哥舉行的會議，以及在返台途中於東京會見一名台獨領袖。美國國務卿與美國駐台北大使館雖宣稱與黃案無關，但哈林頓的電報以及《紐約時報》對黃案的報導，可能是黃啟明在幾個月後得以受重審的原因；一九六七年七月，他以緩刑獲釋，但從此遭禁止離台。[19]

黃啟明的案件，可能是首例因國民黨監控而被捕的留美學生；這起案件也頗為典型，他是因為涉入支持獨立的台灣學生團體，引起國民黨當局注意。如同第一章與第二章討論過的若干故事，黃案也發生於威斯康辛大學，進一步凸顯了麥迪遜以及整個中西部地區對台美人歷史的多面向重要性。

黃啟明出生於一九三一年，是分布於美國中西部與東岸那群構成早期在美台灣僑民社運行動的台灣學生當中的一員。不過，他的案例又和其他較常見的狀況不同。大部分台灣人來美國攻讀的都是醫學、科學與工程學這類學科，所以政治運動通常與學業追求無關。然而，在一九六三年秋季抵達麥迪遜的黃啟明，該年六月才剛取得哈佛大學遠東語言與文學碩士學位——這是當時全美規模最大的亞洲研究學程。[20]

舉例而言，目前能取得的一九六〇年代資料顯示，在一九六四到一九六五年間，來自台灣的學生當中，有百分之六十三的人攻讀工程學以及自然與物理科學。攻讀人文學科者占百分之十三，另外有百分之十．七的人攻讀社會科學。[21]這些攻讀人文學科與社會科學的學生，很可能有不少人也修習了某種型態的區域研究。新成立的區域研究學系與中心獲公家與私人的豐厚資助，使外國學生能夠申請全額獎學金、教學助理獎學金，以及研究助理獎學金。[22]許多在一九六〇年代初赴美的台灣學生出生於日本殖民時期，接受一段時間的日本學校教育，由說日語的父母撫養長大，因此擁有精通日語和中文、相對獨特的優勢。此條件使他們相當適合參與區域研究在戰後教育機構當中的成長，也同時於成長中獲益。黃啟明就是個頗為典型的例子；他精通日語，研究的是日本文學及台灣的日本殖民時期。

和攻讀科學領域的同胞一起，做亞洲研究的台灣學生，也參與建立強大的社會組織及區域性和全國性網絡。不過，和科學領域學子不同的是，做亞洲研究的學生的學術研究與關注中，高居要位的是台灣與東亞的歷史與政治。此外，這些學生也有比較豐富的政府與知識精英方面的人脈，因為他們那些通常是白人美國男性的教授，在進入學術界任職之前大多曾是派駐亞洲的外交官或政府、軍事官員，在成為學界人士之後，他們仍保有原本的人脈——且積極加以維繫，儘管也許僅限於非正式層面。如同哈佛大學文理學院院長麥喬治．邦迪（McGeorge Bundy）在一九六四年所言：

> 學術史上有個奇特的事實，就是區域研究的第一個重大中心……（乃是）戰略情報局。……設有區域學程的大學與政府的資訊蒐集機構之間，至今仍然高度相互滲透，而且我希望以後仍然如此。[23]

實際上，黃啟明後來的雇主暨恩師道格拉斯．孟岱爾，在成為學術人之前就曾在二戰期間、戰後任派駐日本的海軍情報官。至於與台灣有關的例子，則以葛超智最為著名。他在一九六五年出版《被出賣的台灣》，因此在美國啟發了一個世代的台灣學生社運人士，而他曾是美國海軍軍官以及駐台外交官。此外，他還在戰後美國占領日本期間，開設了日本的第一個美國研究學程。[24]

孟岱爾似乎完全認同亞洲研究當中那種明確親美反共的精神，把對於「那個區域」的知識視為一種手段，用來控制該區域各民族的行動與渴望，藉以支持由美國支配的全球霸權。一九五〇年代，任洛杉磯加州大學政治學教授期間，他為《洛杉磯時報》寫了一系列文章，不但醜化日本國內新興的左派，也針對遏阻反美情緒的最佳方法提出建議。他把菲律賓描述為曾受美國監護的一個病態、不道德而又腐敗的國家，只因為在嚇阻共產勢力時扮演了支持性的角色，才得以稍微補救名聲。另外，他也主張夏威夷立州是「在我們的種族政策當中贏得亞洲人信心」的一個重要步驟，因為「自由國家對抗共產主義侵襲的全球鬥爭，其結果很可能會由亞洲的心意決定」。[25]一九五四年十二月七日，他在一篇題為〈珍珠港有帶給我們多少教訓嗎？〉（Did Pearl Harbor Teach Us Much?）的觀點文章裡寫道：

> 美國大眾以及官員對亞洲的無知，在珍珠港事件後已有所改善，但我們有多少人預見了一九五〇年六月二十五日的發展（韓戰爆發）？即便到了今天，有多少人學習亞洲的語言，或是對東南亞火藥庫有任何了解？珍珠港不論為我們帶來了其他哪些教訓，最重要的是讓我們意識到自己在公共與私人領域都必須更關注亞洲，以免問題倏然爆發面前，就像過去十三年來兩度出現的那種狀況。[26]

必須了解亞洲，才能夠控制「亞洲問題」，以及為可能爆發的「東南亞火藥庫」做好準備——也就是預防美國的權力與全球霸權在未來可能遭受的威脅。孟岱爾採取的這些立場，在戰後亞洲研究的既定常態當中相當典型，也就是把自由主義的親美反共意識形態構成的道德與意識形態世界，視為理所當然的思考與行動基準。[27]

看起來，黃啟明和其同學大體上並未意識到，他們的研究領域和美國政府的利益帶有這些糾纏不清的關係，不然就是他們對此關係並未抱持批判態度。也許不難理解的是，他們比較關注的是學業及在美國生活的地點，對他們自己與台灣有關的人生、命運以及渴望，會帶來什麼影響。與黃啟明交好且同為威斯康辛大學博士生的田弘茂，一九六四年寫信向孟岱爾指出：「我不能在這個國家待太久。我們必須設法推翻蔣政府。這裡的每個台灣青年都應該盡快拿到學位，這樣我們才能更全心投入做好組織工作。」[28]

就這方面而言，他們一赴美求學，很快便發現了一個充滿豐富資訊和無窮可能性的龐大世界。黃啟明一抵達麥迪遜，立刻就成了威大台灣同鄉會的祕書。那是美國最早的一個台灣學生組織，當時甫成立不久。[29]創辦人之一吳得民回憶道，當時既有的中國同學會由來自台灣的親國民黨學生領導，因而強烈反對該組織的成立。對於美國校園裡抱持台灣人認同的學生而言，此情形雖在後來成了頗為尋常的經驗，但吳得民對當時的異議懷有鮮明的回憶，顯示麥迪遜早已有國民黨的監控人員存在。實際上，到了一九六三年，威斯康辛大學教職員周烒明與他身為研究員的妻子吳秀惠，就已因為涉入台灣獨立聯盟（United Formosans for Independence）而被列入黑名單，兩人的中華民國護照也遭吊銷。[30]劉兆民是在該年初抵麥迪遜的台灣學生，他記得，當時有個熱心的外省人學生親近他，一再告誡他不要參與台灣同鄉

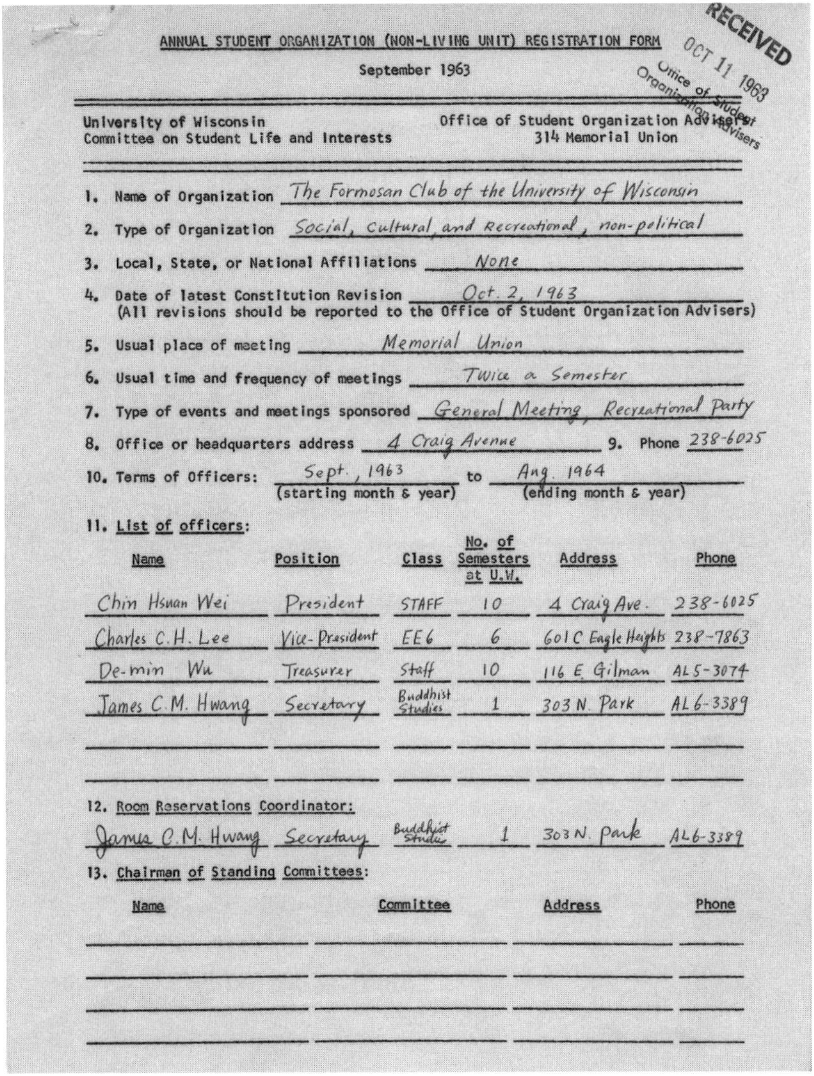

ANNUAL STUDENT ORGANIZATION (NON-LIVING UNIT) REGISTRATION FORM

September 1963

RECEIVED OCT 11 1963 Office of Student Organization Advisers

University of Wisconsin
Committee on Student Life and Interests

Office of Student Organization Advisers
314 Memorial Union

1. Name of Organization The Formosan Club of the University of Wisconsin
2. Type of Organization Social, Cultural, and Recreational, non-political
3. Local, State, or National Affiliations None
4. Date of latest Constitution Revision Oct. 2, 1963
(All revisions should be reported to the Office of Student Organization Advisers)
5. Usual place of meeting Memorial Union
6. Usual time and frequency of meetings Twice a Semester
7. Type of events and meetings sponsored General Meeting, Recreational Party
8. Office or headquarters address 4 Craig Avenue 9. Phone 238-6025
10. Terms of Officers: Sept., 1963 (starting month & year) to Aug. 1964 (ending month & year)
11. List of officers:

Name	Position	Class	No. of Semesters at U.W.	Address	Phone
Chin Hsuan Wei	President	STAFF	10	4 Craig Ave.	238-6025
Charles C.H. Lee	Vice-President	EE6	6	601C Eagle Heights	238-7863
De-min Wu	Treasurer	Staff	10	116 E. Gilman	AL5-3074
James C.M. Hwang	Secretary	Buddhist Studies	1	303 N. Park	AL6-3389

12. Room Reservations Coordinator:

James C.M. Hwang Secretary Buddhist Studies 1 303 N. Park AL6-3389

13. Chairman of Standing Committees:

Name	Committee	Address	Phone

圖十二　正式註冊成立於一九六三年的威大台灣同鄉會，是美國最早的一個台灣學生組織。這個組織在註冊表格裡自稱為「非政治」組織，並且把黃啟明列為祕書。（University of Wisconsin Archives ／提供）

會的活動，也不要和周氏夫妻往來；後來有一天，他向這位朋友借車，卻在車上發現國民黨的文件和台灣報紙，才發現「這個友善的傢伙是個特務」。[31]一九六四年來到麥迪遜的農藝學博士生林慶宏則回憶：「這是環境優美的湖畔校園，在那美麗的校區，台灣留學生圈中卻蔓延著莫名不安的氣氛。……不可想像的事情是發生在校園裡。」[32]

如同那段時期美國校園裡其他台灣夫婦，周氏夫妻的住處也成了台灣學生的社群中心，大部分是單身男性。黃啟明和周氏夫妻結為好友，欣然積極參與社交與政治活動。[33]如同其他校園，麥迪遜也是社交元素包覆了政治元素，於是包括黃啟明在內的台灣學生與教職員，不久後即決定依循這樣的方式成立不同的組織。

自命的第一任台灣駐美大使：黃啟明與孟岱爾的通信

一九六四年四月，黃啟明寫信給剛在前一年秋季成為密爾瓦基威斯康辛大學政治學教授的道格拉斯．孟岱爾。他在一九六四年夏季受雇為孟岱爾的研究助理，當時孟岱爾正在進行研究及撰寫的著作，就是後來的《台灣民族主義的政治》。黃啟明在此工作的時間是一九六四年夏季到一九六五年底，兩人期間經常通信；一九六四到一九六六年間，黃啟明寫了二十幾封信給孟岱爾，通常每週或每兩週就寫一封，有時甚至更頻繁。信件的內容涵蓋私事、公事、政治議題以及後勤工作，包括中文報紙文章的翻譯、台灣線民的聯絡資訊、黃啟明自己的想法與抱負，還有針對往返麥迪遜和密爾瓦基兩地的交通安排。從這些信件橫跨的時間以及內容涵蓋的範圍，可以明白看出黃啟明身為一個人，以及他作為一名年輕學者的清晰面貌，還有他與孟岱爾在特定的智識與政治圈當中定位為何。

在初期通信中，黃啟明稱孟岱爾為「自命的美國第一任駐台灣共和國大使」，並且透露他自己「常對我的美國朋友說，我希望有一天能夠成為第一任台灣駐美大使」。黃啟明接著指出：「一本探討台灣的書如果是由自命的第一任美國駐台大使寫成，並且由自命的第一任台灣駐美大使提供協助，那麼這本書就必須是這個領域裡最權威的著作，而且也很可能會是如此，對不對？」[34]這段話揭露了黃啟明面對孟岱爾採取的整體態度以及立場定位；他充滿抱負，不但認為自己能夠和孟岱爾平起平坐，而且還會是未來權力結構中的一員。（事後看來，黃啟明的夢想並不必然算好高鶩遠，因為和他同為孟岱爾擔任研究助理的朋友田弘茂，在二〇〇〇年成為了台灣的外交部長。）黃啟明一再提及自己的計畫，包括想要成為學者、寫一本探討台灣的重要著作，並且在未來與孟岱爾合作。此外，他也把孟岱爾正在撰寫的著作稱為「我們的作品」。[35]

實際上，孟岱爾確實深深倚重黃啟明以及其他台灣的線民與助理。孟岱爾精通日文，但是不通中文與台語。孟岱爾頗為惡名昭彰的一點是，他描述自己在台灣招募線民的其中一個方法，是走在街道上用日語高呼反國民黨的口號。[36]在黃啟明為孟岱爾工作的那一年多裡，孟岱爾似乎主要仰賴黃啟明翻譯報紙文章以及其他中文文獻，也透過他聯絡其他台灣學生與台灣領袖、官員以及社運人士。在孟岱爾與台灣、日本以及美國的政治領袖、社運人士、學生及異議分子建立的廣泛人脈網絡裡，黃啟明成了一個不可或缺的節點。黃啟明的信件提及，就讀不同大學的台灣學生之間經常互相聯絡，此外還有在日台獨運動人士聯絡。一九六五年的暑假，他待在美國中西部與東岸的若干城市，包括芝加哥、紐約、劍橋以及華盛頓特區。每到一處，他都與活躍於政治的台灣學生會面，其中包括台灣獨立聯盟（後來的台灣獨立建國聯盟）的活躍成員。在紐約，他住宿在「東岸台灣同鄉會」（Formosan Club of the East Coast），結識了「不少台灣人。我們有時候會討論台灣的未來，我發現他們大多數人都支持台灣獨立。他們有些人傾向於認為共產中國可能會占領台灣。不過，和我談話的那些人都一致認為，如果台灣可以獨立，那麼獨立就是他們的首選」。[37]

明顯可見，在當時的美國大學裡，積極辯論台獨議題並且試圖從事組織工作追求台獨的台灣學生，已構成一個日益成長的網絡，而黃啟明即為該網絡中的一員。但他的不尋常之處，在於他與孟岱爾通信時都以坦率的態度書寫這些議題，也密切涉入孟岱爾那本書的寫作。而在超過五十年後的今天，該書仍是許多聚焦於僑民台獨運動的英文學術書籍裡，最廣為人知的一本。

在黃啟明寫給孟岱爾的信件裡，受到保存的第一封寫於一九六四年四月，他提及自己在不久前自佛教研究轉向中國研究，原因是他在哈佛大學研讀了日本文獻。除了向孟岱爾詢問研究助理的工作之外，他還充滿自信地指出：「如果要把台灣安然保持在自由世界這一邊，美國就必須以理性而又有技巧的方式面對中國與台灣的問題。」此外，他也附上自己針對台灣而寫的一篇文章，希望孟岱爾加以評論，同時也請求對方不要透露他的名字。[38]從這封信可看出黃啟明典型的語氣：自信、坦率、近乎天真地對人毫不提防（在當時的政治環境裡，許多來自台灣的學生根本不敢談及政治），而且對孟岱爾展現了澈底的信任。黃啟明與孟岱爾似乎早就已經認識，因為黃啟明在這封信的開頭提到，他原本預期會在台灣同鄉會的最近一場聚會上見到孟岱爾，但很遺憾沒有看到他出席；此外，他提到研究助理工作的語氣，也讓人覺得他們先前已經討論過這件事，而且可能是面洽。

他們的工作關係，隨著為孟岱爾針對台獨運動的主題進行研究，黃啟明變得更加直言不諱。舉例而言，在一九六四年九月十二日：「一九六三年春季，陳以德在費城對我說台灣獨立聯盟有足夠的錢可以在台灣發起叛亂行動，但是找不到適當的人可以登陸台灣」；[39]接著，在九月二十二日：「得知台大的彭（明敏）教授不但支持台灣獨立，而且也支持東京的團體武裝入侵，令我深感振奮。」[40]在同月稍晚的另一封信裡，黃啟明除了詳述台灣同鄉會成員為孟岱爾籌辦四十三歲生日派對的計畫外，也提到台灣獨立應該需要「終生的全職投入」，並且向孟岱爾表示自己有意在亞洲研究協會（Association for Asian Studies）即將舉行的研討會上發表一篇以台灣教育為主題的論文：

我覺得我不能只是因為自己仍然持有中華民國護照，而且擔心……國民黨可能會找上我身在台灣的家人報復，就持續對台灣的事務保持沉默。我深切覺得自己有義務向自由世界告知台灣的真相，並且對這項議題做出貢獻。這項議題在當前對於美國與自由世界的利益而言雖然深具重要性，也應當持續受到審視，可惜的卻是太少受到研究。你若能夠在這方面為我提供忠告與評論，我會非常感激。[41]

根據黃啟明在一週後寫給孟岱爾的信看來，對方顯然建議他不要發表任何關於台灣的作品，而黃啟明也「接受」了他的「善心建議」。[42]大約在同一個時間，孟岱爾評論了黃啟明針對台灣教育提出的論文大綱，黃啟明回信表示：「我決心提供足夠的具體證據……證明台灣人在經驗、教育和訓練方面並不缺乏自治的能力。我認為這是我對於自己的故鄉所負有的責任。」[43]由這些想法可見，他在初期對於這篇論文的構想，至少在私底下帶有強烈的反殖民與民族主義導向。

該月底的一封信裡，黃啟明提到彭明敏以及另外兩名社運人士不久前於台灣被捕的事件，表達了他認為美國應該支持台灣獨立的強烈意見，甚至認為中情局應與台獨運動人士合作。不過，他指稱自己和多數台灣人一樣，雖批評美國對蔣政權的支持，但仍然抱持親美反共的立場。在此信結尾，還有他在該時期的另一封信裡，黃啟明畫了日本台獨運動人士使用的標誌。[44]

接下來一年半，黃啟明愈來愈熱切談論他想像自己在提倡台灣獨立當中所應當扮演的角色，包括在美國、日本，乃至在台灣。在一九六四到一九六五年的冬季，他經常與日本的台獨運動領袖聯繫，並且獲邀參與把一個獨立組織擴張到美國。不過，他寫信向孟岱爾表示自己不願「公開支持」這些「活動，原因是我已經決定要成為學者。這當然不表示我對於台獨理念的熱情有所下降」。[45]儘管如此，在一九六五年春季，黃啟明還是與利騰俊以及田弘茂正式成立了一個小團體：自由民主台灣協會（Association for a Free and Democratic Formosa）。根據周烒明所言，自由民主台灣協會其實在一年前的一九六四年四月就已開始活動，但由於國民黨「職業學生」的「監控與威嚇」所造成的恐懼，等了一年才向校方申請成立。[46]

不過，一九六五年五月二日發生的一起事件，卻提振了台獨支持者的自信：周氏夫妻與台灣同鄉會以及自由民主台灣協會當中的台灣學生，決定參加威斯康辛大學的國際日國旗遊行（International Day Flag Parade），且於遊行中高舉福爾摩沙旗——此活動邀請國際學生組織，慶祝聯合國成立二十週年。這面被高舉的旗幟由吳秀惠設計、縫製，以「海藍色……代表周圍的海洋」，而台灣島與澎湖群島則是「以白色呈現，象徵和平」，然後再以「七個醒目的金色大字母拼出福爾摩沙」。遊行前一天，國際學生組織代表們聚集在學生中心演練，結果在「台灣」沒有與「中國」綁在一起，而是獨自被點名的情況下，台灣學生代表把中華民國國旗從地圖上的台灣拔起來，插在中國大陸上，再把「福爾摩沙」旗插在台灣島上，並放聲高喊：「反攻大陸成功？」[47]周烒明回憶道：「由於事情發生得非常突然，中國學生代表因此反應不及，聽到『反攻大陸成功』這句話之後一時說不出話來。」這類象徵行為顯示了學生運動人士的創意嬉鬧，如何有助於促成集體政治意識的進一步發展，也為更大規模的行動建立自信。在那場遊行上，包括黃啟明在內的自由民主台灣協會成員，向威大副校長羅本·弗萊明（Robben Fleming）說明了這面旗幟代表的意義，並且與校長夫婦合影。根據周烒明的評估，這場遊行的成功「讓威大師生與弗萊明夫婦聽到了台灣人民的心聲」，並且激勵自由民主台灣協會的成員「以更公開也更熱情的姿態參與台灣民主化運動，而不去理會特務的監控」。[48]

五月中旬，自由民主台灣協會改名為台灣問題研究社，並且在次月向校方申請成立為一個正式學生團體。[49]在台灣同鄉會之外另行成立台灣問題研究社這個不同的組織，即是正式落實第一章討論過的台灣學生組織同心圓運作結構。如同在其他許多案例，此處的核心內圈也由全心投入的政治運動人士構成，而比較大的外圈則大體上保持著社交性質，表面上不帶政治色彩；不過，內圈會依據需求利用外圈、從中招募人員。然而，台灣問題研究社的正式成立，雖然讓該組織在國內與國際的台獨運動網絡當中迅速占據一席之地，卻也導致此組織的成員直接成了國民黨的關注對象。

台灣問題研究社以明確聚焦於台灣政治與社會的方式，區別自身與台灣同鄉會。至少在其正式陳述的目標裡，台灣同鄉會明確指稱自己具備「非政治……性質」，而台灣問題研究社陳述的原則與目的，則是「在台灣建立一個自由而民主的社會」。[50]他們公開呼籲「促成海外所有台灣人更強烈的認同與團結」，並且如此主張：

在人口由一千一百萬名台灣人與兩百萬名中國難民組成的台灣島上，我們覺得人口當中占多數的族群在政治過程裡並未得到平等而公平的參與，導致台灣人的政治權利與特權遭到了剝奪。因此，我們的目的在於研究與批評台灣的自由意義與民主本質，並且進一步傳達給外界得知。我們希望能夠藉此讓台灣建立一個更好、更穩定也更民主導向的社會。

為了追求這些目標，他們設下成員身分限制，只有一九四五年之前出生於台灣，或父母在一九四五年之前於台灣出生者得以加入，從而排除了任何帶有國民黨背景的中國人。他們要求成員及社團指導教授都「必須（認同）我們的觀點，並且（希望）合作實踐我們的任

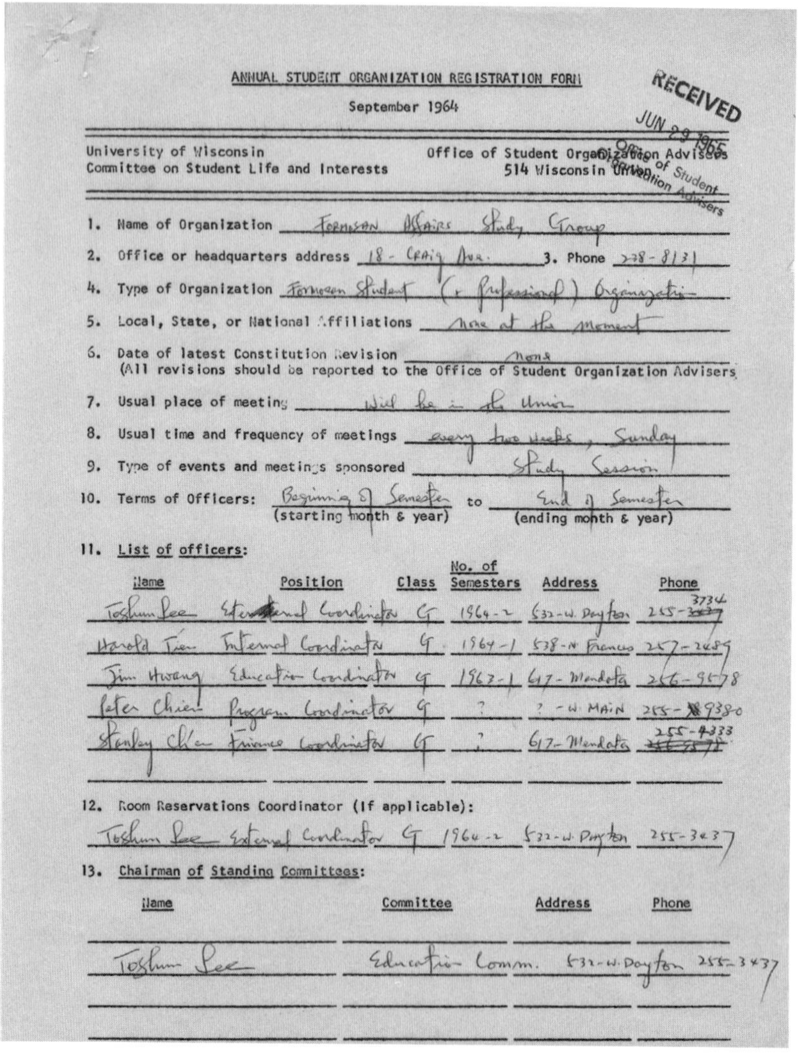

ANNUAL STUDENT ORGANIZATION REGISTRATION FORM

September 1964

RECEIVED
JUN 29 1965
Office of Student Organization Advisers

University of Wisconsin
Committee on Student Life and Interests

Office of Student Organization Advisers
514 Wisconsin Union

1. Name of Organization: Formosan Affairs Study Group
2. Office or headquarters address: 18 - Craig Ave. 3. Phone: 238-8131
4. Type of Organization: Formosan Student (or Professional) Organization
5. Local, State, or National Affiliations: none at the moment
6. Date of latest Constitution Revision: none
(All revisions should be reported to the Office of Student Organization Advisers)
7. Usual place of meeting: will be in the Union
8. Usual time and frequency of meetings: every two weeks, Sunday
9. Type of events and meetings sponsored: Study Session
10. Terms of Officers: Beginning of Semester (starting month & year) to End of Semester (ending month & year)
11. List of officers:

Name	Position	Class	No. of Semesters	Address	Phone
Toshun Lee	External Coordinator	G	1964-2	532-W. Dayton	255-3437 (3734)
Harold Tien	Internal Coordinator	G	1964-1	538-N. Frances	257-2489
Jim Hwang	Education Coordinator	G	1963-1	617-Mendota	256-9578
Peter Chien	Program Coordinator	G	?	? -W. Main	255-9380
Stanley Chen	Finance Coordinator	G	?	617-Mendota	255-4333

12. Room Reservations Coordinator (If applicable):
Toshun Lee External Coordinator G 1964-2 532-W. Dayton 255-3437
13. Chairman of Standing Committees:

Name	Committee	Address	Phone
Toshun Lee	Education Comm.	532-W. Dayton	255-3437

圖十三　在一九六四年九月的這份學生組織表格裡，黃啟明（即表格中的「Jim Hwang」）被列為威斯康辛大學台灣問題研究社的「教育協調員」。這個組織的活動後來成了中華民國政府起訴黃啟明的部分理由。（University of Wisconsin Archives／提供）

務」。他們的定期聚會是每兩週一次的「學習會」，聆聽「有關台灣事務（政治、文化、社會與科學）之學術報告」的簡報。[51]

在一九六五年六月七日寫給孟岱爾的一封信裡，黃啟明描述了台灣同鄉會與台灣問題研究社相異但又密不可分的領導層及目的；他的合作夥伴陳昭星、田弘茂與利騰俊都婉拒了台灣同鄉會的領導職，以便能夠更活躍於台灣問題研究社。（譯按：黃啟明在信裡提及一位「Stanley Chou」，但經作者查證之後，認為應是「Stanley Ch'en」（陳昭星）的筆誤。）此外，「研究社也認為同鄉會應該由不熱衷政治的成員領導，這樣麥迪遜所有的台灣人才會樂於參與同鄉會的活動」。不過，黃啟明接著指出，由於台灣同鄉會的新任祕書與財務長，分別是台灣問題研究社兩名幹部的妻子，因此「研究社實際上能夠掌控同鄉會」。此觀點雖是奠基在異性戀本位的關係以及性別歧視的假設上（亦即妻子只不過是丈夫的代理人），但明顯可見黃啟明與他的夥伴創立台灣問題研究社之時，心中設想的正是那種同心圓的組織結構，同樣是由社交元素包覆政治元素。至於黃啟明本身，他則是「很高興能夠擺脫台灣同鄉會的祕書工作」，因為他想投注更多心力在自己的論文研究上。不過，「我如果要把時間花在麥迪遜這裡的台灣人活動，那麼也會是花在研究社裡，而不是同鄉會的活動」。[52]

接下來的幾個月裡，包括孟岱爾在內的台灣問題研究社成員經常聚會。他們舉行了至少一場公開活動：在麥迪遜的一場「台灣之夜」，與政治學教授唐納・卡萊爾（Donald

Carlisle）共同公開批評蔣政權，並且主張台灣自決。[53]同時，黃啟明走遍美國中西部與東岸各地，面見其他台灣學生、社運人士、美國外交官以及教育部官員，除了政治組織工作方面的目的，也是為從事論文研究。一九六五年十月，台灣問題研究社成員與台灣獨立聯盟領導層合作，在麥迪遜召開一場全美台獨團體代表大會，稱為台灣人領導團結會議（Formosan Leadership Unity Conference）。籌備過程雖似乎有些爭議，但這場大會成功促成了一個統一的全美台獨組織於次年成立，也就是全美台灣獨立聯盟。於是，包括田弘茂在內的台灣問題研究社成員，就成了全美台灣獨立聯盟的活躍成員。[54]

大約在此時，黃啟明似乎又再度在政治活動上猶豫不定；他向利騰俊介紹了台灣獨立聯盟領袖陳以德，並且寫信向孟岱爾表示：「要同時兼顧學者與政治家的角色實在很困難；在目前的狀況下，我想我還是應該先努力成為學者。」[55]

踏入獅籠：逮捕、監禁及其後果

一九六六年三月，黃啟明為自己的研究，申請到美國教育部一小筆補助款後，出發前往日本，並打算順道回台探望家人。「我爸媽已經迫不及待要在這趟旅程當中和我見面，」他在一九六六年一月寫信向孟岱爾表示：「而我也想順道回家探望他們，不曉得你能不能在這方面的安全問題給我一些建議。」[56]不過，令他「深感失望」的是，他從中華民國領事館得知自己一旦返台，就算僅作短暫停留，也必須提出申請才能再度赴美。「所以，我想我最好只在台北停留幾個小時，可能的話頂多一天。」[57]（我們並不清楚他打算怎麼做到這一點。）黃啟明後來確實在台北停留，於一九六六年三月二十八日抵達。[58]不過，他並未於幾小時或一天後離開。他的父母後來在一九六七年二月二十一日，寫信給他在威大的指導教授梅爾・博羅曼（Merle Borrowman）以及委員會成員安德烈・卡札米亞斯（Andre Kazamias），敘述了事發經過，指稱黃啟明抵台後，整個一九六六年春季與夏季期間致力於申請出境許可證。不過，他在九月卻「突然受到傳喚，並且就此被羈押在軍法處……理由是他參與了一個疑似顛覆團體」，也就是台灣問題研究社。[59]

往後幾個月，孟岱爾和其他人一再提出詢問並聲援黃啟明，但美國駐台北大使館不願介入。根據與孟岱爾相識的威大研究生戈登・貝奈特所言（他當時住在香港，擁有大使館官員人脈），一般看法是黃啟明害了自己，也錯估了美方與大使館官員公開聲援他的意願或能力，「原因是沒有人會同情自願踏入獅籠的獅子訓練師」。[60]

黃啟明受審前一個星期，他的父母寫信請求威斯康辛大學澄清台灣問題研究社的性質，指稱兒子因參與該組織，恐被判處十年乃至無期徒刑。「我們堅信啟明絕對不會參與顛覆組織，而且威斯康辛大學也絕對不可能合法准許成立這種性質的組織，」他們在這封信的結尾如此寫道。[61]無論博羅曼與卡札米亞斯回覆了什麼內容，都沒能說服軍事法庭，但也許有助於減輕刑度。在一九六七年二月二十八日的一場閉門審判裡（這個日期恰好呼應了一九四七年的二二八事件，而黃啟明也沒有錯過機會指出這一點），黃啟明被判處五年有期徒刑，以及「褫奪公權」三年，這是煽動叛亂罪的最低刑度。[62]

那年春天，黃啟明不曉得怎麼設法在獄中寫了幾封信給弗瑞德．安德魯斯（Fred Andrews）這名住在香港的《紐約時報》記者。一九六七年三月十四日，他寫信向安德魯斯表示：「我非常感謝你在我人生中最黑暗的時刻嘗試和我見面。……自從一九六六年九月二日以來，我被關在台灣警備總司令部軍法處禁閉室裡的生活非常難熬。這裡當然沒有言論自由、行動自由以及通信自由。（希望這封信能夠幸運而巧妙地逃過獄方的嚴密監視，送到你手上。）」[63]他聲稱自己是無辜的，主張自己出席台灣問題研究社的聚會只是為了替自己的博士論文蒐集研究材料，並且請求安德魯斯幫他向當局提出申訴，最後也列出他在美國與日本的友人（其中大多數都是台獨團體的活躍領導人物，包括威大、耶魯、普林斯頓與哈佛的學生，還有知名的東亞研究學者，例如費正清），請安德魯斯向他們轉告他的訴求。[64]

四月，安德魯斯從東京寫信給孟岱爾，除了附上黃啟明寫給孟岱爾的一封信之外，也提出以下這些資訊，還有安德魯斯自己對於這起事件的想法：

> 我聽說威斯康辛大學早就知道黃啟明的困境，但認定對此無能為力。黃啟明的處境看來

> 確實相當嚴峻。……他在美國的朋友如果沒有採取思慮周詳的非凡舉措，我認為黃啟明已經無望了。就算他們採取那樣的舉措，也可能不會有任何效果。儘管如此，這裡的中國人還是對國際輿論相當敏感。……你如果可以掀起足夠的喧囂，他們可能會高估黃啟明得到的聲援。（不過，他實際上能夠得到的聲援看來恐怕會很少。）[65]

美國大使館、威斯康辛大學以及黃啟明本身的朋友與同事，對於他的遭遇為何反應如此消極？

第一，是他們一致認為黃啟明應該早就知道自己會有如此遭遇，卻執意往火裡跳。他這麼做，等於公然漠視其恩師與朋友提出的建言，因為他們幾乎全都告誡過，希望他不要返台。第二，是黃啟明確實相當公開地談論自己對各團體的涉入，以及支持台灣獨立。第三則是政治考量：由於黃啟明缺乏大眾支持，因此美國官員也就沒有向中華民國做出要求的誘因。最後一點則與黃啟明本身的性格有關，亦即他看似天真的表現及對於後果的誤判，似乎是他向來的行為模式。他並未受廣泛信任，在其老師和其他台灣學生之間皆然。早在黃啟明離美前，台灣獨立聯盟的領導層就已向他在威大的好友提出勸告，建議不要讓他參與敏感的討論，因為他們認為他禁不起嚴厲拷問，有些人甚至認為黃啟明本身就是特務。黃啟明入獄之後，儘管這應該是他最引人同情的時刻，其他台灣學生——包括他的好友在內——卻也深感憤怒他在寫給安德魯斯的信裡列出特定人姓名的做法，因為此舉顯示了他根本沒有考慮到這封冒險寄出的信，如果落到不對的人手上，會對那些人造成多麼嚴重的傷害。[66]

黃啟明的案子確實引起了一定程度的國際關注，其中包括《紐約時報》在一九六七年五月十四日刊登的一篇文章。[67]他在該年五月十六日獲重審，這次他的家屬及一名《紐約時報》記者（很有可能是弗瑞德．安德魯斯）得以出席觀審。在未有新證據的狀態下，[68]幾個月後的七月下旬，一如大使館官員所料，黃啟明默默獲判處緩刑釋放。一九六七年七月二十八日，透過安德魯斯寄給孟岱爾的一封信裡，黃啟明感謝了孟岱爾「在我最黑暗的日子所提供的強力支持。……如果沒有你的慨然相助……我不敢想像自己還有活命的機會」。他對孟岱爾喪母表達哀悼，並請求孟岱爾繼續為他奔走，使其能獲准返美完成博士學業。他提到他覺得自己仍然受到政府當局監視，家人也「因為近來的牢獄之災而散盡了財產」，而且他的工作前景極為黯淡：「明顯可見，由於我的案子……我無法在中國機構裡取得（教學或者研究工作）。」在這封信的結尾，他再度畫上消極抵抗的台獨標誌。[69]他雖然可能想藉此表示自己的政治信念並未改變，但這小小的舉動卻顯示了他在這類通信當中，還是持續冒著這種看似毫無必要的重大風險。這種行為（他的朋友暨台灣問題研究社夥伴田弘茂稱之為「愚蠢」）可能在該年稍晚，對他自身造成了災難性的後果，原因是他的朋友暨支持者戈登．貝奈特在出境台灣之時，遭到發現行李箱內藏了一封黃啟明寫給其威大指導教授梅爾．博羅曼的信。[70]貝奈特因此被捕（但不久即獲釋），並且擔心黃啟明離開台灣的機會恐怕因此「毀了」。不論這起事件是不是原因之一，黃啟明確實從此不曾再獲准離開台灣，儘管他為此持續嘗試了至少六年之久，直至至一九七三年為止。[71]

一九七〇年，孟岱爾出版了《台灣民族主義的政治》。把這本書和黃啟明在一九六五至一九六六年間與孟岱爾內容詳細的通信放在一起閱讀，即可感受黃啟明在這本書裡的身影——包括在譯自中文的內容、在一連串的中文報紙文章，還有在美國與台灣由黃啟明協助促成的，對於台灣社運人士的訪問當中。即便在這本書的書名及框架裡，也迴盪著黃啟明的聲音；他在初期敦促孟岱爾添加一個章節，探討「台灣民族認同，或是台灣意識的形成」（書中第一章的名稱是〈台灣民族主義的成長〉），[72]也建議過書名，而這些意見似乎皆獲孟岱爾認真考慮。[73]該書中只有兩頁明文提到黃啟明：以五個段落的內容，概述他的案子並討論其所造成的影響。[74]不過，孟岱爾在幾頁之後，以匿名方式大幅引用了黃啟明的一封信件，藉此闡述「一名台灣學生譴責美國對於台灣人的渴望置之不理」。[75]

一九七〇年，黃啟明仍然積極想要離開台灣。由於孟岱爾遭禁止入境台灣，因此他在自己所寫的這麼一本關於台灣民族主義的書裡，自然不能揭露自己的名字以及與黃啟明的密切關係，否則不免會進一步損及黃啟明的前途。儘管如此，黃啟明畢竟在這段期間為孟岱爾的這部著作與分析提供了許多貢獻，因此未能承認他的智力勞動（還有其他研究助理奉獻的心力，例如田弘茂）乃是智識與政治史上一項令人不安的闕漏。如同《台灣民族主義的政治》所示，道格拉斯．孟岱爾的研究與職業生涯，有一大部分乃是奠基在外國學生的人生與智力勞動上：而包括黃啟明在內的那些學生，都通曉多種語言、橫跨兩種文化。不過，一如冷戰時期對於亞洲及其民族的研究當中的學科常態，這些學生知識分子在這段歷史中也大體上並未留下身影與姓名。

黃啟明為信念付出了高昂的代價。他失去自由、失去離開台灣的能力、職業前途盡毀，且終究直接或間接地，因此失去了性命。一九七〇年代晚期，孟岱爾獲准入台。黃啟明同樣熱切地幫助他，結果，據說他開車載孟岱爾到台中東海大學演說之後，喪生於一場車禍。[76]許多認識他的人覺得這起事故疑點重重，認為有國民黨黑手涉入其中。

小結

就某些方面而言，黃啟明是弗朗茲．法農在《大地上的受苦者》（*The Wretched of the Earth*）當中嚴厲批評的典型本土資產階級；他認為自己是權力結構的一員，而且他雖然追求民主與自由，卻絕非一名革命分子。然而，在他頑強的理想主義當中，即便在其天真的態度之中，他也無法被既有的冷戰歷史敘事概括。在《韓戰的偵訊室》（*The Interrogation Rooms of the Korean War*）裡，莫妮卡．金（Monica Kim）討論了個人在韓戰當中如何「成為戰爭的地帶」；也就是說，在像是偵訊室這樣的空間裡，士兵、官員與個別主體之間的微觀互動，是一項極其重要的意識形態與心理版圖當中的一部分，而「一場不是戰爭的戰爭」即是透過此一版圖進行。[77]在美國以及其他地區，冷戰轉變了大學及知識形成的結構。大學成為文化外交和蒐集軍事情報的關鍵場域，也負責培育維繫世界支配地位所需的物質科技。另一方面，在國民黨戒嚴統治下的台灣，戰爭的心理與意識形態層面則是透過一個方法進行，也就是監視、控制他們在這些校園裡最有價值的輸出品：學生。

黃啟明與其案子代表的意義，遠超出他個人或是案件本身。對於總是嚴陣以待且疑神疑鬼的國民黨政權而言，不論黃啟明多麼微不足道，畢竟仍是一顆叛亂的火種，必須全力撲滅。對威斯康辛大學而言，他的案子象徵了學術自由的議題，還有美國在台灣（中華民國）這類高壓國家（其中隱含了比較低等的意思）面前所具備的道德與政治優越性。對於孟岱爾而言，黃啟明是為其知識與職業生涯提供了助力的熱心本土知識分子，但他的姓名與身影都藏匿在幕後。黃啟明認為自己是個初露頭角的知識分子，也是台灣的未來領袖，這樣的自我認知打破了以上的這些敘事。此外，他隱微的聲音雖然沒有受到肯定，卻長存於孟岱爾的著作中。從令人不安的黃啟明故事出發，重述區域研究的歷史，我們得以看見一個受到遮蔽的影子知識分子和一段政治歷史，當中充斥移民知識分子的美麗夢想及複雜現實，而他們獲得的機會、面對的嚴酷限制，則受他們遠遠無法掌控的冷戰優先次序形塑。

陳玉璽與夏威夷冷戰國際主義

Chapter 4

一九六九年一月十六日，夏威夷大學發布了一份「外國學生在夏威夷大學校園享有之權利與自由的聲明」，其中首先確認了校方對於學術自由的堅持：「教導的自由與學習的自由。」校方指出，外國學生是「教育過程的完整參與者」，因此「有權追求任何方向的正式知識，也可依據需要與任何正當適切的對象交流，而不必擔憂遭到報復」。不過，這份聲明接著指出：「夏威夷大學保障所有學生的**沉默自由**。學生除非是出於自身意願，否則不必參與任何主題的研究，也不必提出任何種類的聲明」（字體強調由筆者所加）。[1]由於當時廣受吹捧的冷戰意識形態都把美國——尤其是美國的大學——頌讚為民主與自由的卓越堡壘，因此「沉默自由」一詞顯得頗為格格不入。這份聲明的重點是什麼，而「自由」與「沉默」又有什麼關係？

這份聲明的發布背景雖是美國與全球各地持續不斷的學生抗議潮，包括反對美國在越南的戰爭、支持族裔研究、支持第三世界的團結，以及支持原住民主權，但「沉默自由」一詞卻是源自一則特定的台美人故事，儘管這樣的故事不必然是台美人所獨有。這份聲明是夏威夷大學校方對於一起事件所做出的反應，也就是不久前身為該校東西方文化中心學生，中華民國國民陳玉璽在一九六八年遭到逮捕、判刑以及監禁。陳玉璽之所以會因顛覆罪名遭逮捕定罪，是基於國民黨特務針對他在夏威夷，以及後來在日本的活動所提出的報告；如同本書裡一再談到的，他就像其他的數十名台灣人一樣，也是在一九六〇年代到一九九〇年代初期身在美國，遭到中華民國政府鎖定以及監控的對象。

陳玉璽的案例細節，顯示了對於這段時期在美國教育機構就學的外國國民而言，「自由」基本上受到冷戰國家關係的形塑與限制。如同駱里山（Lisa Lowe）指出的，在自由與人性的自由主義意識形態邏輯當中，排除與包容都同樣暴力，也都同樣會「留下痕跡，而且會回頭擾亂建立了普世性的自由主義政治、社會與文化在表面上的完結」。[2]在此案例當中，就像其他在美國受到國民黨監控的台灣學生，跨太平洋的系統性恐怖氛圍，和美國天真、仁慈以及自由主義式自由的冷戰意識形態並置，終究扭曲並壓抑了我們應該知道的完整政治史，其中包括美國的軍國主義與帝國主義，還有自由派與激進派這兩種國際主義，以及意料之外的團結。了解曝光於公眾視野的陳玉璽故事，即可發現其中不僅涉及迫害，也涉及國際主義者的組織活動以及團結、拒絕受到籠絡成為零和的二元對立，以及改變國家與制度網絡的用途以鼓舞人心。講述這段複雜的歷史，不但是拒絕接受台美人歷史所遭到的壓抑，也是對於此一壓抑的反駁。

陳玉璽是土生土長的台灣人，台灣警備總部認為他在東西方文化中心的圖書館閱讀了共產文獻以及毛澤東的著作。他住在檀香山期間，參與了至少一場反越戰抗議活動，並且與瑞尼克夫婦約翰與愛子（John and Aiko Reinecke）結為好友。瑞尼克夫婦是知名社運人士，曾任教職，因為在一九四〇年代支持國際碼頭與倉儲工會（International Longshore and Warehouse Union）的勞工組織活動而遭到迫害（約翰・瑞尼克也是夏威夷七人幫〔Hawai'i Seven〕的其中一人，他依據《史密斯法》〔Smith Act〕被定的罪在一九五八年獲得撤銷，他們夫妻二人也在一九七〇年代雙雙獲得平反，並且得到州政府提供的和解金）。[3] 陳玉璽還遭到指控以假名為東京的一份左派報紙寫了兩篇親中共的文章，但這項指控的依據僅有中華民國單方提供的證據，且從來未曾受證實。

一九六七年春季，根據各方說法乃是一位傑出學生的陳玉璽，錄取布朗大學的經濟學博士學程並獲教學助理獎學金。不過，他提出簽證延期申請卻遭到拒絕，並且收到中華民國政府要求他返回台灣的通知。他在八月買了飛往台北的機票而離開檀香山。由於擔憂自己返台之後的遭遇，他以一張六十天的簽證停留於日本，利用接下來的幾個月設法獲取在日本繼續學業的許可。不過，他在一九六八年二月申請延長日本簽證，卻突然被帶進入國管理局拘禁一夜，接著於次日強制遣返台灣，並且在抵台後立刻遭到警總逮捕以及監禁，過程無人知曉。陳玉璽在東京的房東是記者川田泰代，她聯絡了陳玉璽在台灣的家人，告知他們他去了入國管理局之後即音訊全無。陳玉璽的父親雖然四處慌亂尋人——「我不論在哪裡都找不到我的兒子，」他寫信向川田表示——警總卻是過了兩個月後才證實陳玉璽被關在一所軍事監獄裡等待接受煽動叛亂的審判。一旦遭定罪，最低的刑度為七年有期徒刑，最重則可判處死刑。[4]

陳玉璽的友人與支持者，在夏威夷以瑞尼克夫婦為首，在日本則是以川田為首，於一九六八年春末以及夏季期間不斷為他奔走，一方面致力傳播消息，另一方面則向中華民國政府提出陳情。經過一段時間，這些有所重疊的陳玉璽支持網絡，包括了陳玉璽之友會（Friends of Chen Yu-hsi）、東西方文化中心同學會的陳玉璽救援委員會（Committee to Save Chen）、民主社會學生會夏威夷大學分會，以及夏威夷大學師生聯合會（Student-Faculty Union）這個由學生、教師與職員組成的左傾組織。學生會與東西方文化中心的管理層，合作派遣一名東西方文化中心的前學生在一九六八年七月到場觀察陳玉璽的審判，結果他被判處七年徒刑，而不是原先害怕的無期徒刑或甚至死刑。夏威夷的國會議員——尤其是竹本松（Patsy Takemoto Mink）——不但廣泛聲援陳玉璽，甚至還在一九七〇年通過一項州決議，堅持學術自由原則，並且為陳玉璽求情。[5]

陳玉璽後來在一九七一年十月獲得大赦出獄。在他遭到關押的三年半裡，學生陸續在夏威夷大學校園、中華民國領事館以及華航總部發動抗議；他們甚至占領了東西方文化中心的主席辦公室。陳玉璽的案子在《檀香山廣告商報》、《檀香山星公報》（*Honolulu Star-Bulletin*）以及《夏威夷論壇前鋒報》（*Hawaii Tribune-Herald*）受到數百篇文章詳盡報導。《廣告商報》與《星公報》的記者在陳玉璽被押期間拜訪了他或者他的家人，東西方文化中心的學生、該中心的若干主掌人員，以及夏威夷眾議員松永正幸（Spark Matsunaga）亦是。救援陳玉璽的委員會定期聚會，也為他的家人募了幾次款，並且至少有一次是由一名在台灣從事實地研究的東西方文化中心學生親自遞送。日本同時也有一個陳玉璽救援委員會，而他的案子在那裡，對於移民權利、反戰、反帝國主義以及當地的亞際國際主義鬥爭而言相當重要。[6]陳玉璽的案子成為一九七〇年國際特赦組織的日本分會成立的原因，而川田即為創始成員之一。日本與檀香山這些支持者的努力造就的其中一個結果，就是川田泰代在一九七五年出版了《良心犯》一書，詳盡講述陳玉璽的案子，希望藉此促使中華民國准許陳玉璽返回美國，而他的希望，確實也在該年稍晚成真。

陳玉璽與他的家人悄然遭遇的沉重打擊，在數以千計的白色恐怖受害者當中雖屬常見，但在他的案子裡，機構與地理方面的環境卻具有極高的重要性。美國所有的大學校園在這段時期雖然都涉入冷戰的知識生產（儘管程度不一），東西方文化中心卻是在夏威夷立州的同時由美國國務院成立，而且目標很明確，要做冷戰外交工具，用來和美國盟友建立情感連結以及技術上的「交流」。[7]不過，陳玉璽遭受的迫害與懲罰，源自他待在東西方文化中心的期間，而且橫跨了三個國家——他在東西方文化中心的台灣同學藉著告他的密，參與了對他的迫害；日本政府將他遣返台灣，而美國政府則是大體上不願為了他而出面干預——由此可見中華民國《戒嚴令》的影響範圍遠遠超出台灣，甚至及於美國與日本，也讓人注意到多重國家與機構相互勾結的問題。

重要的是，被吹捧為亞洲導向美國多元文化典範的夏威夷，不但進一步推進這些政治意識形態，還加以掩飾。實際上，夏威夷以及東西方文化中心創造的跨太平洋網絡，也創造了陳玉璽透過自由派與激進派國際主義圈子獲得支持的條件，不論這樣的支持是多麼無心插柳；而那些支持他的力量，則是包括了夏威夷當地強大的左派組織者網絡、與日本左派圈子的連結、聲援陳玉璽的自由派與中間派亞裔美國議員，以及東西方文化中心分布在日本與台灣的學生和校友。因此，陳玉璽的故事不僅涉及多國迫害，也涉及地方、區域以及國際主義層次的關懷網絡，其所指向的政治不受限於奠基在民族國家之上的實體或者目標。

東西方文化中心：一個冷戰遷占者國家機構

東西方文化中心位於夏威夷這個在冷戰期間新成立的州，這樣的環境對陳玉璽案件的發展過程，以及其所帶有的廣泛意義深具關鍵性。從陳案發生的前幾年到案件期間，夏威夷成了美國冷戰權術和軍國主義的中心節點，是文化外交、軍事訓練以及研究的一個必要地點，也是越戰的規劃處。[8]夏威夷於一九五九年立州同時，由美國國務院成立的東西方文化中心，成了聯邦政府意識形態戰術的一個具體化身。作為一個州，夏威夷被宣揚為連接華府與亞洲的一座橋梁，體現了和諧的多元文化主義，並且證明美國沒有帝國主義、種族歧視以及遷占殖民主義。實際上，如同豪納妮凱・崔斯克（Haunani-Kay Trask）、坎蒂斯・藤兼（Candace Fujikane）、迪恩・薩拉尼利歐（Dean Saranillio）與安德莉亞・克拉提格（Andrea Krattiger）等學者廣泛主張的，「以民權取代原住民權利的動員做法……維繫了美國在夏威夷的帝國主義」。[9]美國的國家與企業利益把夏威夷當成一個「種族實驗室」，代表美國和平的多元文化未來，而利用夏威夷呈現一個在美國統治下「能夠安然享有多樣性」與資本主義的世界。[10]

這類敘事一再掩蓋了美國對於夏威夷王國的占領以及遷占殖民接管，把夏威夷原住民夏威夷族（Kānaka Maoli）矮化為僅是夏威夷多元文化的其中一個群體。另一方面，選擇性去政治化的言詞以及夏威夷原住民文化的象徵，則是霸占式地被賦予中心地位，藉此賦予美國白人的統治與定居正當性，將其呈現為一種自然的更迭，接續了先前那個受浪漫化但不完全文明的過往。[11]亞洲遊客與新進移民在東西方文化中心的宣傳活動當中，受戴著花環的白人家庭歡迎，並且立即就能夠感到輕鬆自在，原因是此地早已有大量的亞洲移民，而且這些早期移民已融入夏威夷的文化、社會與治理當中。然而，在東西方文化中心的國際友誼願景與目標當中，卻看不到夏威夷族的身影，而且他們被排除於該中心的這類實踐之外長達數十年之久。

在美國推翻夏威夷王國並且併吞夏威夷之後，夏威夷被納入美國的領土，歷經六十年，在一九五九年八月二十一日正式成為美國的一州。在前一個月，成立東西方文化中心（原本稱為東西方文化與技術交流中心）的立法被納為一九五九年《共同安全法案》（Mutual Security Act）的修正案，最後終於通過成為「公法86-108」。[12]在夏威夷僅具領土地位期間，夏威夷大學雖然前後至少有兩名校長設想過一座類似的中心，卻是直到立州與冷戰政治利益這兩項條件出現之後，時任參議員的林登．詹森（Lyndon Johnson）與眾議員約翰．伯恩斯（John Burns；後來的夏威夷州長）才得以實現這項「時機已然成熟的想法」。[13]在一九六一年五月造訪夏威夷的一趟旅程上，詹森以典型的白人遷占殖民占有心態指稱「他想把我們的阿羅哈精神裝起來送給世界各國」。[14]詹森與伯恩斯擔憂蘇聯對「世上立場未決的民族」造成的影響，因而把東西方文化中心宣揚為這麼一個地方：「可以讓人積極實踐也許是最珍貴的自由——也就是追求理念的自由。」[15]

該中心的支持者興奮指出，夏威夷是「最理想的地方」。[16]在東西方文化中心對其自身歷史的自述裡，這座中心將會「為夏威夷州在太平洋扮演的角色重新注入活力——一度是個十字路口，現在則也許是一座橋梁。夏威夷群島不再只是一座軍事前哨基地或度假勝地，而將會挾著立州後的新興都市氛圍，出現經濟上的大飛躍」。[17]根據該中心的敘述，由於和歐洲接觸以及遷占殖民的接管所帶來的正面影響，「種族的混合為夏威夷群島賦予一種獨特性格，似乎能夠與每個移民族群的最佳特質相互融合」，造成「一種可讓來自世界上幾乎任何

圖十四　一九六一年五月，副總統林登．詹森（右）戴著花環為東西方文化中心動土，同場出席的人士包括（左起）夏威夷大學校長羅倫斯．史奈德（Laurence Snyder）、大學董事會主席赫柏．科紐埃爾（Herbert Cornuelle）、東西方文化中心首任主任墨瑞．騰布爾（Murray Turnbull），以及夏威夷州長約翰．伯恩斯。（*Honolulu Star-Advertiser*／提供）。

國家的遊客都感到舒適自在的氛圍」。[18]東西方文化中心主張這點尤其適用於亞洲遊客，例如日本的種植園工人就把「他們的古老文化與夏威夷人的文化融為一體，同時又大量保留了他們自己喜愛的生活方式」。[19]

由於這種獨特的多族裔混合，眾議員伯恩斯因此認為「東方與西方的理解」將會自然隨之而來：

> 夏威夷的人口全然是美國人，但又由於他們的祖先而能夠理解太平洋與東方的民族，並且對那些民族的問題與生活方式懷有寬容與共鳴。因此，夏威夷的人口就是美國利用夏威夷所處地位的最佳手段。立州是個觸媒，能夠釋放出夏威夷人口的活力，並且賦予他們善用這些活力的機會，從而為夏威夷以及美國開啟了一個充滿可能性的全新時代與全新領域。[20]

但他也告誡指出：「然而，這項學程本身是我們整體外交政策目標當中一個不可分割也不可或缺的一部分，因此必須被視為一項國家學程，受到國家政府控制。」[21]

因此，東西方文化中心的起源與聯邦基礎設定了該中心的條件與範圍；其行政人員皆是前美國外交官，而且招收的學生限定只能來自與美國友好的國家。因此，來自中華民國台灣的學生可以進入東西方文化中心就讀，中華人民共和國的學生則否。由於東西方文化中心聚焦於技術訓練和「文化」方面的互相「交流」與理解，因此成為冷戰融合主義意識形態的代表性機構，試圖透過平等交流的假象與個別亞洲人建立情感連結（將他們視為其國家與文化的代表），從而掩飾美國全球強權長久維繫的暴力不平衡。[22]此外，東西方文化中心又以身為中情局的公開招募地點，直接參與並提供了對美國支配地位的支撐，也直接參與高壓政權的軍事訓練計畫。[23]

從一開始，東西方文化中心受到聯邦政府督導的情形，就使其成為批評者與州政府官員仔細關注的對象。其中的工作人員都是美國外交官與駐外幹員，包括被指派為該中心美國研究所（Institute of American Studies）助理所長的前中情局雇員西摩．勒茨基（Seymour Lutzky），一般都認為他的任務是監控東西方文化中心與美國研究所內的「左派分子」與「赤色分子」；還有主席霍華．瓊斯（Howard Jones），他是前國務院駐德國、台灣與印尼的官員，也曾任遠東事務副助理國務卿以及駐印尼大使。[24]在支持聯邦控制方面，眾議員約翰．魯尼（John Rooney）在掌管東西方文化中心聯邦資金的眾議院撥款委員會擔任主席，而他早在一九六二年一月就指控該中心「接受『左翼』『不良分子』就讀學程」；「該中心沒有適當篩選申請者，因此……有些學生來到東西方文化中心就是為了『惹是生非』。」[25]魯尼特別指控這類「不良分子」「煽動亞洲學生」。[26]東西方文化中心也在全國媒體當中遭到批評，被稱為「只不過是太平洋遊樂場裡一所二流州立大學的教育拖油瓶——根本算不上是一個能夠讓人從事嚴肅智識研究的場所」[27]

東西方文化中心的受助學生也曾抱怨，指出缺乏公開討論以及避談政治議題的現象。一九六四年初，華裔美籍受助學生陳素貞（她後來成為一名學者，奠定了亞裔美國人研究領域的基礎）就描述了當時觀察到的表裡不一：

> 我停下來認真思考自己對人類關係獲得了什麼新洞見，對於其他社會、政治體系和經濟體的運作方式以及其背後的價值觀或意識形態獲知了什麼新資訊，結果發現我透過「文化交流」根本沒有學到任何新東西。[28]

陳素貞認為，東西方文化中心「對於我們每一個人所抱持的價值觀，以及培育我們智識成長的社會，都相對欠缺一種開明而且多少帶有明智性的探究」，「對於討論更深層的價值與意義問題也相對欠缺興趣」。[29]

受助學生諾埃爾．肯特（Noel Kent）在一九六五年秋季從威斯康辛大學來到東西方文化中心，「而察覺到一種與現實脫節的整體氛圍」；在必修的「亞洲美國研討會」裡，課程焦點「似乎完全只集中在文化當中最膚淺的面向（例如日本和服），而且所有的討論都仔細避開了帶有爭議性的議題」。尤其是肯特試圖討論越戰的升溫之時——當時前往東南亞的軍事運輸艦，就在距離東西方文化中心不遠處途經檀香山——「老師（對我的問題）置之不理，其他學生則是以震驚又尷尬的表情默默看著我」。[30]

陳素貞與肯特的不自在，正合乎克莉絲蒂娜・克萊因（Christina Klein）對冷戰融合主義模式的分析，亦即那些模式都只聚焦於對「小事」的跨文化理解以及個人之間的情感互動，卻排除了任何對於政治經濟、地緣政治、帝國主義與殖民主義的討論。[31]陳素貞在當時雖然無法明確看出這些「欠缺」的肇因，肯特卻很快就辨識出早在他抵達東西方文化中心之前，就已出現的惡性政治基礎。他還在威斯康辛大學的時候，「一位我相當敬重的老師……暗示說東西方文化中心根本是國務院的機構」；而在肯特接受入學面試之時，也被問及頗為尖銳的問題，包括：「『你是否認為中國應該被納入聯合國？』」[32]

關於中華人民共和國相對於中華民國這項議題，有些受助學生絲毫不怕表達自己的觀點。一九六四年夏季，在刊登了陳玉璽的照片而歡迎他成為東西方文化中心學生的那一期《接觸》（*Contact*）雜誌裡，受助學生湯姆・科爾森（Tom Korson）因為寫了封信支持一篇批評蔣政權的文章，遭到兩名來自台灣的親國民黨學生嚴詞譴責。[33]李恩涵指控科爾森違反了「國際友誼的基本原則」，還說科爾森提及日本的台獨運動，是一項「荒謬」而且「非常不明智」的行為，因為「那一小撮所謂的『台灣獨立』擁護者，在任何一個愛國的中國人心目中都會被視為叛徒」。[34]陳驥在自己的信件開頭引用了英國詩人亞歷山大・波普

（Alexander Pope）的詩句「一知半解最危險」，同樣把科爾森的觀點描述為「幼稚又荒謬」。[35]在科爾森回應李恩涵與陳驥的信件裡，他提及「公開辯論似乎令某些受助學生感到不快」，並且指出：「我單純只是主張我們應該多關注台灣獨立運動，因為這項運動顯示台灣內部並非全然平靜。」[36]值得注意的是，在那年夏季，東西方文化中心雖有十名左右來自台灣的學生，他們卻都沒有撰文反駁李恩涵與陳驥。

諾埃爾．肯特很快就意識到，教室裡的沉默可能不是出自震驚或尷尬，而是源自恐懼或者政治上的謹慎：

> 得知有些亞洲受助學生其實是會向台北、首爾、曼谷、雅加達等地回報情資的政府特務與線民，又進一步強化了瀰漫於這裡的那種壓迫氣息。我不只一次看過亞洲受助學生驚恐不已的模樣，原因是他們全然無辜的活動引起了那些常駐線民的懷疑。[37]

一九六四年一名東西方文化中心台灣學生的遭遇，很可能就是這種選擇性沉默的近因。哲學生劉大任在該年被退學（七年後，一九七一年，劉大任因倡議左派理念及涉入保釣運動，被國民黨列入黑名單，終生不得返國；在流亡海外期間，他到紐約為中華人民共和國擔任聯合國翻譯員，而成了台灣最著名的作家之一），表面上的原因雖是在宿舍裡與室友賭博，但由於只有劉大任一人遭到退學，因此他認為這項懲罰實際上是針對他個人的政治理念。他在多年後省思道：

> 我是從當時的反共堡壘台灣招收來的學員，台灣是美國圍堵中共全球戰略部署的重要一環，等於是與敵人對峙的前哨站。我應該作為這個前哨站的尖兵，接受培養和訓練。然而，當局後來發現，我不但很快就對自己原來報考的專業失去興趣（哲學），而且在政治上變得相當活躍。我同各種各樣意見的人進行辯論，我放棄哲學課，卻熱心旁聽政治系和歷史系任何有關中國現狀的課程。我每天泡圖書館的時間不少，甚至……不僅專借有關三十年代中國文學和社會史的書籍，而且「公開」閱讀《人民日報》。不錯，那年月，當眾翻看大陸報刊雜誌的人，很快就引人注意。[38]

劉大任提及同學向中華民國領事館舉報他，東西方文化中心當局也開始注意他的行為；他並未因此遭嚇阻，在被退學前持續盡量閱讀大量的馬克思主義與中華人民共和國文獻。他坦率指出：「設於夏威夷大學的東西方文化中心，每年從美國各地和亞洲『自由地區』以全額獎學金吸收上百精英，標榜的是『東西文化交流』，實質工作不過是長期大量培養美國的亞洲專家和亞洲的親美派。」[39]換句話說，到了一九六〇年代中期，東西方文化中心的沉默與闕漏，乃是由國家與機構行為者刻意形塑而成，藉此迎合美國的冷戰利益意識形態框架，而這樣的迎合方式不但立刻被不服從的受助學生及其他觀察者識破，他們有時也會提出質疑。因此，那樣的沉默與闕漏，必須由機構以及多國的監控與懲戒行為不斷予以強化。

挑戰東西方文化中心的國家敘事

美國在越南的戰事升溫，對於東西方文化中心強調在亞洲從事外交以及互相理解的這種論點，很快就構成了一項公開牴觸，而且也成為該中心最大的公關挑戰。[40] 諾埃爾·肯特受到廣泛報導的案件，對於東西方文化中心在兩個面向之間能夠維持多高程度的平衡成了一項考驗：一個面向是其意識形態目標，另一個面向則是該中心自稱對於言論自由的堅持。如同前述，肯特抵達該中心後不久，即感到幻滅。他反倒在校園以外找到了帶來歸屬感的社群，地點是十字路口教堂（Church of the Crossroads）的高速公路咖啡廳（Freeway Coffeehouse）：那裡在當時「是個避難所，聚集在那裡的都是遭到排擠的學生、臨時工、藝術家、新興的嬉皮族群……也就是遭到美國社會捨棄的邊緣人士」。[41] 一九六五年十月，肯特參加了一場舉行於威基基（Waikiki）的反戰遊行，並且在那之後成了夏威夷終結越戰委員會（Hawaii Committee to End of the War in Vietnam）的成員。一九六六年三月，他和其他反戰學生在校園裡舉行了一場集會，結果肯特因為「褻瀆美國國旗」遭逮捕（肯特後來指出，這條法律原本制定於一九〇六年，目的是「在夏威夷遭到美國併吞之後，避免憤怒的夏威夷人毀損國旗」。）[42]

東西方文化中心與國務院皆參與了肯特是否違反該中心規則的判定：「這項判定的關鍵，在於他們明白自己有責任充分尊重他『身為美國公民所擁有的異議權利』；但對他們而言，更重要的是『他身為東西方文化中心受助學生所必須擔負的特殊義務』。」[43]此辯論的基調相當醜陋，東西方文化中心與政府官員公開質疑肯特的心理健康與性格。最後，他們雖認定肯特有權提出異議，卻要他留校察看，並取消其亞洲實地研究之旅。藉著維護肯特的言論自由權，東西方文化中心希望能夠「彰顯這座中心是個富有民主理想的地方」。[44]不過，肯特從這次遭到嚴懲的經歷當中卻領悟了大為不同的訊息：未來的「受助學生受到挑選的標準將不會是成績、能力或者其他任何值得重視的特質，而是他們是否遵守美國外交政策的界線」。因此，他總結指出：「我在來到東西方文化中心之前並不是政治激進分子，可是東西方文化中心教導了我美國是怎麼一回事。」[45]

在肯特這起案件發生的同時還有後續的許多年當中，愈來愈多的東西方文化中心學生——包括美國與亞洲學生在內——開始發聲反對越戰。不僅如此，他們也刻意利用「東西方文化中心的論述及特權反對美國外交政策，並且提議不同路線」。[46]美國在一九七〇年四月入侵柬埔寨之後，東西方文化中心同學會（East-West Center Students Association）即支持大學社群發起一場總罷工，並且寫了一份反對戰事升級的立場聲明，其中明確指出東西方文化中心的目標與美國外交政策之間的矛盾：

且讓我們……堅定指出，我們與東西方文化中心的隸屬關係完全不涉及同意或贊成美國政府在亞洲推展的現行政策。此外，我們認為現行這場戰爭的擴大，直接違反了我們這些聚集在東西方文化中心的學生所奉行的原則。[47]

個別受助學生也寫下額外聲明，「明白指出自己的國籍，利用東西方文化中心本身的修辭提倡在東方與西方之間建立更好的關係，但在其中針對美國外交政策明確提出批評」。[48]他們許多人深受世界各地的去殖民化運動鼓舞，呼籲美國不只要結束這場戰爭，更要廣泛「停止干預亞洲的事務」。但在此同時，大多數人仍然「堅守東西方文化中心的修辭」，呼籲「互相尊重」，並且「善加利用他們透過東西方文化中心與國務院的關係」。[49]

隨著反戰的抗議運動達到高峰，東西方文化中心與國務院的連結所受到的批評，也跟著愈演愈烈。一九七〇、一九七一年，女眾議員竹本松提出法案，主張轉移東西方文化中心到衛生、教育和福利部轄下。她直言不諱地指稱東西方文化中心竟忽略了亞洲研究，並提議應再另立亞洲研究所：

在我看來，亞洲人的藝術、文化與成就當中有許多值得我們國家學習的東西。這種交流在這座中心應該是雙向的，但當前的課程卻是由白人教師指導亞洲人怎麼解決他們的問題。[50]

一九七二年春季，尼克森政府加強轟炸北越，於是東西方文化中心的學生再度寄送一份譴責決議給國家與州政府官員，包括總統尼克森、國務卿、國防部長，以及夏威夷的美國眾議員。一九七二年五月，反戰運動人士利用副總統斯皮羅・阿格紐（Spiro Agnew）造訪夏威夷發動抗議，結果東西方文化中心學生丁景安（Jan C. Ting）遭逮捕，「顯然是出於一名特勤局幹員的要求」。[51]身為華裔美國人的丁景安曾在前一年秋季走訪中華人民共和國，並出版了一本書講述他此次的經歷。[52]兩天後，東西方文化中心同學會發起一場抗議遊行，並且加入公民委員會（Citizen's Committee）的一場集會，與眾議員竹本松、松永正幸以及參議員井上健（Daniel Inouye）團結在一起。這類抗議與結盟，終究在一九七七年促成東西方文化中心脫離夏威夷大學。由於夏威夷大學是言論自由與異議的一個象徵場所（當然，其本身也透過研究合約以及預備軍官訓練團的訓練，而與美國戰爭機器有著糾纏不清的關係，那種訓練也在此時期遭反戰抗議人士抨擊），因此美國的四處征戰和東西方文化中心主張的外交與互相理解這種理想之間鮮明刺目的矛盾，也就難以持續存於校園。

如同在黃啟明的案子裡（見前一章的討論），亞洲與美國學生都拒絕受制於招收他們的機構所抱持的意識形態抱負。如同克拉提格所言：

東西方文化中心受助學生帶著他們自己的觀點、理念與志向來到這座中心，而在過程中受到轉變。由於他們被挑選為美國冷戰大使，因此獲得「史無前例的授權，能夠以政治主體的身分發言以及採取行動」。他們意識到國務院的外交修辭和軍事行動之間的矛盾之後，即利用他們能夠取得的框架——亦即國務院本身的修辭——倡議降溫、外交斡旋，以及和平。[53]

東西方文化中心受助學生約翰．威特克（John Witeck）是陳玉璽的支持者，他和諾埃爾．肯特一樣，在夏威夷參與了數十年的左派運動，而且這樣的參與也是始於他就讀東西方文化中心的短暫期間。他在一九七一年撰文進一步指出，對於部分學生而言，這些固有的矛盾其實構成了一項「激進化的經驗」：

在需要立即、迫切而且廣泛變革的時期，這座中心的「開明自由」在本質上令人深感挫折，甚至帶有欺騙性與籠絡性，從而為部分學生構成一項激進化的經驗，因為那些學生在乎的不是成績、學位以及政府補助之下的輕鬆玩樂，而是在乎這座中心把世界重塑為一個包含多種文化的和平社群這方面的潛力——也就是這座中心自己陳述的理想。[54]

不過，對部分亞洲學生而言，探索這類政治領悟所帶來的後果有可能極為嚴重，一如陳玉璽的案例所示。

強烈的社會正義感

陳玉璽在一九三八年底出生於中部鄉下農家，當時台灣仍然受日本統治。如同他自己所言，其童年「充斥了鄉村貧窮、物質稀缺，以及（美國）空襲所帶來的恐懼」。[55]一九四五年，陳玉璽的母親死於結核病，享年僅二十四歲，而對仍是幼童的陳玉璽造成「數十年都克服不了」的「心理創傷」。陳玉璽的父親在喪妻的打擊與務農工作的沉重負擔之下，原本沒有打算要讓兒子接受學校教育，但還是在家裡盡力教導了他閱讀若干中國經典。不過，次年由於一名當地的學校教師偶然來訪，而促使他父親改變了心意，於是陳玉璽就在那年直接就讀二年級。他進步得非常快，結果以全校第二名的成績從小學畢業，而且在畢業典禮受獎的時候是他這輩子第一次穿鞋。六年後，他成為當地幾個村子裡第一個考上國立台灣大學的學生，而得以進入這所全台聲望最高的大學就讀。在台大，陳玉璽因為務實的考量而主修經濟學，但他也研讀了哲學、文學與心理學。他是大學裡第一個佛教社團（晨曦學社）的創始成員。

就讀台大期間，陳玉璽對國民黨的獨裁統治感到幻滅，也意識到國民黨政權的種種「惡行」。他開始涉入「校園裡的一個祕密小團體」，以台大哲學教授殷海光以及政治人物雷震為首。雷震是《自由中國》雜誌的主編，這本雜誌在當時幾乎是唯一膽敢批評蔣政權的出版品，也是在白色恐怖初期的駭人暴行之後第一份這麼做的出版品。《自由中國》的出現對國民黨尤其具威脅性，因為這本雜誌團結了不同族裔的政治批評者（包括外省人與本省人）。陳玉璽撰寫了幾篇文章「批評一黨專政、異議人士遭到的祕密逮捕，以及新聞與言論自由遭到的壓抑」。一九六〇年，雷震以煽動叛亂的罪名遭逮捕，判處十年有期徒刑。接下來幾年，陳玉璽服了兵役，進入政府機關工作，一直擔憂自己會受到牽連，直到一九六四年，他取得護照、得以前往東西方文化中心就讀，內心的恐懼才終於消退。

儘管早期曾涉入被視為在台灣漫長的民主運動裡扮演了重要角色的團體，陳玉璽卻堅稱自己「對政治其實沒有興趣，而且也……缺乏成為政治運動者的個人特質」。他認為：「我的政治困擾源自於我天生就對人類與動物的苦難特別敏感，而且抱持人道關懷以及強烈的社會正義感」。

陳玉璽針對自己抵達夏威夷的感受寫道：

我覺得自己彷彿來到了一座人間樂園，有和善的人、宜人的天氣以及美妙的生活環境和設施。我在東西方文化中心的宿舍裡第一次看到黑白電視，也第一次用到熱自來水。我認識了很多當地人、華裔人士、日本人、白人以及本土夏威夷人。他們全都親切、友善又好客，讓我能夠理解並且欣賞阿羅哈精神。

他有些難以「適應」東西方文化中心的生活，認為原因是自己有限的英語口語能力。不過，他覺得其他來自美國與日本的東西方文化中心學生都「很友善，也很容易相處」。陳玉璽在這段期間得知越戰「對無辜的越南人民以及美國士兵造成巨大的苦難」，也對經濟造成了「重大傷害」。因此，他「同情反戰運動，也參與了幾場集會和示威活動，儘管有些來自台灣的同學告誡他不要這麼做」。他後來在一場野餐會上，透過一個反戰運動的朋友結識了瑞尼克夫婦，當時他們雖然遭受了州政府的長期迫害，卻仍積極涉入勞工組織工作、建立社群，以及倡議社會正義。對於陳玉璽而言，

結交瑞尼克夫婦以及他們的好友是我人生裡的一項重要經歷，也是一段美好的回憶。我

很珍惜他們的親切、友善與真誠，還有他們謙遜隨和的待人態度。這些個人特質似乎是夏威夷人的典型特色——我在其他人類社會都找不到這種特質。

陳玉璽在一九六八年六月遭起訴，指控他「為匪宣傳」，「意圖以非法之方法顛覆政府」。這些指控引用了兩方面的「證據」。首先，陳玉璽在美國求學期間閱讀了共產出版品，包括《中國畫報》、《人民日報》，以及「毛匪『詩詞』」。起訴書指稱他「思想因而傾匪」。第二，陳玉璽在日本之時據說打算叛逃中國大陸，而以筆名為《大地報》這份中國共產報紙寫了幾篇文章；這些文章讚美毛澤東，批評日本與美國。[56]第一部分的指控涉及陳玉璽在美期間，因此明確指向東西方文化中心的線民。他對此並不意外：「台灣同學之間都流傳著我涉入反戰活動的行為（還有到夏威夷大學的東方圖書館借書，其中大部分都是一九三〇年代的中國文學，那些作品都被國民黨列為禁書），也有些人警告我，說我已經被人告密。」他進一步指出：

我們全都聽聞夏威夷大學校園裡（以及美國其他大學的校園）有個國民黨小組。此外，中國同學會也都受到國民黨員領導以及控制。來自台灣的同學受到監視，是大家都知道的事情。一九六七年秋季，我申請要去布朗大學攻讀（博士）學位，結果遭到台灣的教育部駁回，那時候就有人對我說我遭到告密。此外，我在一九七一年出獄之後，東西方文化中心中國同學會的前會長林先生也打電話對我說，白先生（他參加了一項教師交換計畫，到東西方文化中心的時間比我晚）告了我的密，而且當時正在西岸一所大學的圖書館工作。……我想林先生之所以會打電話給我，是因為他希望我知道我的政治受難和他無關。57

陳玉璽在超過五十年後憶述的詳細互動，顯示了東西方文化中心的台灣學生，雖然在國民黨的陰謀詭計當中互相對立，但彼此間卻又存在著一種奇特的親密性，一方面是因為線民的身分都相對廣為人知，而且在這個案例裡，其中一個可能曾經擔任線民的人，也許覺得自己對陳玉璽懷有道德上的義務（就算只是為了消除自己良心上的不安）。同樣身為東西方文化中心受助學生、疑似線民的「白先生」，竟然之後又前往「西岸一所大學的圖書館」工作，可見得他持續尋求容易行使監控任務的職位，以便監視其他台灣學生的閱讀內容與活動。

在太平洋上造一座不同的溝通橋梁

陳玉璽待在東京的頭六個月，租住於記者川田泰代的屋子。他在一九六八年二月八日前往日本的入國管理局，本來應該只是簡單辦件事，卻從此音訊全無，川田因而隨即擔憂起他的狀況。官員雖告知川田陳玉璽已自願返回台灣，她卻還是以帶暗號的文字與陳玉璽家人聯絡，傳達此事有蹊蹺。陳玉璽的家人直到四月才得知他遭強制引渡回台，且已經被羈押了兩個月。川田知道陳玉璽與瑞尼克夫婦的友誼——她可能也對瑞尼克夫婦身為社運人士的背景略有所知——因此立即聯繫對方，並且「強力敦促他們發起救援陳玉璽的運動」。[58]

川田本身是日本知名的親中共記者暨反戰運動人士。她立刻把陳玉璽的案件視作移民權利議題——也就是生活在日本的韓國人與中國人（在她的認知裡，「中國人」這個分類包含了台灣人）所應擁有的權利——並且請求她在日本的社會主義與激進國際主義圈子當中的友人伸出援手。對於川田以及其他與她看法相似的日本人而言，這不只是一項人權問題，也是一個機會，可供日本補償過去的戰爭歷史以及對其他亞洲民族施加的帝國主義暴力。[59]不過，川田聯繫美國的東西方文化中心隸屬機構之時（例如後來成為東西方文化中心同學會的東西方文化中心受助學生協會），則是比較謹慎，刻意只說自己是「陳玉璽的房東」，以免她的左派與親中共政治立場引來任何負面聯想。

寺見元惠與稻垣紀代這兩名東西方文化中心的日本女學生，獲瑞尼克夫婦告知這起案件之後，即找上川田，成了她重要的合作夥伴。[60]她們英譯了《東京觀察者》（*Tokyo Observer*）雜誌裡的一篇關鍵文章，刊登於東西方文化中心受助學生的通訊，也將複印本張貼在宿舍公布欄上。結果，「夏威夷各大報紙都開始報導陳玉璽的案件」。[61]如同在後續的保釣運動（見第二章），東西方文化中心的亞洲學生提出的批判也帶有全球性與亞際性；以寺見元惠為例，她早在日本就已是一名「激進左翼」的學生運動人士。在東西方文化中心，她涉入反越戰運動，也針對日本的軍國主義以及在亞洲殖民的歷史而致力於去殖民化與修復性的社運行動。[62]如同川田所言：「即便是夏威夷大學的學生，也認為日本正在摧毀其和平憲法，回歸當初日本殘酷對待其他亞洲國家的歷史。」[63]

在學生各自離校去過暑假之前，寺見與稻垣請求川田提供陳玉璽案件的資料，而在翻譯之後分享於一場「救援陳玉璽」的會議上。在那場會議裡，「來自各國的學生都深感憤怒」，意識到「台灣與日本政府放出的那些看似文明的宣傳並不必然是真的」。[64]不少學生寫信給身在日本的朋友，請求他們提出抗議，而夏威夷大學的教職員以及其他「關注的公民」，則為了陳玉璽寫信給眾議員竹本松與井上健。陳玉璽在夏威夷獲得的支持聲勢愈來愈大。川田傲然指出：「現在，太平洋兩岸的人民都已經促成媒體關注陳玉璽。一座連接東方與西方的橋梁已然建立。夏威夷的運動鼓舞了身在日本的我們。」[65]

為陳玉璽爭取權益的活動，在頭幾個月裡大致上分為兩類：第一類聚焦於把陳玉璽描繪為傑出人物，不該遭遇這種下場；第二類則聚焦於他在激烈的校園社運行動與動盪背景之下所從事的反戰運動。在第一類當中，認識陳玉璽的關鍵人士以迫切態度呼籲美國與中華民國的國家實體矯正這項他們所謂的錯誤與「浪費」，指稱陳玉璽被捕乃是誤判他的人格與政治理念所造成的結果。這類呼籲採用了個人罪責與無辜的自由主義觀點，尋求的是一次性的矯正，而非結構方面的批評或轉變。[66]例如約翰．瑞尼克就在一九六八年五月寫信向竹本松這麼描述陳玉璽：

他數學與經濟學方面非常傑出、精通英語和日語、熟知西方音樂與藝術，而且是優異的書法家。簡言之，他的確是一位極有教養而又文雅的人；想到他的生命陷入危險，實在令人深感哀傷——就算是最好的狀況，他也是遭羈押禁見，浪費了一身的才華。[67]

這是瑞尼克刻意採取的策略。如同他向竹本松說明時指出的，他認為「陳先生唯一的希望」就是訴諸「中華民國當局對於該國在美國的形象所懷抱的關注：一名剛離開東西方文化中心的傑出青年，如果遭到處死或者太嚴厲的懲罰，絕對會顯得太難看」。[68]不過，由於瑞尼克夫婦與川田都是富有經驗的社運組織者，因此在接下來的幾個月、幾年的時間裡，隨著他們為了支持陳玉璽而持續以各別，以及集體的力量建立關係與聯盟，此項策略性做法也不免有所改變。

在這段期間的日本與美國，支持陳玉璽的媒體報導與社運行動也聚焦於他的反戰政治立場，因為身在這兩國的倡議者都覺得這是一項號召廣泛支持的有效論點。[69]隨著夏威夷大學在該年春天爆發學生與教職員的激進運動，陳玉璽的案件迅速成為一項廣泛政治論述的一部分，也挑戰了夏威夷大學與東西方文化中心扮演的角色，尤其是關於反戰以及言論自由在校園裡受到的侵害。五月，數百學生參與夏威夷大學行政大樓巴赫曼廳（Bachman Hall）一場為期十天的靜坐，抗議反戰教授奧利佛．李（Oliver Lee）遭到開除。約翰．威特克回憶指出：

> 陳案和當時受到提出的其他議題相當適配，包括反戰、李博士這位教授遭到開除的事件。……我們在靜坐期間舉行了解放廳大學活動，安排講者講述陳案以及其他議題，包括社區議題在內，而且你實際上也能夠在巴赫曼廳那裡直接舉行示威、號召支持。……那是一段令人振奮的時期，也很適合針對重要議題進行組織。陳案在許多人的心目中都相當重要。[70]

威特克提及，抗議學生特別指出東西方文化中心與夏威夷大學在「背叛學術自由」方面表現出來的虛偽姿態：「（陳玉璽）如果遭到監視與騷擾，現在又因為他的言論、思想、書寫或者閱讀內容而在台灣遭到懲罰，那麼學生覺得這項威脅實質違反了學術自由，也損及東西方文化中心與夏威夷大學。畢竟，夏威夷大學的口號乃是：『萬國之上猶有人類在。』」

靜坐活動過後，參與支持陳玉璽的民主社會學生會與師生聯合會等新成立的左派學生與教職員團體，對大學校方及美國與中華民國的國家機器採取了更具批判性、更加咄咄逼人的做法，對抗益發強烈。夏威夷大學分會的民主社會學生會成立於前一年秋季，威特克是創始人之一，也是首任會長；師生聯合會則成立於當年五月的靜坐期間。[71]意在為學生與教職員扮演「類似於工會」角色的師生聯合會，在支持陳玉璽的運動當中更是表現得特別積極。[72]不過，除了寺見元惠、稻垣紀代與威特克等少數個人，東西方文化中心的許多學生——尤其是由東西方文化中心受助學生協會所集體代表的學生——仍然持續支持自由主義與個人主義的做法。他們持續訴諸中華民國政府的善意，以小外交官之姿示人。他們以舉行和平示威自豪，經常身穿各自的「民族服裝」，[73]並且一再提出陳情書與公開聲明。陳玉璽救援委員會雖然扮演了統整組織的角色，把不同派別的成員連結起來，但這些派別仍然持續各走各的路，有時也不免發生直接衝突。如此動態持續了數年之久。

學習自由

一九六八年六月下旬，陳玉璽被控煽動叛亂，最重可判處死刑。東西方文化中心受助學生協會與師生聯合會，於是雙雙發起合乎各自作風與理念的行動；師生聯合會在校園裡舉行一場支持陳玉璽的集會，吸引了兩百名以上的學生參加，接著又組了一支由二十輛汽車組成的車隊，行駛到中華民國領事館，其中部分車輛上有標語牌，寫著「台灣是警察國家」。十一名身穿阿羅哈上衣並手舉「救援陳玉璽」牌子的學生與教職員會見總領事保駿迪，要求陳玉璽的審判必須公開而且公平、審判的時間與地點必須公告周知、審判結果必須立即公開，而且觀察員或者法律顧問必須獲發放簽證。兩天後，四十名東西方文化中心受助學生協會的受助學生在領事館舉行示威，向總領事保駿迪呈遞一份由來自二十八個國家的受助學生連署的陳情書（引人注目的是，來自台灣的二十名受助學生完全沒有參與）。[74]這份陳情書要求「對於陳玉璽的審判程序提出保證，我們認為貴國政府本於善意將會樂於提供這樣的保證」。在隨附於陳情書的一封致保駿迪的信函裡，受助學生承認那些「起訴內容……以及後續的查證」的確是中華民國的內部事務，但「我們關注的是一名前同學的個人福祉，以及一名人類同胞的基本法律權利」。[75]儘管手段有所不同，但這兩項活動共同為後續的許多抗議活動揭開了序幕。在往後的七年間，東西方文化中心受助學生協會與師生聯合會，都為了支持陳玉璽而在中華民國領事館多次發動抗議。

師生聯合會雖然相當願意批評東西方文化中心與夏威夷大學，支持陳玉璽的左派與右派成員，卻仍然經常把美國呈現為一個中立而且抱持善意的實體，可讓非美國人在其中「學習自由」。如同師生聯合會裡一名身為教職員的組織幹部所言：「我們覺得這很糟糕，也就是一個人到美國來學習自由，然後稍微加以實踐，結果卻因為他開始學得太好而面臨了死亡威脅。[76]勞工捍衛聯盟（Workers Defense League）的羅蘭·瓦茨（Rowland Watts）寫給國務卿迪恩．魯斯克的一封信也表達了類似的觀點。這封信受不少知名的自由派與左派學者及社運人士連署，包括約翰．高伯瑞（John Kenneth Galbraith）、赫伯．甘斯（Herbert Gans）、貝亞德．魯斯汀（Bayard Rustin）與派翠西亞．塞克斯頓（Patricia Cayo Sexton），而瓦茨在信中寫道：「陳玉璽先生目前面臨可能危及性命的審判，顯然是因為他嘗試行使些微的自由——而我們希望那樣的自由是他在美國求學期間所學到的成果。」[77]

師生聯合會立刻把焦點集中於東西方文化中心，在美國備受稱揚的「思想、言論與行為自由」方面所扮演的機構角色以及主張。七月十七日，他們寄了一封信給東西方文化中心主席柯蘭瓊（Everett Kleinjans），要求該中心明確訂定一項政策保護這類自由，讓人不必「因為在東西方文化中心或是在美國從事沒有違反美國法律的活動」而害怕遭本國政府報復。他們指出，「東西方文化中心如果要有真正的文化交流，那麼這座中心就必須為參與國的學生明確訂立一項言論、思想與行為自由的政策」，包括「明文規定參與國的政府不能利用特定學生監控同學的活動」，而且違反這項規定將會導致「犯規國家」不得繼續參與其中。他們提出監控、壓抑活動自由的實例：中華民國政府對於陳玉璽在美國與日本的活動瞭如指掌、中華民國的副領事試圖確認有哪些受助學生收到一封寄自台灣而講述了陳案內容的信件，而且韓國領事館也試圖取得陳案請願書的韓國受助學生連署人姓名。這類舉動以及其他作為造就了一股威嚇氣氛；在東西方文化中心受助學生協會一場聚焦於陳案的會議上，一名新來乍到的台灣受助學生被在場唯一的另一名台灣受助學生質問道：「你在這裡幹嘛，你不知道你也有可能失蹤嗎？」此外，如同先前提過的，來自台灣的二十名受助學生都不敢連署那份陳情書。[78]柯蘭瓊雖然說自己會考慮陳情書的內容，卻公開貶抑其中的主張：「我們沒有任何監視活動的具體證據，而且我們也不認為有這種活動存在。」中華民國領事保駿迪也否認：「這完全是編造出來的謊言，根本就沒有這種事情。這種說法絕對不是真的。」[79]

七月十八日，陳玉璽以煽動叛亂罪遭起訴。根據起訴內容以及後續的媒體報導，陳玉璽「在檀香山受到影響」[80]。到了這時候，國民黨可能已經注意到陳玉璽的反戰運動在大眾心目中所引起的同情，因此幾乎完全把焦點轉移到他據稱的親共活動上。[81]師生聯合會連同東西方文化中心受助學生協會、夏威夷大學學生聯合會以及教授評議會學術自由委員會，安排派遣東西方文化中心校友黃宗漢（Tim Wong）代表他們出席觀察審判過程。他們募集資金以支付黃宗漢的旅費，另外也資助陳玉璽的律師費用。[82]父母是美國人的黃宗漢出生於香港，成長於檀香山，而且會說中文。以當時的流行語來說，他給人的印象屬於「正派」人士，而不是「嬉皮」。他拒絕涉入政治，並且這麼宣告道：「我絕不會探問任何中國事務。」[83]

不同於中華民國絕大多數的煽動叛亂審判，陳玉璽舉行於八月一日的審判在兩天前公告周知，可能是為了回應輿論的持續施壓。[84]根據黃宗漢詳細的第一手記述，受到傳喚的證人只有陳玉璽本身，而且陳玉璽的自白「被當成主要的定罪證據，儘管被告一再否認自白的內容，聲稱他之所以會寫下那些文字，是因為遭到脅迫」，包括「責罵、恫嚇、威脅，以及對於人性尊嚴的侮辱」。陳玉璽作證指出，他遭受的脅迫極為強烈，以致他在那段期間曾經試圖自殺。[85]宣讀起訴內容提及陳玉璽在「東西方文化中心圖書館的東方圖書區」所閱讀的特定讀物，包括兩份中國共產黨的報紙，以及《毛澤東思想》。黃宗漢詳細記述了針對陳玉璽「在夏威夷大學求學期間的行為」所從事的詢答內容：

問：你在夏威夷大學有讀共產文獻嗎？

答：那些東西到處都是。我確實瀏覽了其中一些，包括毛澤東的作品。

問：你對那些書有什麼感覺？

答：我想過之後，認定那些書都是宣傳，而且內容並不真實。

問：你在夏威夷大學期間有參與（政治）運動嗎？

答：沒有。

陳玉璽的自白受到引述，其中一段提及他在東西方文化中心圖書館閱讀了共產書籍之後，思想即因此改變。

陳玉璽又進一步受指控，在日本為共產報紙撰寫親共文章。檢方對於這項指控的證明，是提及一名筆跡專家的證詞，卻從未傳喚該專家出庭作證，也不理會陳玉璽主張自己是被迫模仿那個筆跡。此外，陳玉璽請求對該份報紙以及東西方文化中心進行簡單的後續調查，也遭駁回。檢方在結辯裡「重申原本的指控，並且斷定陳玉璽毫無疑問有罪」，還把陳玉璽本身的教育程度引為佐證：「身為碩士學位的持有人以及博士學位候選人，陳玉璽從事這些行為不可能是出於無知。」

這場審判僅僅三個小時即宣告結束。法院裡的眾人雖然起立準備休庭，陳玉璽卻堅稱自己還有話要說，而以愈來愈大的音量主張自己還遭到更多的脅迫以及捏造證據。法官對他說審判已經結束，他依照規定只能對自己的律師說話。審判人員列隊走出法庭，陳玉璽則是面對著他的律師繼續發言。觀眾都頗為震驚地站在當場，而陳玉璽則是在審判人員全數離席之後，才終於停止發言。[86]

八月十日，陳玉璽被判處七年有期徒刑，而不是先前擔憂的死刑。法院之所以做出比較輕的判決，很可能是受到美國與日本的運動組織者發動的大眾監督所影響。[87]此結果雖然讓眾人大大鬆了一口氣，但美國與日本那些關注以及支持陳玉璽的運動仍然持續不輟。

東西方文化中心與陳玉璽一同受審

法院做出判決之後，支持陳玉璽的運動焦點即果斷轉向學術自由，以及機構與國家行為者在校園裡從事的監視活動如果不受節制，將會帶來什麼樣的後果。在檀香山，師生聯合會直接要求東西方文化中心實踐其本身所聲稱的理想。陳玉璽被判刑才兩天，師生聯合會即要求該中心主席柯蘭瓊在陳玉璽獲釋之前停止接收來自台灣的受助學生，也認為柯蘭瓊應該要求國務院出面干預，並且前往台灣爭取陳玉璽的權益：[88]

> 東西方文化中心如果要持續扮演其所宣稱的那種角色，也就是一個可供觀念自由交流以及智識探究的論壇，那麼就必須強烈抗議台灣政府對陳玉璽的迫害、要求他獲得立即釋放，並且採取措施確保不會再發生這樣的事件。[89]

師生聯合會進一步主張指出，東西方文化中心也涉入了陳玉璽「所謂的罪行」，因為他被指控閱讀共產文獻的行為，乃是發生在東西方文化中心的圖書館。該中心「必須能夠保證提供政治庇護……不然就不能繼續向台灣學生提供助學金」。如果不這麼做，東西方文化中心就會顯得「荒唐可笑」：「在台灣受審的不只是陳玉璽，而是東西方文化中心教育的整體理念都跟著陳玉璽一起受審；中心如果不譴責台灣軍事法庭的行為，即是以沉默譴責自己的教育體系。」[90]

師生聯合會的要求雖然登上《檀香山廣告商報》的頭條，但從東西方文化中心、東西方文化中心受助學生協會，以及總領事保駿迪得到的卻是「整體而言頗為負面的反應」。[91]不過，師生聯合會的成員暨美國研究教授傑伊．葛里安（Jay Gurian）沒有因此氣餒，而持續蒐集有關東西方文化中心學生遭到外國國民（不論是官員還是其他學生）以及美國政府監視與騷擾的證詞。涉及其中的國家包括台灣、南韓、越南、印尼與泰國。[92]三名夏威夷大學的外國學生輔導員——泰德．顧格里克（Ted Gugelyk）、茱恩．秦（June Chin）與瑪麗蓮．赫蘭（Marilyn Herrand）——發布一份關切聲明，關切陳案對於夏威夷大學的學生乃至全美的外國學生所帶來的影響。他們指出，「外國政府如果能夠對該國在美國求學的學生提出恫嚇或者恫嚇的威脅」，那麼受到美國憲法保護的言論自由就毫無意義，因此他們敦促美國政府與國務院「秉持自由的精神」，代表陳玉璽出面干預。[93]多個選區愈來愈向眾議員竹本松尋求幫助，敦促東西方文化中心與夏威夷大學負起更多責任，以機構的身分採取行動援助陳玉璽，並預防未來再度發生類似的案件。八月十七日，東西方文化中心受助學生瑪格麗特．馬特爾（Margaret Martell）寫信給竹本松，指稱她覺得自己負有責任：

原因是我們美國人……藉由東西方文化中心圖書館為陳先生提供了共產中國的讀物。在東西方文化中心圖書館閱讀紅色中國文學，是陳先生遭到懲罰的三項罪行之一。也許因為如此，我們美國人可以為陳玉璽承擔大約三分之一的刑罰（三分之一即是兩年四個月）。[94]

川田泰代也寫信給竹本松，提醒她黃啟明的案件（見第三章），並主張她認為是因為那些美國大學校長抗議黃啟明遭到的待遇，還威脅不再接收來自台灣的學生，才促使黃啟明「立即」獲無罪釋放。[95]

竹本松似乎跟進了川田提及黃啟明案件的那些具決定性的策略；幾星期後，她寫了封信給威斯康辛大學副校長英格曼（C. A. Engman），鼓勵他打電話給夏威夷大學代理校長羅伯·希亞特（Robert Hiatt）提供建議。[96]後續的私下通訊，包括在竹本松、英格曼與希亞特之間，還有在希亞特與中華民國副總統嚴家淦之間，是教育機構、美國政府與中華民國政府在陳玉璽案件此案早期階段採取的普遍做法：亦即幕後協商，但通常避免提出公開聲明。陳玉璽十月受到重審，但仍維持原判。他的初審雖公開舉行，重審卻不是如此，而且儘管有多方提出請求，中華民國政府卻對重審日期密而不宣，還等到審判結束後近兩個月才公布結果。[97]一九六九年一月初，中華民國總領事保駿迪公開坦承道：「我不希望這件案子再受到更多關注，我希望這件事可以平靜下來。」[98]

不過，雖有中華民國政府阻撓，陳案受到的關注在後續幾個月裡卻不減反增。在十二月二十二日的一篇社論當中，就連《檀香山廣告商報》的編輯委員會也主張指出：「在我們看來，對於陳案提出負責任的抗議是必須的。」如同其他人，他們的批評也聚焦於東西方文化中心的目標與環境所涉及的責任：

台灣政府當然有其本身的政治標準，也有法律上的權利可以採取他們希望採取的做法。不過，美國人也有權利，甚至是責任，針對國民黨政權的性質以及陳案對東西方關係的影響——尤其是在東西方文化中心這裡——做出自己的判斷。……陳案令人苦惱之處，在於這起案件如何涉及東西方文化中心的目標以及我們對於東方與西方的一般理解。[99]

不過，對於如何抗議為佳，各方卻意見不一，而且這樣的意見歧異在往後幾個月愈發深刻。十二月底，師生聯合會公開發表了傑伊．葛里安撰寫，針對發生在東西方文化中心的監視活動的報告。中心主席柯蘭瓊對此舉的回應，不是譴責學生特務，而是指控師生聯合會煽動恐懼和懷疑的氛圍。[100]在該年年初，東西方文化中心同學會、師生聯合會與民主社會學生會這三個學生團體，團結地在一月三日派遣各自代表，一同到中華民國領事館與總領事保駿迪會面。[101]然而，在一月中旬，民主社會學生會因為被排除於一場與東西方文化中心全國審查委員會的會議之外，其成員即在沒有事先通知的情況下突然走進柯蘭瓊的辦公室，而在長達一個多小時的談話裡強迫柯蘭瓊承認「陳玉璽遭到不公正對待」，並且指稱他如果不同意這麼做，那麼「我們就沒有理由要繼續和你溝通——還不如封鎖你的辦公室或者什麼的」。他們繼續推促柯蘭瓊寫一封致國務院的公開信，呼籲台灣立即釋放陳玉璽。柯蘭瓊表示自己已與國務院官員私下溝通過此案，而由於「大學在政治事務當中扮演的角色是一項國家議題」，因此他認為「大學必須維持一定程度的中立性」。民主社會學生會反駁指出，「大學如果保持沉默，這樣的沉默就會被解讀為認同既有的狀況，因此這種沉默即有可能是違反中立的行為」。[102]東西方文化中心同學會立刻切割民主社會學生會的行為，對於柯蘭瓊為了陳玉璽所採取的努力表達支持，並且把民主社會學生會的舉動譴責為「極其惡劣」：「靜坐、封鎖以及騷擾都無助於協助陳玉璽的目標。採取這種做法乃是以過度簡化的觀點看待國際政治過程。這些人的行為證明了他們根本不重視自己最大聲擁護的事情——也就是人的尊嚴。」[103]

幾星期後，夏威夷大學發表了「外國學生在夏威夷大學校園享有之權利與自由的聲明」，收錄在該校的一九六九年學校概況裡。這份聲明表達了夏威夷大學對學術自由的堅持，也包括本章開頭引述的那段關於「沉默自由」的奇特文字。[104]該聲明在最後指出：「如有任何一個政府因其本身的國民在校園裡參與正常的學術研究而加以迫害，將會令夏威夷大學深感擔憂；本校敦促有意使其國民到本校求學的外國政府，接受普及於此處的學術自由概念。」代理校長希亞特表示，促使他們發表這份聲明的，是「散見於全國各地的這類案例：亦即『外國』學生因為行使學術自由而在返國之後面臨受審與迫害」。[105]夏威夷大學雖然一方面主張學術自由是所有人都應當享有的權利，並且「敦促」外國政府採取同樣的觀點，另一方面卻又任由個別學生自己選擇要發聲還是不要發聲。基本上，這份

圖十五 一九六九年一月，「釋放陳玉璽」抗議人士在中華民國領事館的一場新年舞獅慶祝活動外高舉英文與中文標語示威。（*Honolulu Star-Advertiser*／提供）

聲明雖然公開承認此一問題，卻僅是毫無約束力的原則申述；夏威夷大學唯一真正保證的，僅有個人選擇是否要冒險的權利——也就是沉默「自由」。

中華民國官員雖然持續主張，陳玉璽不是因為他在夏威夷從事的任何活動而被定罪，他的支持者卻拒絕接受這種說法，指出陳玉璽的起訴書裡明確提及夏威夷，而且他也明確受到詢問在東西方文化中心閱讀的讀物以及與美國學生的往來情形——更遑論陳玉璽坦承自己在日本「為匪張目」的自白，乃是在遭受脅迫的情況下取得，而且他也在受審時否認了自白的真實性。[106]

一九六九年四月，夏威夷的媒體與民選官員開始在陳案當中扮演更加積極的角色。《檀香山廣告商報》編輯主任伯特．布瓦赫（Burt Buchwach）走訪台灣與日本，而針對陳案發表了一系列的文章。由《星公報》與《廣告商報》合刊的週日版率先刊登的滿版跨頁報導，顯示了大眾對於陳案的關注，而且也很可能對這樣的關注繼續推波助瀾。布瓦赫最引人注目的發現來自於他的日本之旅，他在那裡訪問了《大地報》的主編韓慶愈，因為陳玉璽就是遭到指控為這份共產報紙撰寫文章而被定罪。韓慶愈揭露，在布瓦赫之前從來沒有人向他詢問過陳案，而且在陳玉璽遭指控為這份報紙工作的那段期間，他們根本沒有雇用任何新員工。此外，被指稱是陳玉璽筆跡的那些文字也不可能是他寫的，因為那是機器印出的字體。布瓦赫詢問陳玉璽為什麼會被指控為《大地報》撰稿，韓慶愈的回答是：「我認為這很有可能是台灣政府捏造的故事，因為本報抨擊蔣政府已經有十五年了。」[107]

竹本松也開始採取不同的做法。四月下旬，她寫信給國務卿威廉．羅傑斯（William Rogers），請求國務院獨立調查陳案，並且建議東西方文化中心減收台灣學生，直到這項調查順利完成為止。這一次，她不再像先前那樣採取謹慎低調的態度，而是抄寫許多副本寄給眾多記者，包括檀香山的各家報社以及美聯社、合眾國際社等通訊社。[108]國務院的回信由國會聯絡助理祕書威廉．麥康伯（William Macomber）執筆，內容重申了中華民國先前提出的主張，聲稱陳玉璽的定罪並未涉及他在東西方文化中心的活動，也對學術自由遭受侵害的擔憂嗤之以鼻，複述柯蘭瓊的主張，指稱問題不在於任何所謂的特務活動，而在於師生聯合會「造成了充滿陰謀論的氛圍」，並且「危及」該中心「透過進一步理解不同文化與社會而建立互相尊重」的目標。[109]麥康伯最後強調，國務院雖然是東西方文化中心的資金來源與督導者，但「強烈支持該中心的獨立性，因為該中心是美國政府與夏威夷大學合作造就的產物」。換句話說，他們拒絕出面干預。

在竹本松寫信給羅傑斯的同一天，她也聯合其他幾州的眾議員與參議員在州議會提出一項決議，支持為陳玉璽舉行重審。該決議雖因議會擔心「可能會被視為干預中國內務」而未通過，但此舉動顯示了竹本松如何透過各種不同層次與手段為陳玉璽爭取權益。[110]不過，她雖然煞費心力堅持要求為陳玉璽採取行動，但由於她是民選眾議員，因此也審慎避免和任何可能會被視為「激進」的行為扯上關係。舉例而言，師生聯合會代表理查・約曼（Richard Yurman）寫信給竹本松，盛讚她的「激進」行為（「我猜想您的行為將會引來許多批評，但無論如何，您在這方面擁有我們百分之百的支持」），結果竹本松以頗為強硬的語氣回信：「您把我對國務院提出的要求稱為『激進』，令我頗感錯愕。」她提供了一項措詞謹慎的重新架構說法，消除了威脅或懲罰中華民國政府的意味：

> 我不認為要求外國政府採取行動是適當的做法。我們必須要求自己的國家採取行動，確保我們邀請來到我們國家的訪客能夠受到保護。我認為，一個外國政府如果希望參與我們的教育和文化交流學程，就必須願意保證該國的參與者能夠自由活動而不會感到恐懼或者遭受恫嚇。我認為這樣的立場遠遠比較明智，也比較合理。111

儘管如此，竹本松的行為還是引來了東西方文化中心同學會的「關切」，而這個學生會也持續和師生聯合會以及民主社會學生會互相衝突。112師生聯合會與民主社會學生會繼續採取直接行動，包括在五月四日於中華民國領事館舉行一場共有七十人參加的抗議活動（根據民主社會學生會發言人約翰・威特克所言，挑選這個日期是為了凸顯國民黨「背離其革命傳承」，也就是一九一九年發生在中國的五四學生運動），接著又在三天後，趁國務卿威廉・

羅傑斯訪問東西方文化中心的機會，在中心主席柯蘭瓊的辦公室舉行了為期兩天的靜坐活動——這兩場活動都是由民主社會學生會主辦。[113]竹本松對這些行動表達了訝異與不贊同的態度：

> 得知校園靜坐活動的消息令我頗感驚訝……因為我認為應該明顯可見我們已經超越了這種行動能夠達成任何效果的階段。……我認為清楚明白的是，陳案目前的發展階段已經到了兩國政府之間的細膩討論，而進一步的抗議示威對於這樣的討論不會再有幫助。[114]

五月下旬，竹本松進一步確立了她與師生聯合會以及民主社會學生會的方法道不同不相為謀，因為她拒絕一項要求，不肯在國會紀錄裡列入一份呼籲美國對特定國家撤回外交承認的陳情書，而那些國家包括中華民國，「以及其他一切為了從美國獲取經濟利益以及軍事支持而假裝擁護全民皆享有自由與正義理念的軍事獨裁政權」。這份陳情書由四十五人連署，包括民主社會學生會與師生聯合會的成員在內。不過，竹本松雖然表示自己不同意陳情書的內容，卻鼓勵那群連署人把他們的陳情書寄給國務卿，以便「為陳玉璽遭到該國政府對待的方式而採取的抗議行動添加支持力道」。[115]藉著這些方式，支持陳玉璽的多面向以及多元性做法於是得以持續。

我們沒有忘記陳先生

一九六九年秋天，東西方文化中心同學會、師生聯合會與民主社會學生會之間累積已久的歧異再度浮上檯面，他們在中華民國領事館十月十日中華民國國慶日舉行的示威活動當中，採取了不同的做法。在雙十節舉行抗議活動，並且堅持紀念陳玉璽，雖然是在根本上具有顛覆性的行為（對於中華民國政府而言也頗為難堪），但兩個派別對比鮮明的做法卻顯示了雙方相互競爭的意識形態與政治立場——說得明確一點，一方採取多元文化的改良派自由主義，另一方則是採取激進的結構批評。

十月八日，陳玉璽救援委員會成員肯德爾·唐恩（Kendel Tang），這名來自菲律賓的學生，敦促其他受助學生在即將來臨的雙十節當天持續展現他們對於陳玉璽的支持：「這天將會長久被人記得是『惦記陳先生之日』。」[116]唐恩在東西方文化中心學生通訊《接觸》撰寫文章，以讚許的語氣描述前一年在領事館的那場「和平而且秩序井然的示威活動」，當時約有五十名受助學生不請自來地現身盛大的雙十節慶祝活動，現場有「數百名受邀貴賓」：「大多數的受助學生（包括來自香港與新加坡的華裔受助學生）身穿自己的民族服裝，但其中吸引了最多注意的是來自巴基斯坦與印度的美麗學生，因為她們身穿色彩鮮豔的紗麗。」[117]那些受助學生只帶著兩個標語牌，其中一個寫著：「我們沒有忘記陳先生。」另一個寫著：「我們祝國民政府雙十節快樂，並且要求公平對待陳先生。」[118]

一九六九年的雙十節抗議活動，從最初開始調性就大為不同。抗議活動於下午展開，由師生聯合會主辦於夏威夷大學的「釋放陳玉璽」集會揭開序幕。約翰·威特克上台發表演說，指稱在將近兩年的時間裡，「我們一再以講道理的方式爭取釋放陳玉璽，卻一再遭到拒絕。和平的手段沒能讓陳玉璽獲得釋放。今天這場活動將會是一場和平的示威活

圖十六｜一九六九年五月，有一場為期兩天的靜坐活動舉行於東西方文化中心主席柯蘭瓊的辦公室。在這場活動裡，該中心受助學生暨民主社會學生會成員約翰·威特克，連同該會其他成員當面質問柯蘭瓊。（*Honolulu Star-Advertiser*／提供）

動，可是和平的手段如果無效，那麼我們為了讓陳玉璽獲釋，就必須嘗試不僅限於和平手段的做法」。[119]四點半左右，約有三十名東西方文化中心同學會成員展開一場靜默守夜活動，在中華民國領事館繞圈遊行，同時還有另外一小群人在日本領事館抗議。[120]師生聯合會、民主社會學生會以及夏威夷反抗組織（Hawai'i Resistance）這個由抗拒徵兵者及其支持者組成的團體，連同幾名夏威夷婦女和平組織（Hawai'i Women for Peace）的成員，也在不久之後加入。[121]此時，這幾個團體的策略和目標出現分歧。東西方文化中心同學會的陳玉璽救援委員會成員雖聚焦於「持續關切這名前同學，因為他們必須為他的不幸遭遇負起部分責任」，而高舉標語牌呼籲台灣當局赦免他以及「在自由中國實現自由」，卻至少有一名民主社會學生會的成員指責受助學生是騙子，並且廣泛批評東西方文化中心與美國政府。陳玉璽救援委員會共同主席理查·瓦達（Richard Wada）在集會發表演說，「而立即明白指出，共同主辦這場集會並不代表贊同集會裡其他人表達的所有想法」。後來，由於東西方文化中心同學會以外的團體「行事莽撞」，導致民主社會學生會的一名女性成員因為「對一名員警口出穢言」而被捕。[122]唐恩主張指出：「從此以後，明智的做法是避免和校園裡漠視秩序以及合宜行為的團體有任何往來。異議是民主的一個美妙面向，但應該以適當方式為之，也不能涉及暴力，否則就會變得不民主。」

東西方文化中心同學會採取的做法（唐恩將其描述為「和平」、「秩序井然」、「靜默」，並且「受到身穿民族服裝的印度與巴基斯坦女子……增色不少」），和師生聯合會以及民主社會學生會（尤其是後者）所採用的那種比較顛覆性的策略，兩者間的衝突有可能以多種不同方式解讀，尤其是非美國人與美國人抗議者可能遭遇的後果確實非常不同。儘管如此，東西方文化中心同學會代表的疏遠舉動，顯示了奉行自由主義的自由與民主觀念，也有可能輕易被人用來否定顛覆現狀的行為型態與目標。

在夏威夷，支持陳玉璽的運動所留下的影響當中，最引人注目的是在一九七〇年具體形成一項呼籲對陳玉璽從寬處分的夏威夷州決議，由九名州參議員提出。[123]陳玉璽在近十年期間持續受到如此廣泛的大眾支持，而且夏威夷的眾多民選官員也願意為他爭取權益，顯示陳案成了一項檢驗標準，並不僅限於他個人遭受的不公對待。一九七〇年的共同決議（五十四號參院決議）在四月於眾議院通過，接著又在五月於參議院通過，連同另一項譴責美國入侵柬埔寨的決議。這兩項決議同時通過，顯示夏威夷的議員願意公開應對這類議題，而且他們對於夏威夷當時的公共論述而言也是活躍的核心人物。支持五十四號參院決議的議員包括竹本松、松永正幸與井上健等亞裔（尤其是日裔）美籍議員。

東西方中心的亞裔學生勇於發聲，對於這兩項議題在當地的公共論述做出了積極貢獻。如同川田泰代簡潔描述的：「亞裔學生不怕發聲。」[124]寺見元恵作證指出：

我們的受助同學陳玉璽所遭遇的不幸，促使我們許多亞裔學生重新思考何謂表達自由或學術自由。……身為學生，我們全都有權（或者也許該說是有必要）探究所有的「思想」，不論那些思想符合還是牴觸我們本國政府的希望。這是任何一個自由國家的所有學生都應該獲得賦予以及保障的基本權利。[125]

新加坡學生薇薇安・蘇（Vivienne Soh）表示，由於陳玉璽的遭遇，「很多亞裔學生都不敢說出自己內心的想法」。[126]美國受助學生也參與其中。約翰・霍金斯（John Hawkins）指控中華民國政府「逐步殺害陳玉璽」。[127]學生菲利普・哈格斯壯（Philip Hagstrom）的證詞則是重申東西方文化中心同學會對於中華民國主權的尊重，但強調這起案件對於夏威夷以及夏威夷大學所帶有的重要性：

夏威夷如果要成為美國人與亞太民族接觸以及理解的「門戶」，夏威夷大學如果要實現在智識卓越與領導方面的潛力，而不是淪為一所學術平庸的教育機構，那麼思索陳玉璽的命運就應該受到我們所有人的重視，也應該促成一場公開示威。[128]

私密的關懷網絡

在該項決議通過的同月，陳玉璽也被國際特赦組織列為政治犯。那年春天，瑞尼克夫婦與夏威夷的其他陳玉璽支持者，收到東西方文化中心受助學生暨「當地女孩」喬安・勝山（Joanne Katsuyama）從台灣寄來的定期報告。她親自把受助學生以及其他朋友託付的三百美元交給陳玉璽的家人，還有三百張左右由東西方文化中心學生寫給陳玉璽的新年賀卡。[129]勝山與陳玉璽的家人發展出長久的關係，而她對自己與對方的互動所寫下的記述，則顯示了陳玉璽的家人在這段時期和夏威夷的支持者之間親近、信任又友善的交流，還有東西方文化中心、美國駐台北大使館以及中華民國政府之間那套細膩的行動與溝通網絡。勝山寫信到東西方文化中心同學傑瑞・威爾考克斯（Jerry Wilcox）在該中心的郵政信箱，流傳於陳玉璽的支持者之間，包括川田泰代與約翰・瑞尼克。瑞尼克把這些信件的複印本寄給竹本松，而且學生通訊《接觸》也有提及信中的部分內容。在這段時期，陳玉璽與他的家人還有他在夏威夷的朋友與支持者之間的緊密聯繫，就是藉由這種方式，以及透過東西方文化中心的網絡與瑞尼克夫婦的跨國人脈和其他關係，持續發展並強化。

勝山在一月下旬抵達台北，隨即住進一個「中國人家庭」裡。此家庭曾經接待過其他東西方受助學生，包括黃宗漢（在他出席觀察陳玉璽的審判之前）。[130]也許不令人意外的是，那是個大陸人家庭，不但抱持「中國大陸觀點」，而且男主人在政府當中擔任「科長」（到了四月，勝山指稱她因為「一些理由」而搬了出來，而這些細節即是那些理由的其中之一）。[131]為了和陳玉璽及其家人接觸，勝山必須透過美國大使館，於是陳家人獲准前往，並且在館方的監督下與勝山首度會面。[132]勝山希望探望陳玉璽，但未能如願，原因是本來被軟禁在台北的政治學教授暨台獨運動者彭明敏在不久前逃往瑞典，使得安全措施因此加強。[133]勝山首次出發要去和陳家人見面之前，一名大使館官員對她開玩笑說，她會因此招惹中華民國政府（「他祝我這趟旅程順利，然後半開玩笑說他們隨時都能幫我找個好律師」），可見得在《戒嚴法》之下，身陷危險以及遭到監控乃是所有人心頭上揮之不去的陰影。

勝山如此描述她與陳家人的初次會面：

> 弟弟與叔父的工廠（我想是一間鐵工廠）位於台北市郊。那間工廠和其他工廠一樣，就開在路邊，而且看起來陰暗骯髒（就像其他工廠一樣）。工廠門口的地面剛鋪水泥，所以我必須踏在一塊木板上走進工廠裡。進門以後，我必須走在堆起來的長管子上，才能走到工廠後面，而看到有三個男人在一張桌子旁邊。那三人以略帶懷疑的目光看著我跨過那些管子。不過，我一說我來自夏威夷，他們就隨即露出笑容，對我說：「請坐，請坐。」[134]

值得注意的是，勝山表明身分的方式，是說自己「來自夏威夷」（而不是來自美國），而這句話就促使陳家人的反應從懷疑轉為笑容滿面。在這次互動裡，「夏威夷」代表了一個充滿友誼與支持的獨特地點。

勝山交給他們一封信以及東西方文化中心學生為陳玉璽募集的一筆錢後，跟著陳玉璽的父親與弟弟前往「另一個叔父位於台北的家，他的日語非常流利，而我們主要就是透過他溝通」。勝山指出，這名精通日語的叔父也是寺見元恵與陳家人聯繫的主要橋梁。在此案例中，日語讓這幾方得以互通有無：一方是勝山這名來自夏威夷的日裔美籍「當地女孩」；另一方是寺見元恵這名在東西方文化中心求學的日本國民；另一方則是身為前日本殖民地人民而自我認同為台灣人的陳家人。

接著，陳玉璽的弟弟為了送一些東西去監獄給陳玉璽而先行離開，勝山則是繼續與其家人交談，詢問陳玉璽的身心狀況、他的案子，以及後續採取哪些策略可能會最有效果。陳父認為陳玉璽被當成「祭旗的案例，藉此警告在海外求學的台灣（中國）學生」，並且提到這起案件在台灣的知名度不高。[135]勝山把愛子・瑞尼克託她轉交的兩張照片（大概是陳玉璽的照片）交給陳家人，然後他們討論了瑞尼克寄給他們的支票，並且問及瑞尼克是否喜歡他們寄給她的茶葉（勝山：「所以，我回夏威夷的時候必須帶更多茶葉給她。」）陳家人以台灣文化的典型表現，問候了瑞尼克夫婦過得好不好——包括他們的工作，以及他們為什麼不生小孩，這樣老了誰來照顧他們——並且「非常熱切於得知瑞尼克夫婦的近況」。這些談話表達了陳家人對瑞尼克夫婦投桃報李的關懷。勝山就此也被納入了這個關懷圈裡；他們邀請她到他們的村莊與他們同住，並且帶她外出吃了一頓生魚片午餐。勝山猜測那頓飯「就當地標準來看，應該花了他們很多錢」：「我請他們不要在我身上花錢，但他們堅持一定要招待我。我想，我在他們心目中代表了他們在夏威夷的朋友，以及他們與官方世界的聯繫管道（因為身為老百姓的他們沒有權力）。」在這回初次造訪之後，勝山因而和陳家人發展出長久的情誼：「他們真的是很和善的一家人，我期待能夠盡可能經常和他們見面。」她沒有忘記自己隨時可能受到監控，因而在信末要求威爾考克斯讓她知道「這些信有沒有被人拆看過。我以紅色印泥在信封外面蓋了我的印章」。

四月初，勝山寄了第二封關於陳玉璽的信件給威爾考克斯。在這封信裡，她提及自己把東西方文化中心學生寫給陳玉璽的新年賀卡交給陳家人。他的家人將之帶進監獄，得以拿出幾張給他看，但不久後「警衛就制止了他們」：「陳玉璽眼中泛淚，並且請他爸爸收好那些卡片，以便他出獄後可以再看。」[136] 陳家人也把陳玉璽寫給愛子．瑞尼克的一封信拿給勝山，而勝山認為他們之所以能夠把那封信帶出監獄，原因是他們「謊稱那封信的收件人是他的『艾姐』」。勝山附上那封信件以及信件內容的粗略翻譯，好讓威爾考克斯轉交給瑞尼克夫婦。她還附上了一張她自己為陳家人拍攝的照片。在陳玉璽寫給瑞尼克的那封簡短信件裡，他感謝她的關懷，向她保證自己仍然健康，並且在最後寫道：「請不要擔心我。等我的刑期結束之後，我們也許還能相聚。請代我問候姐夫（意指約翰．瑞尼克）以及其他朋友。再見。玉璽敬上。」因此，在陳玉璽服刑期間以及後續年間，支持他的運動除了基於政治理念，也受到這類有如家人般的關係以及關懷網絡的維繫、促成——這樣的網絡除了源自機構，也源自於當地以及跨國的社運行動圈。

萬國之上猶有人類在：陳玉璽的獲釋及其影響

儘管有那項決議的通過，以及勝山和其他人在台北的奔走，陳玉璽的案件在一九七〇年往後的時間卻停滯不前。不過，他在夏威夷的支持網絡仍然活躍，在雙十節於中華民國領事館舉行了第三次的年度抗議活動，並且持續要求釋放陳玉璽；十月十一日，《檀香山廣告商報》刊登了記者簡恩．艾芬格（Jane Evinger）對於陳玉璽家人的訪問（艾芬格原本也想採訪陳玉璽本人，但遭官員拒絕）。一九七一年二月，東西方文化中心的參與者服務主任斯特林．杭利（Stirling Huntley）因公前往台北出差，而得以在警總總部與陳玉璽會面十五分鐘。在三名警衛的監督下，陳玉璽向杭利讀出了以下這封信：

夏威夷各位親愛的朋友：

由於你們親切的關懷與鼓勵，我在過去幾年間因此得以勇敢面對逆境。隨著我的刑期進入第四年，我更加深刻體認到一切的痛苦與哀傷的確都是懲戒的元素。儘管身在這樣的不幸處境當中，我仍然堅信自己沒有辜負東西方文化中心的理念，因為我已投注了最大的時間與精力從事該中心提倡的學術工作。能有機會以東西方中心受助學生的身分在貴國求學，令我深感自豪。

我多麼希望能夠告訴你們，在我服刑的這些年裡，我的精神都一直與你們同在。我的腦海裡一直深刻而鮮明地印著「萬國之上猶有人類在」這個口號，也就是在我母校夏威夷大學正門口的那句低調但恆久的銘刻文字。且讓這句口號將你我連結在一起。在此同時，我期待著未來的那一天，屆時我將能夠回到你們身邊，重新加入我們在檀香山的國際家族。

致上我最深的祝福，阿羅哈！

陳玉璽敬上[137]

在信件內容只有兩百零一個英文詞語的情況下，陳玉璽的用字遣詞必定經過精心挑選，以便遵守囚犯寫信僅限兩百字以內的規定。據說陳玉璽以自己寫的內容取代了警總為他提供的一份聲明，而因此喪失了工作特權。[138]儘管如此，杭利還是請求把這封信帶走，並且獲得了准許。後來，這封信就流傳於陳玉璽的支持者之間，並且刊登於檀香山的報紙上。[139]

陳玉璽和他的支持者一樣，也聚焦於東西方文化中心的「理念」，以及他覺得自己沒有「辜負」那項理念；他引用了「我的母校」夏威夷大學的國際主義口號（「萬國之上猶有人類在」），希望藉此「將你我連結在一起」，並且期待著「未來的那一天，屆時我將能夠回到你們身邊，重新加入我們在檀香山的國際家族」。在超過半個世紀之後的今天，仍然能夠引起我注意的是陳玉璽強調的地方性、區域性以及國際性的友誼與團結。歸根結柢，他的案件遺留下來的影響並不是「美國自由」這種崇高的主張，而是為了他而在地方層次、跨國層次以及國際層次上進行的組織工作，透過橫跨夏威夷、日本、華府與台灣的機構與社運行動網絡。

一九七一年，陳玉璽的支持者連續第四年在雙十節到中華民國領事館示威。在該場示威過後兩個星期，陳玉璽即在十月二十五日因蔣介石大赦囚犯而獲釋。[140]他的七年刑期在此時已執行了三年半。《檀香山廣告商報》與《檀香山星公報》都以頭版新聞報導他獲釋的消息。[141]次日，中華民國台灣退出聯合國，由中華人民共和國取代其席位，代表了一個時代的終結。短短幾天後，陳玉璽即寫信給他在夏威夷關係最緊密的支持者：瑞尼克夫婦、寺見元惠，「以及其他朋友」。他坦承道，「由於我的健康狀況不佳以及其他原因」，所以起初沒有打算這麼快寫信到「國外」。不過，那天上午收到他們的來信之後，「我不禁深感狂喜，而覺得我必須立刻提筆寫信。能夠重獲自由，而和我極為珍視的老朋友以及新朋友聯絡，實在令我欣喜不已」。他接著以比較嚴肅的語氣寫道：

自從我在七、八年前離家以來，有很多事情都改變了。我的家人全都搬到了台北，而我被人帶著走進那間陰暗骯髒的工廠，位在嘈雜的交通與高度污染的空氣當中，更是深深感受我已經失去了美好的老家。父親已不再是農夫。[142]

他成了兩個姪女的伯父，也再度和祖母團聚。家人沒有讓祖母知道他入獄的事，而是對她說陳玉璽在這段期間身在「夏威夷這個充滿異國風情的遙遠地方」。[143]他對於所有人為了他與其家人所做的一切表達感激。

《廣告商報》與《星公報》都探討了陳玉璽獲釋的原因以及可能造成的影響。《廣告商報》指稱這起案件「在一段關鍵時期持續造成國民政府的難堪」，而且陳玉璽的支持者「以不尋常又令人驚豔的方式互相結盟」，其中「涵蓋的人士與觀點範圍廣得令人讚嘆」。[144]《星公報》也展現出他們針對國民黨威權影響範圍所發展出來的全球政治知覺，因此利用這個機會呼籲釋放于長城和于長庚這對華裔菲律賓兄弟，他們分別是馬尼拉《華僑商報》的發行人與主編。他們的遭遇和陳玉璽非常類似，也是因為「被控撰寫親共文章」而從菲律賓被引渡到台灣監禁。[145]

十二月，陳玉璽寫了封公開信給「檀香山的民眾」，並刊登於一月初的《廣告商報》。[146]再一次，他又提及國際家族以及東西方文化中心的理想：「你們多年來寄給我的那些親切問候，至今仍然充滿溫暖；而你們簽名所使用的各種語言，則是令我想起東西方文化中心的崇高理想，也就是我們所有人來到夏威夷的原因。」他點名感謝了幫助過他的特定個人與團體之後，在最後指出：

> 我深深相信，所有真心致力於在一切民族之間提倡相互理解與友誼的人，必然會長久記得並且敬重你們的所作所為。……我有幸得以沐浴在真正的國際友誼所發出的溫暖光芒裡，而這點也澈底彌補了我在許多年間所錯過的明亮陽光。

他在信末署名寫道：「阿羅哈！陳玉璽敬上。」陳玉璽就像其他那些支持他或者抗議戰爭的東西方文化中心國際學生一樣，也自己解讀與實踐該中心主張的理念；而實踐這些理想的不是東西方文化中心，也不是任何政府機構，而是幫助了他的那些個人與團體所構成的集體。

頗具揭示性的是，陳玉璽除了寫下這封發自肺腑的信件，也差不多在同時宣布打算對日本政府提告。他在台北接受記者蓋瑞・卡普蘭（Gary Kaplan）的採訪，指稱自己的案件是個典型的例子，顯示了日本政府對台灣學生所抱持的「殖民者的傲慢與輕蔑」：

我決心要打這場官司，不只是因為這件案子涉及我身為人所擁有的權利，更重要的是其中涉及我的整體同胞受到看待的根本態度。我的遭遇不該被視為一項孤立事件，而是我的同胞長久以來遭到日本不公正對待這種普遍情形當中的一部分。

陳玉璽把「許多懷有堅定人道信仰的日本人」和日本政府區分開來，指稱日本政府「看待中國人的態度和第二次世界大戰以前一樣」——當時台灣還是日本的殖民地。[147] 陳玉璽對日本提告的決定得到了外來的支持，包括夏威夷大學的關懷亞洲學者委員會，以及日本國內持續支持他的草根力量；實際上，自從一九六九年以來，日本學生以及其他青年抗議人士就在他們的反戰、反帝、反種族歧視與支持移民權利的運動當中，把陳案視為一項關鍵要素。如同一九六九年六月的一句口號所言：「亞洲各民族，激進團結於國際主義的旗幟之下吧！」[148]

陳玉璽在出獄不到兩個月內同時從事的這兩件事，顯示了他對於奠基在關懷之上的激進反殖民國際主義懷有堅定的崇敬與信念，並且持續拒絕忍受社會不正義。他以自己的堅決方式拒絕被強迫保持沉默。實際上，儘管遭受了那麼多苦難，他於一九七〇年代中晚期回到夏威夷後，卻仍然積極涉入國際特赦組織，也參與人權倡議活動，為台灣的政治犯爭取權益。如同在這段時期曾到夏威夷拜訪陳玉璽至少兩次的林孝信（見第二章），陳玉璽顯然也在日本、台灣以及美國的民主與人權運動人士之間——那些人大部分都是左派——扮演了重要的橋梁角色。在這樣的努力當中，他運用了當初因為他的案件而建立或者受到強化的許多網絡，同時也參與那些網絡的持續建構。[149]

給陳玉璽護照（一九七二—一九七五）

中華民國政府也許對於陳玉璽持續積極對抗不正義的行為頗感不滿，或者只是單純以他們對待任何獲釋政治犯的方式對待他。無論如何，陳玉璽的獲釋在他的案子當中雖是一大里程碑，他的困境以及各方為了他而做出的努力卻仍未結束。夏威夷大學雖然在一九七二年春季提供陳玉璽一份教學助理獎學金，好讓他能夠繼續研究所學業，而且他的出國申請也獲教育部通過，但最後卻因警總的阻擋而無法出境。[150]一九七二年秋季，幾名夏威夷大學有關人員到台灣拜訪陳玉璽，而向約翰．瑞尼克回報指稱陳玉璽「深感沮喪」：

> 他已經出獄十一個月，卻根本找不到工作，更遑論是與他接受的訓練以及能力相符的工作。他被排除於知識界之外，覺得自己在社會上一無所用，而且也無法回報他的家人……為

了他所做出的重大犧牲。[151]

陳玉璽的公民權利雖然理當隨著蔣介石的大赦而完全恢復，但警總卻持續監控他，不但派員到他家訊問，還檢查他的信件。

刊於《檀香山廣告商報》的一篇社論呼籲中華民國政府應發放護照給陳玉璽，中華民國駐檀香山總領事濮德玠隨即寫了一封怒氣沖沖的信件回覆主編。這封信刊登於雙十節當天，內容建議《廣告商報》的編輯團隊不要「在別人家的廚房煮菜」：「自由的中國人經歷了一項接一項的慘痛遭遇之後，現在已有足夠的判斷力能夠知道什麼對他們最為有利。」[152]濮德玠進一步主張指出：「有許多人打電話到我的辦公室，美國人和中國人都有，而他們都說他們不想看見陳先生回到夏威夷。有人說陳先生不會欣賞也不懂得阿羅哈精神。另外還有一個人則是問道，如果教育沒辦法讓人學會感恩，那麼教育還有什麼用。」[153]濮德玠在他這些充滿揭示性的文字當中，顯示了中華民國政府相當關注當初呼籲釋放陳玉璽的論點（「阿羅哈精神」以及教育的理想），並且設法將其轉化為反映了陳玉璽違抗政府的表現，因此中華民國本身的行動並非違反理想，而只是遏止其不文明的行為。

在一九七三與一九七四年，夏威夷大學提供陳玉璽教學助理獎學金以及經濟學博士學程的錄取身分，但都無濟於事。在愛子・瑞尼克的領導之下，陳玉璽之友會持續宣傳陳案，偶爾也舉辦活動，而日本的國際特赦組織與川田泰代也是如此。[154]一九七四年二月，夏威夷又有一項州決議被提出——這次是呼籲對陳玉璽發放護照——但沒有通過。[155]一九七四年六月，支持者再度前往中華民國領事館抗議，在身前舉著巨大的字母，拼成「給陳玉璽護照」的字樣。再一次，總領事濮德玠和先前的歷任總領事一樣，也提出古怪的說法回應，其內容完全牴觸陳玉璽本身傳達給朋友和大眾的訊息。濮德玠指出，現在已婚的陳玉璽在家鄉生活得很「快樂」，而且還引述東方主義的典型觀點：「你們也知道東方人家族在結婚之後的情形：祖父母都會期待抱孫。」他接著又以帶有威脅意味的口吻指出，像

圖十七 陳玉璽（左二）與他的父親、瑞尼克夫婦以及妻子王靜芳合照於檀香山。陳玉璽終於在一九七五年獲准返回夏威夷，但又經過兩年的協同爭取之後，王靜芳才得以到檀香山與他團聚。（John Witeck／提供）

這種為了陳玉璽而持續舉行抗議的新聞，「『必定會嚇到陳玉璽的家人』，而可能會促使他們要求陳玉璽待在家裡」。[156]

不過，經過竹本松與約翰．瑞尼克的幕後奔走，以及眾議員松永正幸在一趟訪台之旅當中廣受報導的努力之後，中華民國終於在一九七五年九月發放了陳玉璽的護照。[157]陳玉璽絲毫沒有浪費時間，在發放護照的決定公布後，短短幾天內就抵達了檀香山。[158]《廣告商報》刊登的一張照片捕捉了陳玉璽抵達機場的畫面，臉上掛著笑容，身上掛滿歡迎花環，報導文字將其描述為「和長期以來的朋友與支持者之間一項情緒激動而又歡欣鼓舞的團聚」。[159]不過，中華民國政府也許是為了保有籌碼，而在後續的一年半一再拒絕讓其妻子王靜芳前往夏威夷。後來經過陳玉璽之友會再施壓，包括提交一份由五百人連署的陳情書、媒體報導，以及眾多夏威夷議員的努力（包括另一項獲得十六名州參議員連署的決議提案），又經幾次的延遲，陳玉璽夫妻才終於得以團聚。[160]

和你說話非常危險（一九七八—一九七九）

一九七八年期間，中華民國的監視網絡又再度受到新聞媒體的大幅報導，包括在全美以及檀香山當地。艾倫．米勒（Alan Miller）與傑瑞．蘇斯曼（Jerry Sussman）這兩名東西方文化中心的美國學生，報導了發生在東西方文化中心與夏威夷大學的廣泛監視情形，指稱十一名來自台灣的學生推測校園裡有五到十名國民黨特務。[161]《檀香山廣告商報》以頭版刊登這則新聞，並且翻印了原本刊登於《加州人日報》的校園線民報告單（見圖一），連同其他詳述國民黨「全國特務網絡」的報導。[162]東西方文化中心與夏威夷大學（由校長道格拉斯・山村〔Douglas Yamamura〕代表）對這項報導的回應，起初只是單純複述那些早已發表過的關於學術自由與外國政府的聲明（亦即先前關於「沉默自由」的主張）。[163]此外，中心主席柯蘭瓊發表一份長篇聲明，把受到提議的行為比擬為「反監控」。[164]他重申東西方文化中心的學術自由政策（與夏威夷大學的政策幾乎相同），並且為該中心的「中國學生」辯護，實際上就是企圖推翻米勒與蘇斯曼訪問的那些學生的可信度：「中國學生以及其他人都對我說他們不想捲入政治鬥爭。在學術自由的中心政策下，他們有權依據自己的選擇而發言或保持沉默。」[165]

短短幾天後，由十五個關切團體的代表所組成的聯盟，因為不滿柯蘭瓊與夏威夷大學的回應，立刻組成了夏威夷外國學生保護委員會（Committee to Protect Foreign Students in Hawaii）。[166]如同先前支持陳玉璽的那些聯盟，此委員會由極為不同的團體組成，諸如美國公民自由聯盟（American Civil Liberties Union）、華人社區服務協會（Chinese Community Service Association）、夏威夷印度支那之友會（Hawaii Friends of Indochina）、夏威夷社會主義者聯盟（Hawaii Union of Socialists）、密克羅尼西亞支持委員會（Micronesia Support

Committee）、人民基金會（People’s Fund），以及菲人民主聯盟。[167] 東西方文化中心同學會（這時已更名為「東西方文化中心參與者協會」〔EWC Participants Association〕），此外還有夏威夷大學的兩個學生團體，也表態支持對於所謂的特務問題採取更積極的行動，可見「中國學生」反對東西方文化中心與夏威夷大學採取更強力行動的觀點，並未受到廣泛認同。外國學生保護委員會的兩名代表，在東西方文化中心校務董事會的一場聽證會上發言，同時間有七十五至八十名學生在會場外示威。陳玉璽也為董事會準備了一份聲明，是「他首度公開討論自己的案件」。[168] 陳玉璽自稱是線民制度的受害者，而且目前仍持續受害。此外，他也詳細闡述了線民制度還在持續運作，並未受任何具體的行動遏抑：

> 台北的教育部在一九六七年突然中止我的博士學程，並且迫使我返國，當時東西方文化中心顯然沒有察覺到有一項外國線民制度損害了該中心致力追求的崇高理想。後來發現，教育部之所以做出那項舉動，原因是至少有一名線民針對我在這裡的活動提交了祕密報告。我有理由相信那個線民也是東西方文化中心的參與者。不過，儘管當地人投入了巨大努力爭取我的自由，這裡的線民活動卻沒有受到任何調查。
>
> 也許這就是為什麼邪惡的監控機制至今仍然活躍不休。我近來又再度遭到這套機制的糾纏，原因是我太太想到這裡和我團聚的申請案遭到駁回，理由是有人編造虛假的報告，指稱

我在夏威夷從事所謂的「反政府」活動。教育部在一九七六年十月向她告知他們的檔案裡有這類報告。

此外，如同艾倫．米勒那篇有版權的文章所揭露的，我如果在近來遭到舉報從事「支持共產黨」的活動，那麼我有朝一日一旦返鄉，顯然又會遭遇第二次的「陳案」。這點危及了我所重獲的自由，因為一個人如果沒有能夠安全返鄉的自由，就不能算是擁有真正的自由。實際上，這正是美國數以千計的台灣學生所面臨的困境。[169]

陳玉璽把哥倫比亞大學學生李耀中（忠）的案子引為國民黨全球監控體系的最新案例，並指出此議題不僅涉及學術自由，也與人權有關。他在這份聲明的結尾再度訴諸東西方文化中心與夏威夷大學標舉的理想：「（監控網絡的）持續存在，傷害的不只是受害者本身，對於東西方文化中心與夏威夷大學的基礎也造成威脅，因為這兩所機構都是致力於觀念自由交流的人文機構。」因此，他要求校務董事會採取進一步的「有效行動」，保護身陷於監控危險之中的學生，「澈底消除監控機制所引發的恐懼和懷疑」。[170]

最後，東西方文化中心校務董事會決定「以最嚴厲的姿態譴責一切可能對本中心任何一名參與者的學術自由造成干預的行為或言論」，並且計畫建立一項「機制」，聆聽學生的擔憂。不過，他們拒絕針對被控從事監視行為的個人進行調查，指稱這種調查行為是國家對國家的事務，超出學術機構的管轄範圍；他們採取和柯蘭瓊相同的反向邏輯，進一步暗示指稱調查那些人將會有如先前針對疑似共黨人士所從事的獵巫行為。[171]另一方面，校長山村面對輿論壓力，則是成立了一個臨時性的外國學生擔憂事項處理委員會（Committee on Foreign Students' Concerns），由文理學院院長擔任主席。經過幾個月的調查之後，該委員會在一九七八年十二月發表一份報告，「確認了『無可辯駁的事實，亦即我們的校園裡存在著情報活動，其中涉及對於外國學生的監控，導致他們因此遭到恐嚇、騷擾，以及包括監禁在內的懲罰』」。這份報告呼籲採取「直接而果斷的行動」。[172]

為了回應這份報告，而且可能也「想要化解外國學生保護委員會的下一場示威」，東西方文化中心於是成立了一個參與者申訴委員會（Participants Grievance Committee），接著又在一月聘雇退休巡迴法院法官土井雅人（Masato Doi）研究這項議題。五月，土井的報告指稱他「有合理的理由相信」東西方文化中心確實發生了政治監控活動；實際上，「他從國務院直接得知……台灣確實有一個海外工作會，『其功能在於監控海外的所有台灣國民』」。[173]此外，他認為「媒體在報導這些活動方面扮演了重要的角色，因此東西方文化中心也應該可以強力制裁這類活動」。[174]然而，外國學生保護委員會的代表指出，其中大部分的建議以及據此採取的行動，將會導致監控受害者承受太多壓力，而且參與者申訴委員會在保密方面也對東西方文化中心缺乏信任，原因是該中心的行政高層持續和聯邦調查局以及國務院保有緊密的關係。[175]

就在這一切發生的同時，陳玉璽夫妻也思索著未來該怎麼走。由於陳玉璽遭到親國民黨的學生孤立、遭到台灣人團體排擠，又在政治效忠對象方面深受謠言所擾，他因此在即將得到博士學位，學生簽證效期也即將隨之屆滿之際，又面臨了新一輪的不確定性。[176]根據瑞尼克所言：「陳玉璽如果返台，絕對無法從事教書的工作，因此他的未來將會布滿陰霾。」[177]六月，陳玉璽偕同妻子前往中國處理一件家族事務（他的岳母生長於南京）[178]，卻因返美遭拒而被困在中國達兩個月之久。[179]美國大使館終於批准他們返美後，聲稱那段延遲是標準作業程序，原因是陳玉璽本身的疏忽，沒有在自美國出境前先申請重新入境簽證。實際上究竟是怎麼一回事並不清楚，但陳玉璽與他的太太無疑因此體認到，自己並不是想去哪裡都能夠隨心所欲。

小結

陳玉璽取得博士學位後（他的博士論文以台灣農民作為個案研究，藉此探討經濟發展與社會正義；後來這篇論文在台灣與美國都廣泛受到教學使用），接下了香港浸會大學一項學術職務，並舉家移居。一九九八年，他獲邀返台到佛光大學教導佛教心理學，於是「欣然接下這項邀請」，並且「非常開心能夠回家」，因為他「知道台灣在當時已經成了一個自由而民主的國家」。這時，距離他在一九七五年離開台灣，歲月已然匆匆一過超過二十年了。一九九八年六月，他前往夏威夷參加愛子．瑞尼克的追思會。陳玉璽是特邀講者，同行的還有前副州長湯姆．吉爾（Tom Gill）等人。[180]陳玉璽在被捕的三十年之後，仍獲邀在瑞尼克的追思會上發表演說，顯示了他們所建立的那種橫跨太平洋的長久情感連結。

不過，且讓我們暫時回到一九六八到一九七九年間，想想在夏威夷、日本與台灣之間那段長達十年以上的社運行動與抗爭所留下的遺緒，包括陳玉璽本身以及別人為了他而從事的運動。其中一項遺緒，就是陳玉璽這個人與他所代表的理念這兩者的趨同——以及左派國際主義組織行動建立的能力與聯盟，和對於一個受解放的世界所抱持的願景，這兩者之間的趨同。這種多面向而且又相互連結的左派，連同夏威夷那些充滿活力的亞裔美國人、亞洲人以及國際社群，在那些年間支持陳玉璽的主流力量當中是一項關鍵元素，但這種情形並沒有發生在其他遭到國民黨迫害的台灣留學生身上。

另一項遺緒，是夏威夷特有的一個激進組織時刻。數十年後，約翰．威特克思考了當初不同運動聯合起來支持陳玉璽，是如何造就了眾人的團結：「所有這些運動都互相汲取也互相強化對方的力量。」許多政治抗爭雖然令人精疲力竭，但「有些抗爭實際上能夠為你灌注能量，而支持他的抗爭就屬於這一種——這樣的抗爭似乎能夠讓人獲得提升，讓人覺得自己能夠做有意義的事情。」由於這些社運人士在過程中爭取到的一切延緩以及所獲得的勝利，而且陳玉璽終究獲得釋放，因此「他能夠回到夏威夷和那些為他奮鬥以及支持他的人會面。一旦獲得那樣的勝利，所有人都會大感振奮。你知道自己可以造成改變」。[181] 陳玉璽支持者寺見元惠——她後來移居菲律賓，成為研究菲律賓反殖民反抗運動與泛亞國際主義的學者暨教授——也同意這一點。她在超過五十年後回顧了支持陳玉璽的運動，而這麼寫道：「他打電話對我們說他已經獲釋出獄的時候，是我人生中最快樂的一天。」[182]

支持陳玉璽的運動，橫跨了夏威夷政治史上的一段形成期，當時學生與年輕人是社運行動的核心力量，而那樣的社運行動則是針對帝國主義、軍國主義和資本主義發展出的一股新興全球意識當中的一部分，而這一切皆發生在夏威夷立州之後的頭幾十年間。當初成立東西方文化中心的用意，雖然是要為美國自由主義獲致的全球意識形態勝利提供一個引人注目的焦點，但踏入這座中心大門的那些人，卻拒絕完全受到其目標界定，而且他們複雜的主體性也無法受壓抑。許多在一九六〇年代晚期種下的意識種子，都在一九七〇年代於夏威夷大學開設的族裔研究、以社區為基礎的土地抗爭，以及夏威夷原住民主權運動的成長當中開花結果。[183]

陳玉璽的案子，就像我在本書裡一再主張的，顯示了這個世代的台灣學生是如何在聲音一再遭壓抑的狀態下，積極參與全球歷史與政治——而造成這種壓抑的原因，就是夏威夷大學所貼切描述的那種「沉默自由」。換句話說，台灣學生只要願意（選擇性）保持沉默，就可以享受美國的自由。因此，陳案留下的最後一項遺緒是一種扭曲的現象，顯示台美人的歷史如何受到支持美國冷戰的意識形態以及其中所排除的事物所形塑，也持續受到這種方式述說。台灣人到了美國之後，並未脫離國民黨政府的觸角範圍，這點一再受到美國政府的掩飾，原因是美國政府參與了創造以及維繫中華民國是「自由中國」的這項迷思，也放縱並且勾結中華民國政府，而允許國民黨的特務（包括學生線民在內）監視以及恐嚇來自台灣的留學生。這些情形及其在政治與意識形態上受到的遮掩，很快就又導致了另一起案子：也就是卡內基美隆大學教授陳文成，在一九八一年返台探親期間遭到國民黨約談，不幸喪生的事件。

陳文成的生與死、自由主義、美國的天真

Chapter 5

多年來，台灣學生在喚起大眾關注監控問題方面一直孤軍奮戰，而且差點以徒勞收場。只有少數幾所大學做出回應，而且沒有任何一所大學針對國民黨線民採取具體行動。對於學術自由侵害的過度容忍，現在導致了一條珍貴的人命因此犧牲。

——台灣民主運動支援會，一九八一年九月

外國出生人士的民權遭到侵害所獲得的救濟顯然有限，而且在一定程度上不為人知。

——眾議員吉姆・里奇（Jim Leach），一九八一年八月八日

二〇二一年二月二日，一座莊嚴的紀念碑揭幕於台灣聲譽最崇隆的大學，也就是位於台北的國立台灣大學。這塊巨大的不透明黑色立方體石碑呈現微微傾斜的模樣，中央有個足夠容納不只一個人的開口，看來有如一座現代主義陵墓。台大學生會長楊子昂表示，這座紀念碑「是依據『空』的概念設計，象徵歷史真相未明，也模擬牢房與偵訊室的空間，還原當時時代的恐懼」。[1]紀念碑正位於台大圖書館樓梯前方那個肅穆的地點，也就是三十一歲的卡內基美隆大學教授暨台大校友陳文成的屍體，在四十年前被發現之所。

一九八一年夏季，陳文成偕同妻子陳素貞返台和家人團聚，而這也是他們一歲大的兒子艾瑞克（Eric）首度面見祖父母。剛當上父親的陳文成，在同事眼中是他這個世代前途最無

圖十八　二〇二一年二月二日，陳文成紀念碑在國立台灣大學完工，並且舉行落成典禮。其設計意在引人聯想到「歷史真相未明，也模擬牢房與偵訊室的空間，還原當時時代的恐懼」。（陳柏旭／提供）

可限量的年輕統計學家之一。陳文成與其妻已經居美國六年，這次返台充滿喜悅、團聚，也是一個新的開始，而且此時光本應持續下去，然而在陳文成卻於一九八一年七月二日上午被帶往警總總部，從此一去不返。次日清晨，他被人發現陳屍於台大校園，看似是從圖書館數層樓高的戶外樓梯跌落或是被人推下樓。後續的驗屍顯示他的身體受到嚴重傷害，符合被人毆打以及刑求的跡象。陳文成遭受的致命訊問，至少有一部分是基於他居美期間遭到國民黨線民針對他的活動所從事的常態性監視——那套全球監視網絡把《戒嚴法》的觸角延伸至全球，而在美國各地造成數十起受到舉報的監控事件。

實際上，陳文成的台大紀念碑本身也象徵了台灣政府以及其他公共機構與陳文成以及他的案件之間那種模糊不定、未完成而且略帶荒誕的關係；這座紀念碑經過十年的抗爭，「遭到保守的學校當局一再拒絕，並且反覆陷入僵局」，最後才終於得以設立。台大校長管中閔本身雖然也曾阻礙設立這座紀念碑，在二〇一九年突然撤回校方承諾分擔的半數經費，但最後在紀念碑落成典禮上，他似乎一反先前的態度，指稱陳文成命案「震動當時的人心，喚醒台灣人民追求人權民主與自由的意識」。他說，這座紀念碑「也提醒大家還有更多為台灣前途奮鬥的勇士，盼望陳文成事件的真相早日大白於天下，告慰在天之靈」。[2]在台灣以及其他地方，陳文成之死餘悸猶存，從未終結，象徵了完整的答案、確切結局以及問責的欠缺。

陳文成案是眾多類似案例的其中之一，也就是在美國受到國民黨監視的受害者一旦返台，警總便立即對他們採取行動。不過，他的案件是受害者死亡的首例。由於陳文成具備身為美國居民以及教授這種相對穩固的地位，再加上他是一名已婚的年輕父親，引起的同情使得他的案子不同於先前的其他案件——例如黃啟明與陳玉璽的（見第三章與第四章）。陳文成命案發生在一段充滿動盪的時期，當時國民黨的政治不安全感因此大為高漲：美國剛在一九七九年對台灣撤銷承認，而且同年十二月的美麗島事件導致的後果影響長遠。美麗島事件是一項支持民主的示威運動，造成反對陣營領袖以及運動人士遭到大規模逮捕；過了幾個月後，又發生運動領袖林義雄的家人在一九八〇年二月二十八日遭到法外刺殺的事件（所有台灣人都知道這個日期意在喚起對於二二八事件的聯想），而一般都認為國民黨是這件血案的幕後黑手。支持台獨的運動人士也採取直接行動，諸如發生在台灣的爆炸案，還有一九七九至八〇年間一連串發生在美國的爆炸案，導致台灣獨立組織當中最知名的台獨聯盟，在一九八〇年五月被列入美國司法部的恐怖組織名單。[3]

如同先前的章節所述，在一九六四到一九九一年間，美國有二十一所大學都有人提及校園裡發生了監視情形。[4]線民提出的報告，有可能導致被監視者遭受恐嚇、人身傷害或者性命威脅、身在台灣的家人遭到騷擾，或是被列入黑名單而無法返台。許多案例的結果都是受害者被捕入獄。隨著時間過去，這類迫害的社群和民間敘事（學術探究引人注目的欠缺現象至今仍然沒變，至少在英文世界是如此）通常把這些個人視為國民黨暴行的無辜受害者，而在確實涉及政治活動的案例裡，他們則是被當成為了台獨理念而犧牲的烈士。這兩種描繪雖然都有其真實之處，卻掩蓋了造成這類迫害得以發生的其他那些更龐大的制度、結構與意識形態條件，尤其是美國扮演的角色。那兩種描繪也限制了政治與行為上「可允許的異議」範圍，使其合乎自由與民主的自由派個人主義敘事，而不質疑美國追逐全球霸權的道德主張。[5]

實際上，如同我在本書裡一再指出的，台灣學生在美國大學校園遭到其他台灣人監視的案例，彰顯了美國教育機構絕非中立或善意的一方，而是在競逐情感認同、理智認同與人員加盟的冷戰戰役當中扮演了關鍵角色。此外，台灣與台灣移民也不僅僅是悲慘或者英勇的威權國家受害者，而是抱持了各式各樣的意識形態，並且積極參與當時的區域、國家級與國際層次上的權力鬥爭。在本章，我主張陳文成命案引發的反應——尤其是在美國——鞏固了一項以美國為主並且以自由主義與人權為中心的歷史敘事，而抹除了造成這起命案的特定歷史權力關係與地緣政治。另一方面，若是完整看待陳文成的人生與政治理念的複雜性，即可發現他就像當時的其他台灣僑民一樣，也置身於一項廣大的全球與僑民政治史當中。對於僑民社運人士動員對抗國民黨的恐怖統治而言，陳文成命案也是一個重要的催化劑。從過去到現在在各種公開悼念陳文成的形式，並非局限他於昔日的一個時刻，而是持續指出國民黨權力至今仍然在台灣根深柢固，且美國也是陳案的共犯，「未能認知或者拒絕保護」某些「生活型態與方式」。[6]

加州不是台灣的一省

隨著陳文成命案愈來愈廣為人知——也就是受美國人以及國際人權組織關注——他被描繪為一名傑出的學者、一個坦率而勇敢的人，也是忠實的丈夫以及新手爸爸。英文報紙描述陳文成是一位「性情溫和的教授」以及「政治溫和派人士」；「一名身強體壯的男子，低調住在一棟七萬美元的紅磚住宅裡，鄰居說他晚上都會在後院對著他的兒子艾瑞克唸誦童謠。」[7]台灣人社群裡的其他敘事對於陳文成的描述雖然與此差別甚大（這點後續再談），但這些主流敘事完全合乎自由派個人主義的優勢論述，並且傳達了美國的天真與善意這種道德地理觀點。

在一九八一年七月針對陳文成命案所舉行的第一場國會聽證會上，卡內基美隆大學校長理查．賽爾特——他是陳文成最堅定的公開支持者——就以這種方式簡明描述了陳文成，駁斥國民黨先前聲稱他必定是自殺身亡的說法：「陳教授雖然不是激進分子，但他確實深深信奉台灣**民主**的理念……我們不認為他反悔自己相信**民主**與**自由**的理念，並因此畏罪自殺。」賽爾特接著概述：「台灣本土學生如果認為他們在美期間針對**自由**與**民主**發表出自內心的言論，將會導致他們返鄉之後遭到嚴厲懲罰，那麼他們就無法享受美國的**自由**。」[8]他舉例說明台灣學生如何在美國大學校園遭到監視與恐嚇，並且肯定了學術自由的原則之後，而總結道：

> 我認為現在就是應當採取行動的時機。陳教授的喪生導致每個信奉民主與自由的台灣人都深感害怕。如果一所知名美國大學的教授都有可能在不明狀況下死亡，而且死因也沒有受到釐清，那麼就沒有一個學生會是安全的。……各位有能力可以創造出良好的條件，讓我們能夠對一個因為恐懼而喪失自由的群體賦予自由。[9]

賽爾特反覆提出「自由」與「民主」（這兩種概念都與「美國」連結在一起），與國民黨施加的「恐怖」互相對比，而把美國呈現為中立並且本質上道德良善的一方。在此一框架下，美國國會被定位成一個善意實體，能夠「對一個因為恐懼而喪失自由的群體賦予自由」。[10] 此外，賽爾特在道德上把「知名美國大學」定位為安全與自由的典型空間——並且相當正確地把這種空間遭到的侵犯指為一個問題——也遮掩了實際上的情形，亦即：大學其實是富含爭議的空間，脆弱且充斥著多國監視、控制，以及危險。

不過，國會議員對於當下的情勢做出的立即分析及反應，則是牴觸了這種中立、天真，甚至是強權的假象。「外國出生人士的民權遭到侵害所獲得的救濟顯然有限，而且在一定程度上不為人知，」愛荷華州共和黨眾議員吉姆・里奇在一九八一年八月八日寫道。[11]另一方面，眾議院外交委員會亞太事務小組主席史蒂芬・索拉茲（Stephen Solarz）則是提議美國對台軍售「以終止監控做為條件」。[12]索拉茲在八月下旬寫信給密西根州伊普西蘭蒂（Ypsilanti）一名心懷關切的台灣移民，在信中表示：

我打算提出一項立法，要求總統認證台灣當局已經沒有在我們國內針對台裔美國人以及台灣公民從事騷擾與恫嚇的行為，才可在未來繼續獲得美國提供武器。[13]

索拉茲針對陳文成遭謀害所採取的行動，在一九八二年通過成為一九七六年《美國武器出口管制法》（US Arms Control Export Act）的修正案。這項俗稱「索拉茲修正案」的立法，禁止美國政府提供軍售給「經查『對身在美國的個人持續進行恫嚇或騷擾』的國家」。[14]

實際上，陳案發生之時，美國軍售正在政策層次上開始系統性地與人權綁在一起（儘管實質上不一定都是如此）。這種情形雖然荒謬，卻因為美國一方面在意識形態立場上自命為世界道德仲裁者，另一方面又在物質立場上扮演全世界最大的武器供應國，而因此成為毫不且成為理所當然的正常現象。[15]這麼一項政策，是吉米・卡特「把人權視為外交政策」這種做法遺留下的影響。在卡特採取的此做法中，美國不像先前，因為對抗共產主義的冷戰自我利益，而毫無節制的提供威權右翼政府支持。相對於此，雷根在首任任期內曾試圖翻轉卡特政府的政策，恢復對反共「朋友與盟友」的全力支持。美國重新大力支持殘暴政權的做法，不但導致可怕的後果，尤其是在中美洲與南美洲，雷根也無法獲取國會的持續支持，同時又面臨美國大眾反對。因此，他在第二任任內對於這類議題的態度也就有所軟化。[16]

就台灣而言，台灣雖然確實主要仰賴美國的武器和軍事援助，索拉茲修正案卻無疑是象徵意義大過實質意義，因為就算沒有人權問題，對台軍售也有「下限」與「上限」：一方面必須提供滿足《台灣關係法》規定的最低軍售量，並且讓台灣面對中華人民共和國能夠保有自衛能力；另一方面又因為外交因素而不能提供過多的軍售，以免激怒中國，同時也讓美國與中華人民共和國的關係持續正常化。除此之外，索拉茲修正案也「授予總統暫停軍售和軍援的決定權」，但總統「堅決反對」終止對台軍售。[17]彷彿是為了確認這一點，在索拉茲修正案通過之後，雷根總統立刻就在一九八二年八月提供了「對台有史以來規模最大的兩年軍售」。[18]

索拉茲修正案在一九八四年再度受公開考驗，原因是作家劉宜良在位於加州戴利城（Daly City）的住處，遭到台灣軍事情報局長派遣的殺手刺殺於車道上。劉宜良是前中華民國政戰軍官，後來歸化為美國公民，並且寫過一本蔣經國的批評性傳記。另一項考驗在一九八五年出現，當時國民黨逮捕了李亞頻，他是一份中文報紙的發行人，住在南加州。索拉茲表示，這些事件都是「駭人的例子，顯示了台灣戒嚴法的長臂如何撕扯美國民主」。他接著指出：「台灣當局不以摧毀台灣島的基本自由為足，而是堅持也要在美國侵犯人民的言論自由權。**國民黨……必須受到提醒，加州不是台灣的一省。**」[19]換句話說，如同張妙所寫，陳文成與劉宜良遭害的事件真正證明的，乃是「跨太平洋威權主義，動搖了威權政權與表面上看似自由民主的美國之間，那條想像中的地理界線」。[20]

不過，即便是索拉茲的措辭所呈現出來的迫切性，也持續鞏固了一種界線分明的假象，亦即一側是**那邊**的威權台灣，另一側則是**這裡**的民主美國，把美國定位為單純僅為一個遙遠而且抱持善意的軍事武裝援助提供者，而非關鍵的歷史參與者，協助建立以及維繫國民黨在台灣的統治、建立戰後台灣的軍事、政治與實體基礎建設，並且促成以及形塑台灣的戰後經濟發展。[21]同樣的，聲稱台灣把加州視為自身「一省」的說法，也把台灣定位為一個平等的民族國家強權，彷彿美國沒有在幾年前帶頭撤銷對台灣的承認。如同克麗絲汀・洪（Christine Hong）所寫的，人權論述經常被當成「一種當下的支配觀念，掩飾了帝國主義過往的殘暴，也否認帝國主義當下的暴力」。[22]儘管如此，由於陳案造成的影響，美台關係因此有三項關鍵事實被寫入美國法律並且綁在一起：軍事援助、國民黨在美國從事的系統性境外監視，以及公然以國家暴力侵犯既有人權規範的經常可能性。

美國未能認知或拒絕保護

如同我在本書一再強調的，身在美國的台灣人從來都不是美國法律和論述的消極主體，而是形塑了意義與行動的積極能動者。在陳案的整個過程中，台灣學生社運人士為了陳文成發聲以及採取的行動——還有陳文成本身的發聲與行動——與霸權美國國家論述之間的對話，有助於我們思考如何有可能把人權和其歷史起源脫鉤，因為人權在歷史上的出現，乃是伴隨著以美國為首的西方全球支配地位所受到的「後冷戰」意識形態辯護。[23]不過，如同在美國以外的世界其他地區，人權運動也有可能是一種在國界之外尋求救濟的手段；用來建立原本不太可能出現的聯盟，以及形成反霸權的聯繫與團結。[24]在關於美國「弱勢文學」的分析當中，文學學者克莉絲朵·帕里克（Crystal Parikh）提出一項她所謂的「人權方法」理論，拒絕把「美國的生活方式」與人權目標混為一談的霸權論述，主張把人權擴大認知為「一種歷史紀錄」，「顯示人權是許多可能道德體系的其中之一，可以藉此在跨越時間與空間的情況下對於『善』加以想像與實踐」。就台灣學生而言，由於他們身在威權監視與冷戰外交的交會處，同時遭到迫害與受抹除而苦，因此這類分析有可能「彰顯國內自由權利體系的局限」，並且「在民權政治發生於其中的社會正義運動裡，為其重要面向（重新注入生氣）」，以便「大幅擴張美國全球國家未能認知或者拒絕保護的生活型態與方式」。[25]

實際上，陳文成死後，立刻有人指出美國政府與眾多機構都早就知道國民黨在美國領土上監視與迫害台灣國民的行為，卻大體都疏於採取行動——而台灣學生在揭露這一點上即扮演了關鍵角色。[26]台灣民主運動支援會這個總部設在芝加哥的僑民社運團體，帶頭為在美台灣人提供他們在台灣與美國所能夠蒐集到的一切消息，在陳文成死後短短幾天內就刊登了這起案件的詳盡報導，以及一篇訪問卡內基美隆大學校長理查·賽爾特的文章。[27]在幾個月後為了紀念陳文成而發行的一本特刊裡，他們寫道：

多年來，台灣學生在喚起大眾關注監控問題方面一直是孤軍奮戰的，而且差點徒勞收場。只有少數幾所大學做出回應，也沒有任何一所大學針對國民黨線民採取具體行動。對於學術自由侵害的過度容忍，現在導致了一條珍貴的人命因此犧牲。任何一條人命的喪失都是不該發生的事情，更遑論那些在返回台灣之後遭到監禁而且命運從此不為人知的學生。

台灣民主運動支援會在悼念陳文成的同時，也利用他的案件探究更龐大的結構議題，不只單純聚焦在陳文成個人。一九八一年九月的特刊共含二十八篇文章，探討過去受舉報的國民黨監控事件，並在最後提出一項「特殊呼籲」，要求釋放葉島蕾——她是台灣外省人，曾就讀明尼蘇達大學，不久前被捕入獄，部分原因即是線民針對她在美國活動提出的報告。[28]

台灣僑民也舉辦、參與強而有力的行動。舉例而言，在一九八一年七月十八日，卡內基美隆大學校園裡舉行了一場大型的陳文成追思會以及抗議遊行，吸引了來自美國東北部與中西部各地的台灣人士，其中許多出席者藉著在頭上套著紙袋隱藏自己的身分。長久以來，在美台灣人都會在校園社群活動或者政治集會上以紙袋或面具遮住臉部，但在公開悼念陳文成的場合這麼做，更凸顯了這種行為的代表意義與效果。再次套用帕里克的話，以這種行為表達對於陳文成的哀悼，確實能夠「彰顯國內自由權利體系的局限」以及「美國全球國家未能認知或者拒絕保護的生活型態與方式」。[29]

這類行為引起了民選官員的注意，像是愛荷華州眾議員吉姆．里奇。他開始積極發聲反對國民黨在美國的監控行為，並且在陳文成喪生一個月後寫信給司法部長威廉．史密斯（William French Smith）：「任何一個美國居民在行使受到憲法保護的權利之前，都不該覺得有必要以袋子套頭。」不過，相對於里奇針對應然狀況所提出的主張，袋子套頭的行為呈現的乃是里奇本身承認的現實情形（先前已引述過）：也就是在美國境內，「外國出生人士的民權若遭侵害能獲得的救濟顯然有限，而且在一定程度上不為人知」。張妙指稱其為證據，顯示了在一九八〇年代初期，「國內與外國的壓迫愈來愈趨於一致」，原因是相較於極權政權（亦即共產政權），雷根政府顯然通融了威權政權（亦即反共政權）從事的跨太平洋國內恐怖行為——以隨時能夠滑動的冷戰劃分方式區別那兩類政權，是一個明白經過計算的做法，藉以支持長期的美國利益。[30]

外交官暨政治學家珍妮・柯克派翠克（Jeane Kirkpatrick）在一九七九年寫出〈獨裁政權與雙重標準〉（Dictatorships and Double-Standards）這篇形塑了雷根時代外交政策的文章（柯克派翠克本身也是另一股形塑力量；雷根任命她為外交政策顧問以及美國駐聯合國大使），而在其中寫道，美國如果譴責或者採取行動制裁「友善」的威權政府，那麼「我們至少會失去原本友善領土的通行權，最糟的狀況則是蘇聯將會因此得到一個新基地。而且我們遍布各地的朋友都會注意到美國在艱困時刻並不可靠，我們的敵人也會觀察到美國的支持無

圖十九 這本《民主台灣》特刊發行於一九八一年七月十日，距陳文成逝世不過短短幾天。在這本特刊裡，台灣民主運動支援會為其身在美國的台灣讀者提供了陳案的詳盡報導，包括對於卡內基美隆大學校長理查・賽爾特的訪談。（陳晚盈／提供；Chinese Overseas Student Newsletters, University of Pittsburgh Library System）

圖二十　在匹茲堡一場為了陳文成所舉行的紀念遊行上，他的朋友、同事，以及台灣人社群的成員一面表達對他的悼念，同時也針對國民黨的戒嚴以及國家暴力提出抗議；許多人都在頭上戴著面具或紙袋，以避免自己的身分遭到國民黨線民辨識。（Associated Press ／提供）

法抵擋歷史的進展」。[31]在一九八〇與九〇年代期間，對於亞裔美國人研究在當時的建立具有重要地位的王靈智，特別針對美國華裔人口主張，陳文成與劉宜良遇害乃是「雙重宰制」的漫長歷史與結構當中的一部分。在此宰制下，美國華裔人口一方面遭國民政府暴力監控，同時因在美國身居種族從屬地位而處於脆弱狀態。[32]

這種框架方式對於我們在當今理解陳案雖然還是相當重要，卻未能完整呈現台灣移民社運人士與陳文成本身，在這段時期經歷以及實踐的存有、能動性與政治生活。藉著把注意力導向帕里克的論點，亦即把人權表達為一種方法或者手段，而不是終極目標——這種方法能夠揭露「國內自由權利體系的局限」以及美國「未能認知或者拒絕保護的生活型態與方式」——我確實堅持要描繪實際上造成的傷害，堅持要哀悼陳文成因為多重國家暴力而喪失了寶貴的性命。不過，如同吉娜·金（Jinah Kim）以及其他人對哀悼與憂鬱所的探究所示，即便是哀悼本身，也有可能開展人的心境與想像，使人不再把注意力完全集中在損失與傷害上。[33]

豪放、大膽、任性不羈的人生

陳文成在三十一歲遇害之時，在政治上是個沒沒無聞的人物。他生前和其他許多海外台灣人學者一樣，也是心懷不滿、勇於發聲，並且熱切渴望故鄉能夠更好。死後，他則是成了英雄，和那些為了理念而犧牲性命的烈士一同受到頌揚。

——蒂娜．陳（Tina Chen），美聯社記者（二〇〇三）[34]

這麼一位具有強烈平等觀和豐富同情心的人，很自然地，對於社會主義有著一定程度的嚮往。

——曹永愷，陳文成的好友（一九八二）[35]

英文報紙在陳文成死後所刊的報導，雖然通常都把他描繪為抱持溫和派的政治立場，但台灣人社群裡的敘事則是強調他反國民黨並支持台灣獨立的政治理念。[36]一九九一年，美國的陳文成紀念基金會如此寫道：「他的信念直截了當。他認為，在台灣的一千七百萬至一千八百萬人口當中，由於本土台灣人占了百分之八十五，因此他們應該和中國國民黨的官員分享部分的立法責任與權力。」[37]

然而，在這種描繪的邊緣，卻有些跡象透露了更為複雜的敘事。陳文成死後不到三個星期，舉行於密西根州安娜堡（Ann Arbor）的一場追思會上，他的一名香港人朋友向記者抱怨，由於該追思會是由「右翼」台獨運動人士主辦，因此「他們把陳文成講得像是右派，可是他其實屬於台獨運動裡的左派」。[38]同樣在陳文成死後幾個星期，密西根大學自由中國同學會（Free China Student Association）的一名學生幹部，指稱自己在三年前結識了陳文成，而覺得他「對社會主義非常感興趣」——由於該組織廣泛被認定其成員裡有國民黨線民，因此這句評語令人頗感驚忧。[39]

實際上，陳文成的政治觀點——以及台獨運動在一九七〇—八〇年代期間抱持的政治觀點——比當今一般的理解還要複雜得多，就台美人社群乃至整個美國而言尤其如此。如同其他許多在一九七〇到一九八〇年代期間湧入眾多台灣學生的美國中西部大學區域，陳文成在一九七五至一九七八年攻讀統計學博士學位期間所居住的密西根，也是僑民政治爭論的溫床。在美國各地的大學城，這些海外僑民大致分為三類：來自台灣而抱持中國人認同的親國民黨學生、來自香港而抱持中國人認同的親中國反國民黨學生，以及來自台灣而抱持台灣人認同的反國民黨學生。在第三個群體裡，還有一部分人是抱持台灣人認同，但對中國感興趣，並且與來自香港的學生關係友善。在陳文成居住於安娜堡的期間，他就算不是從頭到尾都屬於最後這個類別，至少大部分的時間皆如此。換句話說，陳文成就像其他來自台灣與香港的學生，也置身在一個政治論述華語圈裡，而理想主義與積極異議在該圈子當中乃為常態（這點已在第二章討論過）。

出生於一九五〇年的陳文成，成長於當時台北縣鄉下地區，後來經常向朋友憶述其父母種植茶葉及撫養八個子女有多麼辛苦。[40]一九七〇年代，二十幾歲的他回顧童年，深受台灣鄉土作家鼓舞、感動。[41]他的朋友「N君」指出，陳文成喜歡閱讀黃春明、陳映真、王拓與楊青矗的作品；他對陳映真與黃春明的短篇故事當中的角色尤感「熟悉、親近」。他的朋友曹永愷在一九八二年一篇紀念陳文成的文章裡寫道：「他一談到鄉土文學，總是眉飛色舞，滔滔不絕，因為這些小說不但勾起了他童年在鄉下生活的回憶，更說出了他對無數窮人在痛苦中奮鬥的同情與敬意。」[42]值得注意的是，鄉土作家雖有外省人也有本省人，但蕭阿勤主張，一九七〇年代他們至少在公開場合都「堅決抱持中國人的國族認同」。不過，他們在文學與政治方面的抱負則不同於先前世代的作家與社運人士，充滿了「反帝國主義與反資本主義的意識」。[43]在他們的作品裡，主要的主題包括批評日本與美國的帝國主義（尤其是在經濟與文化方面），「要求更平等的財富分配以及社會福利改革；頌揚來自鄉下村莊與小鎮的平民百姓所擁有的基本美德；以及中國人應該堅守民族自尊，而不是模仿『醜陋的美國人』或者『貪婪荒淫的日本人』那種無恥而粗野的行為」。[44]從這樣的時代背景來看，陳文成在此時期的觀點顯然受台灣這類政治辯論形塑，因為這種辯論延伸到了美國，而涵蓋了在美國都市與大學城生活以及求學的台灣人。身為安娜堡台灣同鄉會鄉訊的主編，陳文成在刊物中設了一個介紹台灣文學的固定專欄。國民黨一九七七年禁止鄉土文學，令他氣憤不已。

在日常生活中——包括他熱愛的田徑場與球場，還有在朋友之間——陳文成在旁人眼中也是一個深富同理心的人，並且「正直熱情」。「這麼一位具有強烈平等觀和豐富同情心的人，很自然地，對於社會主義有著一定程度的嚮往，」曹永愷在一九八二年寫道，後來又在二〇二一年五月的一場電話交談中再度陳述了這一點。連同左派社運人士、知識分子以及世界各地的勞動階級民眾，陳文成也深受中華人民共和國的社會主義革命鼓舞。在安娜堡，他與台灣還有香港的學生都交好，而且包含支持台獨與支持統一的派別，但他也提到「海外台灣人很多是恐共的，一談到社會主義就有可能被看成是統一派」。他認為此情形「不健康」。[45]從一九七五到一九七八年，「陳文成對中國三十幾年來天翻地覆的大變化——從人吃人的社會到貧富差距大幅縮短的社會，基本上持肯定的態度」。[46]他的朋友「N君」對此表示同意，回憶說陳文成曾經讚許「中國人民……靠著自己本身的力量，從一個一窮二白被人侵侮的國家，到一個在國際上被人看得起，人人生活有保障，無人剝削人的公平合理的社會主義社會，……這是值得台灣人民效法的地方」。[47]陳文成甚至把自己一九七八年的博士論文題目，獻給中國以及他那些「為了社會進步而在鄉下田野以及都市工廠勤奮工作的同胞」——這是一項相當大膽的舉動，因為如此獻詞若被解讀為頌揚中國的共產統治，在國民黨的戒嚴統治下必然會被視為犯罪行為。[48]

不過，到了一九七八年底，陳文成已和其他許多人一樣，對於中華人民共和國感到幻滅，覺得中國共產黨的威權統治已背離其所宣稱的政治理念。從那時開始，他疏遠了仍支持統一的朋友，並把自己的政治精力轉向募款支持《美麗島》雜誌以及台灣的民主運動。民主運動領袖在一九七九年十二月的美麗島事件紛紛遭逮捕後，陳文成深感「痛心」，認為「民族壓迫是台灣社會一切不平等現象——包括政治上的不民主——的總根源，於是成為台灣民族主義最強烈的一位鼓吹者」。[49]具體來說，陳文成「強烈支持台灣民族的提法」（但該詞語並不排除像是外省人這樣的其他族裔）。在中國，由於「中華民族」一詞在歷史上與當代的用法，是以單一的中國人認同來團結——依照觀點的不同，也可以稱之為占有——中國境內的各種族裔群體以及海外僑民，因此「台灣民族」一詞在歷史與政治情境裡可以被理解為一項反殖民的自決舉動，以及對於大漢族主義的拒卻。

不過，從頭到尾都沒有變的是陳文成對於勞動階級人民的堅定關懷以及他對台灣的深厚熱愛。他認為「台灣人的政治運動，絕對不能離開台灣的工農勞苦大眾的立場。……在我投入某個政治運動之前，我必須先整理我的思想，尤其希望先整理我對台灣鄉土文學作品的思想，將來，若要投稿寫文章，我寧願以台灣鄉土文學為主體……離開了台灣鄉土，離開了台灣人的立場，一切是空的，是不實在的」。[50]

一九七八年移居匹茲堡，開始在卡內基美隆大學擔任教授之後，陳文成仍然繼續熱切參與政治討論與對話。舉例而言，他在匹茲堡的一名友人回憶，陳文成主動提議以自己位於松鼠丘（Squirrel Hill）的住處作為台灣同鄉會兩週一次的「開放大門」討論會會場。在那些討論會上，與會者經常激烈爭辯政治，以致「拍桌，摔椅子，幾乎大打出手」。[51]居匹茲堡期間，陳文成對左派台獨團體「台灣時代」的理念特別感興趣，而該團體的其中一名領袖人物「鄭節」（假名），也是住在匹茲堡的教授。如同第二章探討過的，台灣時代採取馬列主義立場，並且承襲《台灣革命》這份總部設在多倫多的早期僑民左派刊物所擁護的理念，但又以更深刻也更明確帶有國際主義色彩的方式加以闡釋。台灣時代除了刊登文章探討世界各地的反帝國主義鬥爭之外，也把台灣過去的反殖民鬥爭與左派組織強調為「四百年台灣革命」的一部分，採用史明在《台灣人四百年史》當中使用的歷史框架。台灣時代批評台灣獨立建國聯盟這個主要台獨團體操弄族裔分歧，並且缺乏進步階級分析。他們認為，台灣若要達成真正獲得解放的未來，就必須組織勞工並且從事階級鬥爭。

曹永愷憶及陳文成有一次閱讀了「台灣時代」的一篇文章後深感興奮，「馬上拿去複印一份……在朋友圈中傳閱」。[52]陳文成在居於匹茲堡期間認同「台灣時代」的立場這種表現，顯示他仍然屬於台獨運動當中的左派，並不認為社會主義價值觀與台灣自決是互相牴觸的目標。這種虛假的二分法是承襲自冷戰意識形態的結果，把民主視同資本主義以及美國與國民黨那種猛烈的反共態度（儘管把民主與國民黨畫上等號不免反諷）。此觀念至今仍存於大部分台美人社群。

在支持獨立的台灣人眼中，陳文成是一位烈士暨英雄，至今仍如此。他死後幾個月裡，其支持者經常表達一種感受，而在一九八一年九月十一日舉行於匹茲堡的陳文成追思會上，理查·賽爾特亦如是：

我們必須立誓消除目前存在於台灣的那種警察國家。目前有一小群台灣人正為了追求台灣獨立而奮鬥，藉此向這位因信奉民主而遭到謀害的同事致敬，而我們也必須加入他們的行列。[53]

一個月後，另一名僅被稱為「反政府運動人士」的支持者向《洛杉磯時報》表示：「陳文成為了我們的罪衍而死。……他明白可見是一位政治烈士。他所遭到的謀害，用意就是要恫嚇我們。」在這篇報導文章裡，記者麥可·帕克（Michael Park）概述道：陳文成「縈繞著台灣政治，而他的朋友與家人都說，他的靈魂在正義獲得實現之前絕對不會安息」。[54]他死後一年，一九八二年，其友人出版了一本紀念文集，在美國與台灣廣為流傳（可想而知，國民黨自然是致力打壓這本書）。文集扉頁以英文寫著：「紀念陳文成教授——一位台灣人。」序寫道：「文成的死是台灣人民的悲局，……陳文成的精神一定要變成台灣人的力量，來完成他追求的目標，才能慰文成在天之靈。」[55]然而，這類說法雖然無疑反映了陳文成死時致力追求的部分理念，但他的政治思想並不僅局限於此，應當以其全貌受到銘記。首先，他的思想明確帶有左派色彩，關懷勞動階級人民的掙扎，也對激進國際主義感興趣。第二，陳文成屬於一個熱烈的政治論述華語圈。我所謂的華語圈（見第二章的說明）並非就語言意義而言，也指社會政治方面，涵蓋反民族主義、反殖民和去殖民的各種可能性。如同其他的左派台灣運動人士，他的政治理念也超越族裔民族主義，至少是二元冷戰二分概念所界定的那種族裔民族主義。陳文成特定的政治追求帶有的具體性與廣度，如果包含在他遺留下來的影響當中，也包含在台灣人追求民主與獨立的運動所遺留下來的廣泛影響裡，那麼這類定位即可讓我們立基於一個富有意識形態異質性的過往，而在為台灣想像以及打造政治未來的過程中，能夠避免台海兩岸各自提出的那種零和族裔民族主義主張。

與此相關的是，我們也應該欣然接納陳文成的政治信念帶有的任性不羈的特質，並且省思那些信念如何難以融入自從他那個時代以來所固化的認同與政治框架，又為何如此。如同曹永愷在他的好友喪生十年後，於一九九一年所寫的：

> 文成個性豪放，並不適合嚴格的組織生活，終其一生並未加入任何政治團體。然而他是一位平等觀及正義感極其強烈的人，十分同情台灣的窮苦大眾，並痛恨國民黨的「省籍」歧視政策及獨裁高壓統治對台灣人民心靈所造成的創害。很自然地，他到海外後一方面開始對社會主義思想產生興趣，另一方面積極參加台灣同鄉會及其他台灣人社團的活動。[56]

換句話說，陳文成不但深富理想性，也深具知識性——願意跨越眾所公認的界線，探索每一種可能性，並且和任何人對話。舉例而言，曹永愷記述了陳文成曾公開質疑一名父親是將軍的國民黨員。另外還有一次，擔任安娜堡台灣同鄉會副會長的陳文成隻身出席一個中國同鄉會的迎新活動，以便向新學生宣傳台灣同鄉會，結果「（國民黨）黨棍看到文成單槍匹馬，大搖大擺地跑來參加他們的活動，一時相覷無語」。[57]

一九八一年，陳文成在那趟致命的返台旅程之前不久，曾提筆寫信給曹永愷（這封未完成的信件收錄於一九八二年的紀念文集裡），他在信中仍然規劃著該怎麼在即將舉行於哥倫布（Columbus）的一場區域壘球錦標賽當中，繼續從事組織工作以支持台灣的民主運動。這封信的內容顯得思慮周詳又熱情洋溢，文句中滿是驚嘆號。他在這封信的最後寫道：

> 最近在這兒聽一些台語流行歌！都是小時候自己常常亂哼的！畢竟感情還是人生活的重心之一！國民黨在台灣的陰狠手段，畢竟還是消滅不了台灣人的精神生活的！這應該是我們的有利條件之一吧！[58]

自從戒嚴時期以來，將近四十年的政治灌輸、迫害、社群間的互相監視，以及公然的恐怖行動（包括謀殺陳文成）共同造成的「寒蟬效應」，很可能從來不曾受到完整的處理或和解，因而在許多經歷過那段時期的台灣人以及其子孫的政治想像當中，形成固化的心理裂痕。不過，回顧陳文成那種充滿青春氣息的理想主義與活力，能夠引導我們擺脫裂痕，從而找回勇敢大膽的政治理想與想像所帶有的一切可能性。對於陳文成「精力充沛」的人生能夠完整加以紀念的政治思想會是什麼模樣？是他積極參與的那種政治觀點，把台灣視為一個更公正而又解放的世界當中的一部分嗎？這是一項豪放大膽而又任性不羈的遺緒。

悵然的心痛

在二〇二一年七月二日，陳文成逝世四十週年紀念當天，陳素貞發表了一份公開聲明，書寫對象是她的亡夫。她在第二段寫道：「在你猝然離去後，每次想到你，尤其是想起你死得那麼慘，那麼多的內傷，就心痛得不能自己。為了生活，只得把對你的思念埋在記憶深處。」提及他們的兒子這時已四十一歲，有了兩個孩子——老大長得和祖父很像——之後，她接著寫道：「這麼多年過去了，認真想起你時，遺憾之外又有著悵然的心痛。沒想到事過四十年，那一份痛卻不會消失。我們相知相愛的那十二年永遠刻在我心底，雖埋著，但不會遺忘。」[59]陳素貞表達不能自己的悵然心痛以及不會消失的痛，即是實踐了吉娜·金描述的「哀悼的造反」——公開堅稱自己的失落傷痛無法癒合，從而質疑現狀並且要求正義。[60]

四十年多前，一九八一年十月六日，陳素貞到美國國會作證，向國會議員提出了三十九張陳文成遺體的照片，是在他死後兩天，第一次驗屍時所拍攝。該次驗屍結果列出的傷勢包括：十三根肋骨斷裂、一塊骨盆骨破裂，以及多處內傷。她帶領觀者檢視那些傷勢，看來似乎證明了陳文成曾經受刑虐，而不是像國民黨聲稱的那樣因墜樓而死：「肩膀與頸部的傷口」、「右手肘的多處穿刺傷」、「背部有三道平行的深層瘀傷……看來很像是鞭笞的傷痕」。[61]「有些人皺起眉頭，其他人則是轉開了目光。」[62]陳素貞引述她在前一個月發表的一份公開聲明的內容，這麼說道：「警方把他的遺體移置於殯儀館，而我一看到他的遺體就知道他不是死於意外。他身上有太多

圖二十一　一九八一年九月十一日，在舉辦於匹茲堡的一場陳文成追思會上，他的遺孀陳素貞擦拭著眼淚。（Gene Puskar／攝；Associated Press／提供）

無法解釋的外傷。」該聲明結尾指出：「我希望世人對於文成的死所做出的反應，將會有助於預防未來再度發生這類殘暴行為。身為文成的妻子，我覺得自己有權利和義務得知他真正的死因，而我也打算窮盡一切的管道。」[63]

陳素貞堅持喚起世人注意陳文成身上的嚴重傷害，以及她失去至愛之後所必須背負的永無止盡精神傷痛——不論在當時還是現在皆如此——相當近似於陳文成在台北的家人公開表達的喪子與喪親之痛。在陳文成去世後，其家人公開表達哀悼並且要求正義，同時拒領屍長達幾個月，藉此抗議國民黨政府聲稱陳文成不是他殺的說法；直到次年一月，陳文成才終於得以安葬。他們拒絕領屍的行為，「在文化上是一種強而有力的抗議表達方式」。[64]陳文成喪生一年後出版的一本紀念文集收錄了一張照片：陳父陳庭茂站在兒子身著套裝的遺體旁邊，他神情陰鬱，一手以關愛地輕撫著亡子的肩膀。[65]

兒子死後，陳庭茂成了替兒子爭取公道的社運人士。陳文成死後的幾個月裡，陳家收到的捐款共計將近兩萬美元。陳庭茂想以兒子的名義成立一項年度獎學金，但政府反對，擔心這麼一項獎學金會「被反對國民黨統治的台灣人轉變為一年一度的宣傳工具」。[66]陳庭茂堅持多年，一直不願放棄；一九八三年十二月二十五日，他到台北的總統府前抗議，身上穿的白色背心上寫著「絕食抗議、還我公道」字樣。根據朋友所言，他遭三十名憲兵包圍，「他們想要把他強制推上一輛軍車，後來才終於說服他離開」。陳庭茂沒有因此喪氣，後來又

「散播數千份傳單，呼籲恢復台灣的人權」。台北市政府沒收了兩百本在美國出版的一九八二年陳文成紀念文集之後，他更直接向警備總司令抗議，指稱自己的車輛和行李在沒有搜查令的情況下遭到政府人員搜查。[67]一九八四年，他走遍美國各地「喚起大眾對於他兒子命案的認知，發表了一百三十五場演說，並且在身上背著兩塊板子，寫著『還我真相、還我兒子』」。[68]

陳庭茂遭威嚇的實地抗議行為，連同他要求正義、真相，以及「還我兒子」的主張，與阿根廷乃至韓國等各地的父母所從事的道德與政治抗議相互呼應。[69]吉娜・金指出，要求讓自己心愛的人死而復生這種主張雖然看似荒謬，卻是「哀悼的造反」的一部分，儘管自己遭受的損失不可能獲補償，仍以哀傷的呼聲要求掌權者認知自己遭受的傷痛無與倫比。[70]在一九八〇年代初期的台灣，陳庭茂不是唯一因為痛失親人而採取公共行動之人；反對派領導人物林義雄因為美麗島事件被捕入獄後，其妻方素敏在一九八三年當選立法委員，而她的選戰後來被稱為「母親的聖戰」。一九八〇年二月二十八日（凶手刻意挑選這個與二二八事件相同的日期），方素敏到監獄探視林義雄，他們的雙胞胎女兒連同林義雄的母親，竟在家裡被害，普遍認為這是一場由政府指使的暗殺行動。多年後，方素敏表示：「大家都以為我是代夫出征，就像是丈夫在美麗島事件裡遭到逮捕的其他那些太太一樣。只有我自己知道我是代替誰站出來的——是我的雙胞胎女兒和我的媽媽（婆婆）。」[71]換句話說，促使方素敏「站出來」的原因，不是社會認定的那種女性身為妻子所必須負起的責任，而是由哀痛激發的一股內在要求。

「他們想要忘記陳文成的名字，」台灣一名大學教授在一九八四年向《匹茲堡郵報》一名記者表示：「台灣的教育部拒絕了一項以他名字成立獎學金的申請案，因為那樣將會讓他的名字流傳下去。」陳文成的哥哥當中，唯一身在美國的陳文憲認同此說法：「政府不想要大家繼續談論這件事情。」[72]國民黨仍然試圖控制陳文成的歷史影響，因而一再禁止基金會使用陳文成的姓名，這種情形直到二〇〇〇年才終於改變。[73]而且，儘管一再出現要求問責與正義的呼聲，卻是直到二〇一八年，才由負責揭發戒嚴時代政治壓迫的組織，台灣新成立的促進轉型正義委員，重新檢視了陳文成命案。

二〇二〇年五月，檢視了剛解密的檔案，該委員會提出的結論指稱「陳文成極有可能死於他殺，而且國家安全單位涉有嫌疑」。[74]儘管如此，還是無法得出「確切結論」，沒有加害者受課責，也沒有人向陳家人或社會大眾致歉或者承認罪責。如同台灣的白色恐怖時期，在國家層級上，陳文成遭受的致命傷害以及其家人承受的恐懼，至今仍只是歷史上被心不甘情不願地承認的事實，以資訊的型態提出，但無從歸責。[75]

小結：縈繞不去／痕跡

相近於帕里克的人權方法（儘管終究也許有所偏離），駱里山以杜博依斯（W. E. B. Du Bois）還有黑人激進傳統當中的其他思想家為基礎，呼籲我們要把歷史過往的他者納入自由主義普世性或者恢復他們在此一普世性當中的地位之前，應當先有所「遲疑」，因為「暴力雖是把人排除於人類普世性之外的特徵，卻也伴隨了納入或者融入普世性的過程。這類暴力會留下痕跡，而這種痕跡會在事後回頭擾亂建立了該普世性的自由主義政治、社會與文化在表面上的完結」。[76]駱里山此處使用的語言，近似艾芙莉・戈登（Avery Gordon）針對縈繞不去所提出的理論，亦即將其界定為未受解決之政治或其他結構暴力的長久存續，以及絕非直截了當的表現——也就是那些暴力的效果**以及**影響。戈登把縈繞不去和創傷區辨開來，原因是縈繞不去乃是由**事情尚未完成**這種感受驅動。[77]和產生虛假完結感的簡潔解讀脫鉤之後，陳文成複雜的人性，他的**人生**，就不只是一道痕跡，也是一項縈繞不去的事物，就像匹茲堡那些頭套紙袋且堅持要把他的生與死——以及他們自己的生與死——宣揚給大眾的台灣移民；還有陳素貞不能自己的悵然心痛，以及台大校園裡那個紀念陳文成的黑盒子紀念碑，皆是如此。

設在紐澤西的陳文成教授紀念基金會，一九九一年出版了一本紀念文集，書名為《麥子落地》——典故出自《聖經》，原文是：「一粒麥子不落在地裡死了，仍舊是一粒，若是死了，就結出許多子粒來。」[78]在懷念陳文成的社群記憶裡——如此的記憶深受堅持，儘管官方並未為完結該起事件或提供任何補償——存在著一項斷言，一項呼籲，不是要求恢復一種自由主義的普世性歷史，而是要求播下豐饒未來的種子，從事未完之事。

結論
成為台美人

「台美人的認同雖在歷史上與台灣還有美國密不可分，卻也試圖表達某種新東西。」

——王智明，《跨太平洋的表達》（*Transpacific Articulations*）

「從來沒有一個像我們這樣的世代，」賴慧娜說：「我們一旦走了，這一切就都會跟著消失。」

二〇二二年四月，我在北美洲台灣婦女會的邀請下，發表了一場主題與在美台灣留學生的遷移與社運行動有關的講座，而為一份台美人報紙擔任記者暨長期主編的賴慧娜，在演說結束後的問答環節主動發言。[1]當時的聽眾約有一百六十人，大多是北美洲台裔婦女，年齡介於五十至八十歲間，在美國、加拿大與台灣等地透過網路參與這場講座。賴慧娜說的是老一代台美人的經驗在歷史上有多麼獨特，尤其是他們在美國大學校園以及校園周圍的政治形成中扮演的角色。賴慧娜認為自己屬於那個世代，因為她在一九七三年以圖書館學研究生的身分移居美國。[2]然而，他們的經驗形塑了在一九七〇年代與八〇年代初期出生於美國的下一代台美人，包括我自己在內。「台美人的認同奠基在一項苦難經驗上，」賴慧娜接著指出：「而我們的年輕世代大部分都從他們的父母承繼了那種經驗。」[3]

賴慧娜的話提出了一個重要的問題，深深涉及本書所帶有的迫切性以及廣泛涵義。首先的一項迫切性，是要趕在這個獨特的世代逐漸老去、凋零前，記錄下他們的經驗。受我的訪談並且涉入本書談及的那些重大事件的人士，皆出生於一九三〇年代與一九五〇年代初期間。我為本書從事的第一批訪談，是在二〇一〇年十二月下旬至二〇一一年一月初之間，地點在台北。自那時起，已有六位我的訪談對象仙逝，其中包括我的父親鄭德昌（一九四六—二〇一五），而本書第一章即以他的經驗作開場白。另兩位是在第二章受詳盡討論的洪哲勝（一九三九—二〇二〇）與林孝信（一九四四—二〇一五），兩人皆為台灣人與台美人社群的知名左派人物。如同我在本書裡一再主張的，這些左派人物的遺緒更需要受我們注意，因為它長久以來遭抹除、忽略或者否認。如同陳映真所言，我們在「找回失去的左眼」這項過程當中，才剛起步而已。

第二個問題是，包括在台灣人與台美人社群內外，此世代會對未來的世代留下什麼影響呢？歷史與政治意識如何在世代之間以及橫跨多世代的情況下傳遞？回到本書引言提出的其中一個關鍵問題，我們可以怎麼理解「對於祖先的挑選以及重新挑選」這項過程？超過三十年前，史都華．霍爾（Stuart Hall）曾經提出一個著名論點，描述文化認同為一種恆久的成為過程，而非固定且眾人共有的本質。[4]更具體來說——尤其對於僑民而言——認同總是在受創造的過程裡，並表達於和過往的一種受到調停的關係當中，也存在於個人認知的過往。另一方面，創傷與長期的地理錯位，有可能在一段時間之後造成分裂與異議，因為特定的認同與過往故事會一再受到選擇，而導致其他故事遭到排除或者失去效力。因此，對於海外僑民，尤其是他們的後代而言，他們總是能夠找尋著迪娜．喬吉斯（Dina Georgis）所謂的「更好的故事」：這樣的故事能夠為自己目前的存在提供更好或更完滿的解釋，或是以更具說服力或者更吸引人的方式，連結自己和過往。[5]

我在本書中自己找尋著「更好的故事」（更好的故事可以有許多不同可能，我找尋的只是其中之一而已），而找回並且表達了個人與集體的台美人政治觀點與主體性，並且是相對於其他許多背景因素，包括全球歷史、多個國家的政權、冷戰之下的移民條件、美國大學內外的知識形成，以及國民黨的戒嚴統治。這些因素對於本質化的「台灣人」或「美國人」認同形成了極為重要的對比，因為那些認同通常把台灣人這種認同陳述為自成一類的存在，而台美人則是典型的「優良移民」／模範少數族群。[6]這類以民族國家為中心的自由主義人格敘事，掩蓋了根本上帶有種族偏見的邏輯，這種邏輯遮掩了為美國全球霸權賦予正當性的歷史與物質結構條件以及權力階層制度。此外，這類敘事也剝奪了台美人的完整歷史主體性及複雜的人格。[7]實際上，如同本書所詳述，兩種認同皆深深植基於歷史，而在當代美國，更是受到若干力量的整體形塑，包括社運行動與監視（由美國與中華民國的國家機器所從事的監視）的基礎結構，以及台灣人還有台美人本身。

不久前，一個台美人播客節目的共同主持人安潔拉．余（Angela Yu）指出：「對於第二代僑民以及更後面的世代而言，我們對於台灣人認同的想法經常停滯在我們父母搬離台灣的那一年，除非我們積極尋求新的資訊來源。」[8]在美國，明確的台灣人國族認同，是透過台美人認同的持續表達三角定位而成。如同文化研究學者王智明所言，在一九八〇與一九九〇年代間，台美人社運行動從聚焦於支持直接革命行動轉向「公民跨國主義」，亦即對民選官員以及其他政府機構提出政治陳情，而透過美國政府發出為台灣爭取權益的呼聲。[9]王智明以深具說服力的論點主張，透過像台灣人公共事務會與台美公民協會（Taiwanese American Citizens' League）這類組織的領導層，台美人認同的形成因此緊密連結於美國政府的認可，其表現型態即像一九九四年出生地修正案這樣的立法，以及台美公民協會在二〇一〇年美國人口普查當中領導的「填寫台灣人」活動。[10]藉由這些方式，台美人「把美國民權當成一種為台／美人主張國族認同的手段，而完全略過了台灣與中國政府的主張」。於是，「台灣的未來……與台美人密不可分，因為他們的認同仰賴於台灣的法理獨立，也對台灣的法理獨立有所貢獻」。[11]

有些第二代台美人在精神上內化了這種連結，例如王羨茹在一九九九年台美大學生跨校際協會（Intercollegiate Taiwanese American Students Association）的大會上發表的〈第二代行動號召〉（Second-Generation Call to Action）演說，即為典型案例。她在該演說裡主張：「『在個人與社群層次上把我們自己認同為台灣人或者台美人』，以及『成為良好的美國公民』，是台美人能夠為台灣獨立運動做出貢獻的兩種方式，因為『（我們）在台灣促成改變的能力，只能藉由（我們）在這個國家的政治扎根而加以強化』。」因此，無可否認的是，「跨國政治歷史形塑了亞裔美國人的意識與認同」。[12]然而，王智明也同時指出台美人認同的「矛盾」感受，而且這麼一種認同雖然「在歷史上與台灣還有美國密不可分」，卻也尋求「表達某種新東西」。[13]

值得注意的是，自一九九〇年代以來，出生於戒嚴結束後的一個世代已經長大成人，而且在他們的成長過程中，台灣與美國之間的媒體、人員、語言以及觀念流動已更加自由。相對於美國僑民政治觀點看似「停滯」的性質，在解嚴後的台灣，長久以來受到國民黨壓抑的社會運動則是大幅興起，包括勞工權利運動、環保運動、女權與LGBTQ權利運動，以及原住民族主權運動。[14]一九九〇年野百合學運當中的學生運動人士，為促成民主選舉鋪了最後一哩路。在二〇一四年的太陽花學運，年輕人又再度帶頭倡議民主與自決，有數百名學生運動人士為了抗議一項即將施行的對中自由貿易協議，占據立法院達二十三天，吸引了全台超過半數人口的支持。社會運動學者何明修觀察到，太陽花學運「引發了一波青年社運行動，至今仍然持續重塑著台灣的政治」，包括許多社運團體因此成立，倡議「直接民主、社會正義與台灣認同」；另外也出現了新政黨，不但成功挑戰民進黨與國民黨的兩黨宰制，也把台灣的選舉政治向左推。[15]

跨太平洋的台灣人與台美人不但涉入太陽花學運，也受太陽花學運政治化。那場學運結束後，一群「身在台灣與美國的學生與社運人士」創立了《破土》（*New Bloom*）這份雙語線上雜誌，希望成為「呈現關於台灣及亞太基進觀點」的管道。由於「台灣的社會運動史上有許多重要的運動都是以植物命名……」，因此他們從中獲得啟發，希望「藉由我們的努力，能讓更多新的社會運動破土而生」。為了達成此一目標，他們企圖「透過對一切涉及全球資本主義、美國及中國帝國主義、國家主權、人權和社會不平等的社會議題及社會運動……進行政治分析，從亞太地區建立左翼新思潮的空間」。[16]《破土》的創刊編輯皆為公開的酷兒人士，並且出身自外省人與本省人通婚的家庭。《破土》成了一類刊物當中的新骨幹，也就是由年輕左翼知識分子與組織者領導的「亞洲無疆」（transnationally Asian）國際主義政治刊物，其中包括《新敘事》（*New Naratif*，聚焦於東南亞）與《流傘》（*Lausan*，聚焦於香港）。[17]

自二〇一四年以來，《破土》確實忠於他們聲稱的目標，刊登了數百篇鞭辟入裡——且經常引人捧腹大笑——的文章與觀點專文，聚焦於激進政治、社會運動，以及深深植根於台灣與台灣以外地區的議題。二〇一七年，在台灣總統蔡英文致電恭賀川普當選美國總統（而且川普也接聽了那通電話）之後，丘琦欣與劉文這兩名《破土》的創刊編輯，偕同台美人學者暨佛教和平運動人士福妮・徐（Funie Hsu）合寫了〈台灣獨立集體聲明：建立全球團結以及拒絕美國軍事帝國〉（Collective Statement on Taiwanese Independence: Building Global Solidarity and Rejecting U.S. Military Empire）。福妮・徐、丘琦欣與劉文批評台美雙方對於那通電話的「主流反應」：「一種令人不安的台灣國族熱情，對於美國在川普治下支持台灣獨立的可能性歡慶不已」；至於美國這方，則是「所謂的民主美國人」對於承認台灣主權可能帶來的政治後果所懷有的憂懼。[18]

這三名作者呼籲台獨運動「與遭到美國帝國邊緣化的群體，以及其他追求去殖民的全球運動，一起團結建立自由」，其中包括台灣的原住民權利運動，以及美國的原住民族主權、黑人自由運動。[19]該聲明獲另外四十人連署，包括社運人士、學者、作家，以及六個組織，包含《破土》、日食崛起（Eclipse Rising；一個位於美國的在日韓國人團體）、諾杜多韓國人社區發展組織（Nodutdol for Korean Community Development；一個位於紐約市的韓國僑民組織），還有伊拉克退伍軍人反戰組織（Iraq Veterans against the War）。連署者的多樣性，為這份聲明呼籲的團結提供了前景看好的起點。[20]此聲明定位台灣於一種政治立場，並非嵌入自由主義美國遷占殖民國家所提供的有限主體性，並表達了一種經過更新的主體性，奠基在反殖民與國際主義的政治理念上。[21]

起初，這份聲明雖發表在那個以大眾為對象的平台上，後來卻跨入了學術論述，而在那年稍晚受美國研究的旗艦刊物《美國季刊》（*American Quarterly*）發行的一本特刊刊登，且為卷首文章。[22]《破土》團體雖然也許「在目前的宣示效果大於實質效果」，但其發展曲線、剛開始建立的結盟關係，以及跨入美國研究論述的做法，代表了我們可望開啟一個更寬廣的政治與知識未來，可讓台灣、台灣人以及台美人在其中成為積極參與者——一種新生的情感結構。[23]族裔研究以及針對台灣和身在美國的台美人所從事的批判學術研究與公共論述，雖然相對貧乏，而與這些研究及論述，又與在台灣研究和批判亞洲研究當中的盛行形成強烈對比，形塑美國與族裔研究的獨特傳統（尤其是黑人激進傳統與第三世界左派）卻提供了重要的理論基礎，能夠為激進主體性的持續普遍潛力提出闡述，也就是我在本書裡所稱的情感基礎結構。[24]

不過，愈來愈多的學者與學術建構都在「銜接」亞洲研究與亞裔美國人研究這一點上，從事了極為重要的工作。[25]長期打造這些銜接橋梁，需要機構以及個人致力於轉變知識和訓練的根本學科結構。[26]然而，或者也許該說是在此同時，文學學者安德魯．梁（Andrew

Leong）卻批評「銜接橋梁」這個隱喻本身，並且提出「繁星與沙洲」這項組織性隱喻。安德魯·梁把繁星與沙洲設想為「兩種相互交織的模型或方法：匯集與積聚」，其中的繁星「受到想像為地球這顆天體上的帝國間匯集以及分歧」，而沙洲則是「跨越學科與地緣政治分界的聯盟建構與暫時積聚的圖像」。[27]這項隱喻與本書的部分目標並行不悖，但繁星除了是「帝國間匯集」之外，我還會加上留學生的夢想與抱負——至於沙洲，我則是會加上這種案例：混亂的全球政治不但把台灣留學生捲入其中，也具體實現於他們的身體經驗中。

因此，如同一切的認同，身為台美人並非是對內在性質的中性描述，而是由特定的歷史情境形成。二〇二二年五月，二十幾歲的台美人鍾尚潔為發生在加州拉古納·伍茲（Laguna Woods）一間台美人教堂的一場大規模槍擊事件寫了一篇專欄文章，刊登於《今日美國》（*USA Today*）。她寫道：

> 這種集體心碎不但屬於私人，也帶有政治性；不但源自歷史，也仍在持續當中。只有我阿媽在我眼前以拳頭捶胸並且痛苦號哭的那種方式，才能夠傳達這樣的傷痛。台美人的故事經常被掩蓋在一座經過精心計算的迷宮裡，由地緣政治的模糊性以及台灣人與中國人這兩種認同的暴力合併所構成。
>
> 我們的長輩對於形塑了他們人生的傷痛，在數十年來都被迫只能保持沉默，而且必須抗

拒語言上的抹除，然後遷移到一片新土地，把他們堅韌的希望傳給了他們的子孫。我們身上就帶著他們打造出來的希望、觀點、痛苦、抵抗以及故事。

我們拒絕被抹除。[28]

如同賴慧娜，鍾尚潔也表達了一種多世代並且深具政治性的台美人認同形成——如她所言，由「一項苦難經驗」打造而成。

二〇二二年五月十五日，在加州拉古納·伍茲的日內瓦長老教堂（Geneva Presbyterian Church），一群爾灣台灣長老教會的會眾正舉行午餐禮拜，結果周文偉這名來自台灣的六十八歲移民，封住了大門，開槍射擊在場人員，這些人大多是年長的第一代台灣移民。所幸，有幾個人趁周文偉裝填子彈時衝上去制伏了他。[29]美國第一時間的媒體報導，指稱周文偉是中國移民，並隨即描繪這起事件為以台灣人為對象的仇恨犯罪。[30]幾個小時後，來自台灣的報導以及台北經濟文化辦事處一名代表提出的說法，則揭露了周文偉其實是外省人第二代，在台灣出生長大，與一個支持統一的團體有關聯，而且他的私人生活在過去幾個月遭遇困難。[31]後續的美國媒體報導，雖然都包含了對於台灣歷史與政治的簡要概述，但這些文字主要彰顯的是美國一般大眾對台灣的認識與理解有多麼欠缺。

案發後幾天，刊登於各式媒體當中的幾篇以第一人稱書寫的文章（包括鍾尚潔的那篇文章在內），呈現了比較細膩的觀點。台美人網站（TaiwaneseAmerican.org）創辦者，五十歲的第二代台美人蔡世杰，書寫了遭到攻擊的那些長輩所屬的該世代的歷史特定性——包括他們遭受的苦難、他們的悍然對抗，以及他們在創傷與抹除面前表現出來的堅忍：「這個堅忍的世代經歷了戒嚴時代，並且在戒嚴時代勇於發聲。……我毫不遲疑地認為，不論他們的年齡多大，在這個駭人的時刻裡，他們一定會挺身而出對抗任何對他們的生存造成危害的威脅——他們比你認為的還要堅強。」[32]另外兩篇分別由夏叔安與《洛杉磯時報》記者張心澤所寫的文章，則是藉外省人與本省人的分別，檢視了台美人認同形成的細膩問題。夏叔安探討了自己對於那些歷史的跨越如何受不同世代的歡迎，而張心澤則書寫了在家庭裡造成壓力與分裂的長久緊張關係與分歧。[33]

以上這些，還有其他的台美人公開發言，指出了台灣長老教會教堂成為攻擊目標的歷史特定性——亦即台灣長老教會在支持台獨運動人士當中所扮演的角色，源自於該教派在神學上對於追求社會正義的投入，以及對於台灣人認同與文化的培養（蔡世杰與夏叔安，以及台美人網站總編輯陳文羿）——還有這麼一個備受鍾愛的多世代移民社群聚會空間遭攻擊所帶來的特殊痛苦（蔡世杰、夏叔安、陳文羿與鍾尚潔）。[34]其中部分文章採用的第一人稱寫法，顯示了第一人稱的立場定位如何能夠成為一件有用的工具，讓人探索移民主體形成的多層次歷史——也就是艾芙莉·戈登所謂的「複雜人格」的「密度」。[35]此處談及的四篇文章有三篇的作者，都是出生於一九七〇至九〇年代的第二代台美人女性，而且其中一人懷有酷兒認同（夏叔安），這點也顯示了一項跨世代的性別變動，也就是誰能夠在廣大的公眾當中主張並且代表台灣人與台美人認同。[36]

然而，如同鍾尚潔所言，「台美人的故事」至今仍然「被掩蓋在一座經過精心計算的迷宮裡，由地緣政治的模糊性……構成」。[37]鍾尚潔與蔡世杰在拉古納．伍茲那場暴力事件之後提出的主張，都表達了一種主張與不可見性質的明確辯證（「他們比你認為的還要堅強」／「我們拒絕被抹除」）。夏叔安與張心澤的文章見證了至今仍然持續形塑台美人社群結構的內在歷史敵意所帶有的焦慮不安與變動性，而那些形塑方式在社群裡所受到的認知或探討都相當不平均，更遑論受到廣大公眾的認知或理解。不過，如果不直接探討這類歷史與認同形成所帶有的複雜性以及所留下的影響，台美人的個人與社群就恐怕會持續受到我們僅有局部理解的歷史情境所形塑，從而限縮了我們的能力，亦即我們雖然可能想要主張自己擁有各式各樣的祖先或歷史，卻無法從所有的這些祖先或歷史當中加以選擇，或甚至根本不知道自己擁有那麼多的選擇。

透過一個世代的冷戰留學生在認同、意識與政治形成方面的經驗，本書提供了台美人歷史的一些繁星與沙洲，作為全球政治史當中的一部分。但願，本書會是一個探討的開端。

致謝

本書的成書歷時十二年，期間獲得無數的個人、機構與組織所幫助。我絕對有必要向他們表達感謝，但也完全不可能充分感謝他們的貢獻。我的父母提供了我最大的啟發，也是我的起點。母親賴淑卿是我最認真的研究助理，有時也幫忙翻譯。她年輕時身為留學生與社運人士所懷有的勇氣以及多面向理想主義，是本書許多主要關注的核心元素。我希望我的父親鄭德昌能夠活著看到本書出版，他堅定不移的信念以及對於世界及其奧秘的獨特思考方式，是形塑本書的力量。

為了這項寫作計畫，我做了許多訪談，深深感謝所有受訪者，尤其是本書聚焦的留學生與社運世代成員。（完整的受訪者名單可見書末參考資料。）本書也許不是他們所有人預期或者想要的著作，但我希望能夠傳達他們高度的勇氣、創意、投入，以及為台灣及其人民追求一個更美好的未來所懷抱的渴望。我尤其想要感謝艾琳達、黃再添、田台仁、高成炎、John Witeck以及陳玉璽的諸多協助與引導，還有他們的耐心。

如果沒有在研究——尤其是翻譯——方面所獲得大力協助，我絕對不可能完成這項寫作計畫。在此計畫剛展開的早幾年，張冬齡與陳啟懷摘要並且翻譯了幾份關鍵出版品的內容。在我於二〇一八年秋天走訪台灣的那趟旅程，有幸與Chiahsuan Lin這位絕佳的研究助理以及翻譯同行。劉羿宏是一位才華洋溢的文學與美國研究學者，她精巧翻譯了幾份關鍵文本，也提供了富有啟發性的研究注記。Daphne Liu與Yutong Niu幹練地提供了額外的翻譯與研究。

多年來，我有幸獲得許多機會，把我的想法以及為本書從事的部分研究發表於眾多的研討會與機構，包括倫敦大學亞非學院的第二屆台灣研究世界大會（Second World Congress of Taiwan Studies）、紐約市立大學研究生中心的意識與革命研討會（Consciousness and Revolution Conference）、威爾遜中心的冷戰在台灣回顧研討會（Revisiting the Cold War on Taiwan Conference）、美國研究學會研討會（American Studies Association Conference）、亞裔美國人研究學會研討會（Association for Asian American Studies Conference）、美國外交關係史學會研討會（Society for Historians of American Foreign Relations Conference）、澳洲國立大學的莫忘戒嚴研討會（Remembering Martial Law Conference）、北美洲台灣婦女會年會、美國西部台美人夏令會（Taiwanese American Conference-West Coast）、兩場北美台灣研究學會大會（North American Taiwan Studies Association Conference）、弗雷斯諾加州州立大學，以及以訪問學者身分在新竹國立交通大學舉行的兩場講座。我在這些研討會上的主持人、主辦人、座談會與談人以及觀眾——我相當幸運，其中有些原本就是認識的同事、朋友與恩師，另外有些則後來成了我的同事、朋友與恩師——提供了我極為重要的意見回饋。一如往常，特別感謝永遠的恩師Ruth Wilson Gilmore，任何人都比不上她對我的思想與學問的形塑。感謝Sujatha Fernandes、連培德、Crystal Parikh、Keith Camacho、丘琦欣、Funie Hsu、Karen Kuo、John Cheng、Jian Neo Chen、Daniel Yo-ling Chen、Yi-Ting Chang、劉文、HLT Quan、Seema Sohi、May Fu、Jennifer Jihye Chun、Jih-Fei Cheng、Dean Saranillio、Jinah Kim、王智明、張文馨、Yukari Yoshihara、莊雅仲、Shu Weider、連瑞枝、劉紀蕙、陳瑞樺、James Lin、Chichi Peng、Hiroko Matsuda、劉羿宏、陳柏旭、Ida Yalzadeh、Matthew Shannon，以及Jenny Banh。

由於我非常仰慕王智明針對中國與台灣留學生的文學與政治所從事的開創性研究，因此我在一場研討會的飯店走廊上冒然向他攀談，他竟容許我成為他的合作夥伴與朋友，實在令我深覺幸運。王智明在過去幾年來為我提供的慷慨支持、協助，以及精闢的意見回饋，令我受益良多，並大幅改進了作品。透過他，我得以接觸許多探究台灣與美國以及這兩者關係的傑出思想家。丘琦欣、劉文、陳柏旭和劉羿宏的著作與觀點尤其深具啟發性、趣味盎然，又令人深感鼓舞。他們的學術研究，還有我在克萊蒙學院聯盟（Claremont Colleges）的「AMST130：冷戰台／美」（二〇二〇年秋季與二〇二一年秋季）這堂課裡那些才華洋溢又思慮周密的學生，都讓我對於台美人研究的未來充滿期待。蔡世杰、陳文羿、Grace

Hwang Lynch與莊騰程，協助我更多地了解我自己以及下一代的台美人；我很感激他們每一位的力量。

由遠近各地的同事與學者同行所組成的一個理想社群，協助閱讀特定章節並且提出深具洞察力的意見回饋：Aimee Soogene Bahng、Crystal Mun-hye Baik、Lily Geismer、Jinah Kim、Laurel Mei-Singh，以及吳乃德——謝謝你們。David Seitz與王智明閱讀了整本手稿，並且提供了極為重要的意見。本書也受益於Jih-Fei Cheng、Christopher Fan與Oliver Wang不時與我談話，以及給我的鼓勵。在寫作過程中，本書部分內容曾以稍微不同的形式發表於*Journal of Asian American Studies*、*Amerasia Journal*、*American Quarterly*，以及《破土》。感謝Anita Mannur以及兩位匿名評論者；Diane Fujino與Robyn Rodriguez；Mari Yoshihara以及*American Quarterly*的編輯委員會；還有丘琦欣、劉文以及《破土》其他編輯提供的支持以及富有洞見的編輯意見回饋。卓玉芳對於本書其中一章的一份非常早期的草稿貢獻了必要的意見回饋，也感謝荊子馨與Judy Tzu-chun Wu對於王智明和我在*American Quarterly*當中共同編輯的論壇所提出的精闢回應文章；荊子馨與Judy的作品都為我自己的著作開闢了新的智識道路。我尤其感謝Judy建議我查閱國會圖書館的竹本松文件。這些早期的發表，讓我得以有機會和其他學者交流，而他們的作品也進一步充實了我的書寫，其中包括何明修與張妙。Viet Thanh Nguyen應當受到特別提及，因為在我修習南加大的美國研究博士研究生學程之時，他為我示範了一個人如何能夠一方面熱愛亞裔美國人研究，同時又質疑其正統理論；而這項寫作計畫的許多智識與情感種子就是播下於那項學程當中。我的恩師、合作夥伴暨好友Laura Pulido教導了我，族裔研究永遠都帶有自傳性，並且激勵我從一開始就以智識嚴謹的方式追求那樣的目標。

以下這些學系、機構與組織，在多年來為本書的研究（包括學術休假和旅行開支）、翻譯，以及其他相關支出提供了資助：亞利桑那州立大學的School of Social Transformation、Scripps College、克萊蒙學院聯盟的Intercollegiate Department of Asian American Studies、國立交通大學，以及位於聖地牙哥的台美基金會。非常感謝Mary Margaret Fonow、Karen Leong，以及我在亞利桑那州立大學亞太美國人研究當中的前同事，對於這項寫作計畫以及我個人所提供的早期支持；也非常感謝Scripps College系主任Amy Marcus-Newhall在克萊蒙持續不斷的支持。我在克萊蒙學院聯盟的Intercollegiate American Studies Program與Intercollegiate Department of Asian American Studies當中那些美妙的同事與學生，都一再為我的寫作與教學注入生命與活力。

有幾位非凡的檔案管理員與圖書館員，對找尋以及獲取必要的檔案材料提供了極為珍貴的協助。特別感謝夏威夷大學檔案的Sherman Seki、麥迪遜威斯康辛大學檔案與華盛頓大學特藏的傑出團隊、陳文成紀念基金會的張龍僑，以及吳三連台灣史料基金會的陳朝海與沈亮。國立清華大學的李雅雯充滿耐心而且一絲不苟的遠端協助，助我從該校的釣運文獻裡取得了若干影像。在美國本地，克萊蒙學院聯盟圖書館的Xiuying Zou提供了熱情支援，引導我取得絕佳的資源，也就是匹茲堡大學圖書館系統的海外中國學生出版品。二〇一八年秋季造訪台灣國家檔案局令我特別難忘，因為當時剛好遇到地震，整幢建築為之搖動；所幸沒有人受傷（局內的檔案管理員都相當淡定）。

華盛頓大學出版社是這項寫作計畫極為理想的家（英文版）。編輯Mike Baccam在等待我完成這本書的許多年裡，總是充滿耐心、有求必應，而且親切不已。Mike，謝謝你的定期聯繫與會面、迅速的回覆、以作家觀點提供的意見回饋，還有你的遠見以及對於這項寫作計畫的堅定支持。我也感謝那兩位匿名評論者針對手稿提出的精闢建議。

我極度幸運，能夠有朋友以及後天選擇的家人，不但滋養我的心，也引我歡笑以及思考。尤其在過去這一年裡，我在TK Drama Club裡的夥伴——Aimee Soogene Bahng、Crystal Munhye Baik與Jinah Kim——都為我提供了深厚的情感與智識支持。Laura Sachiko Fugikawa多年來一再聆聽我談論這項寫作計畫，而且總是充滿支持與熱情——不管招待她們吃多少的餅乾和Bay Cities卡布里沙拉三明治都不為過。結交Latipa與Việt Lê這兩位身兼藝術家、學者與作家的好友，是我只有做夢才敢想像的事情。

此外，如果沒有在育兒方面獲得大量幫助，完成本書必然會困難得多，甚至根本不可能。我深深感謝媽媽以及Rocio Montañez、Emy Gregor、Moleka Oei與Vivian Nuno在過去六年來對於Niko的關愛、照顧。特別感謝Geoff與Kikanza Ramsey-Ray以及Village Playgarden的老師與人員，在新冠疫情爆發七個月後以森林學校的形式重新打開學校大門，並且讓Niko在那段時間能夠體驗童年與社群的魔力。

對於我的家人：我要向我的哥哥Eric以及姪子Mako與Kai說：這也是你們的歷史。感謝我的大嫂Pam總是關心詢問本書的寫作進度，也感謝我的好姐妹Ann成為我們在當地的家人。從我開始寫作本書的前夕，Juan De Lara就陪伴著我。我們在過去十三年來相守相依，陸續居住於紐約、鳳凰城、洛杉磯，以及現在的帕薩迪納。本書的許多重要觀念深受他影響，且他也極大地包容了我將大量精力與時間花在寫書上。謝謝你持續和我一同成長，也謝謝你那顆大腦袋以及不正經的幽默感。在我寫作的過程中成長為青年與少年的Ixchel與Emiliano，總是不斷充實、擴展我的世界。但願你們兩人都能夠生活在「一個容納許多不同世界的世界」裡。Niko在將近七年前誕生，圓滿了我們的家。他目前雖然不了解本書探討的內容，但這仍是他的部分傳承。我希望他有一天會發現，自己擁有他祖先的勇氣、創意與意志。

引言、第一章與第二章的部分內容，曾以“‘This Contradictory but Fantastic Thing’:

Student Networks and Political Activism in Cold War Taiwanese/America"為題發表於*Journal of Asian American Studies* 20, no. 2 (2017): 161–91。第二章的部分內容曾以"The Taiwan Revolutionary Party and Sinophone Political Praxis, 1970–1986"為題，發表於*Amerasia Journal* 45, no. 2 (2019): 173–87。第四章的部分內容曾以"Refuting the Silences of Taiwanese/American History: The Case of Chen Yu-hsi"為題，發表於*American Quarterly* 73, no. 2 (2021): 343–48。第五章的部分內容曾以"The Bold and Unruly Legacy of Chen Wen-Chen"為題，發表於《破土》雜誌，二〇二一年七月二日，https://newbloommag.net/2021/07/02/chen-wen-chen-legacy/。

New York: Oxford University Press, 1995.

Wu, Naiteh. "Transition without Justice, or Justice without History: Transitional Justice in Taiwan." *Taiwan Journal of Democracy* 1, no. 1 (2005): 77–102.

Wu, Rwei-ren. "On the Black Tide: A Historical and Politico-Economic Analysis of Taiwanese Nationalism and the Sunflower Movement." In *Reimagining Nation and Nationalism in Multicultural East Asia*, edited by Sung-moon Kim and Hsin-wen Lee, 161–77. New York: Routledge, 2017.

Yalzadeh, Ida. "Solidarities and Solitude: Tracing the Racial Boundaries of the Iranian Diaspora." PhD diss., Brown University, 2020.

Yang, Carole. *Our Stories: Life Stories of Sixteen Taiwanese American Couples*. North American Taiwanese Women's Association, 2004.

Yang, Dominic Meng-Hsuan. *The Great Exodus from China: Trauma, Memory, and Identity in Modern Taiwan*. Cambridge, UK: Cambridge University Press, 2020.

Yapp, Hentyle. *Minor China: Method, Materialisms, and the Aesthetic* Durham, NC: Duke University Press, 2021.

Yoshihara, Yukari. "Postwar American Studies in Asia and Its Prehistory: George Kerr and Taiwan as an American Frontier." *American Quarterly* 73, no. 2 (2021): 349–54. https://doi.org/10.1353/aq.2021.0032.

Yu, Junwei. *Playing in Isolation: A History of Baseball in Taiwan*. Lincoln: University of Nebraska Press, 2007.

and Hong Kong as a Liminal Island Chain." *Geopolitics* (2021): 1–25. https://doi.org/10.1080/14650045.2021.1884547.

Wang, Chih-ming, and Yu-Fang Cho. "Introduction: The Chinese Factor and American Studies, Here and Now." *American Quarterly* 69, no. 3 (2017): 443–63. https://doi.org/10.1353/aq.2017.0038.

Wang, Horng-luen. "Nation, State, and Cross-Strait Relations: Perspectives from Taiwan." *Macalester International* 18, no. 1 (2007): 45–75.

Wang, Ling-chi. "The Structure of Dual Domination: Toward a Paradigm for the Study of the Chinese Diaspora in the United States." *Amerasia Journal* 33, no.1 (2007):143–66. https://doi.org/10.17953/amer.33.1.j60842870m466671.

Wang, Mei-ling T. *The Dust That Never Settles: The Taiwan Independence Campaign and U.S.-China Relations*. Lanham, MD: University Press of America, 1999.

Wang, Yi Chu. Review of *The Politics of Formosan Nationalism*, by Douglas Mendel. *Annals of the American Academy of Political and Social Science* 392, no. 1 (1970): 213–14.

Westad, Odd Arne. *The Global Cold War: Third World Interventions and the Making of Our Times*. Cambridge, UK: Cambridge University Press, 2007.

Williams, Randall. *The Divided World: Human Rights and Its Violence*. Minneapolis: University of Minnesota Press, 2010.

Williams, Raymond. *The Long Revolution*. New York: Columbia University Press, 1961.

Witeck, John. "The East-West Center, an Intercult of Colonialism." *Hawaii Pono Journal* (May, 1971): 3–40.

———. "The Rise of Ethnic Studies at the University of Hawai'i: Anti-War, Student and Early Community Struggles." *Social Process in Hawai'i* 39 (1999).

Wong, Joseph. "Democratization and the Left: Comparing East Asia and Latin America." *Comparative Political Studies* 37, no. 10 (2004): 1213–37. https://doi.org/10.1177/0010414004269824.

Wu, Ellen D. *The Color of Success: Asian Americans and the Origins of the Model Minority*. Princeton, NJ: Princeton University Press, 2014.

Wu, Jaushieh Joseph. *Taiwan's Democratization: Forces behind the New Momentum.*

York: Routledge, 2008.

Sohi, Seema. *Echoes of Mutiny: Race, Surveillance, and Indian Anticolonialism in North America.* New York: Oxford University Press, 2014.

Stainton, Michael. "The Politics of Taiwan Aboriginal Origins." In *Taiwan: A New History*, edited by Murray A. Rubinstein, 27–44. Armonk, NY: M. E. Sharpe, 2007.

Su Bing (Su Beng). *Taiwan's 400 Year History: The Origins and Continuing Development of the Taiwanese Society and People*. Washington, DC: Taiwanese Cultural Grass Roots Association, 1986.

Trask, Haunani-Kay. "Birth of the Modern Hawaiian Movement: Kalama Valley, O'ahu." Honolulu: Hawaiian Historical Society, 1987.

Trouillot, Michel-Rolph. *Silencing the Past: Power and the Production of History.* Boston: Beacon Press, 2015.

Tuck, Eve. "Suspending Damage: A Letter to Communities." *Harvard Educational Review* 79, no. 3 (2009): 409–28.

Tucker, Nancy Bernkopf. "Strategic Ambiguity or Strategic Clarity?" In *Dangerous Strait: The U.S.-Taiwan-China Crisis*, edited by Nancy Bernkopf Tucker, 186–212. New York: Columbia University Press, 2005.

United States House of Representatives. "Taiwan Agents in American and the Death of Prof. Wen-Chen Chen." Hearings before the Subcommittees on Asian and Pacific Affairs and on Human Rights and International Organizations of the Committee on Foreign Affairs. 97th Cong., 1st sess. July 30 and October 6, 1981.

Varghese, N. V. "Globalization of Higher Education and Cross-Border Student Mobility." UNESCO: IIEP Research Paper. https://www.iiep.unesco.org/en/publication/globalization-higher-education-and-cross-border-student-mobility.

Wallerstein, Immanuel. "'The Unintended Consequences of Cold War Area Studies.'" In Noam Chomsky et al., *The Cold War & the University: Toward an Intellectual History of the Postwar Years*, 195–231. New York: New Press: 1997.

Wang, Chih-ming. *Transpacific Articulations: Student Migration and the Remaking of Asian America.* Honolulu: University of Hawai'i Press, 2013.

———. "Post/Colonial Geography, Post/Cold War Complication: Okinawa, Taiwan,

Press, 2010.

Shih, Shu-mei. “Against Diaspora: The Sinophone as Places of Cultural Production.” In *Global Chinese Literature: Critical Essays*, edited by Jiung Tsu and David Der-wei Wang, 29–48. Leiden: Brill, 2010.

———. “Globalisation and the (In)Significance of Taiwan.” *Postcolonial Studies* 6, no. 2 (2003): 143–53.

———. “Racializing Area Studies, Defetishizing China.” *Positions: Asia Critique* 27, no. 1 (2019): 33–65. https://doi.org/10.1215/10679847-7251806.

______. “Theory in a Relational World.” *Comparative Literature Studies* 53, no. 4 (2016): 722–46.

Shih, Shu-mei, Mark Harrison, Kuei-fen Chiu, and Michael Berry. “Forum 2: Linking Taiwan Studies with the World.” *International Journal of Taiwan Studies* 1, no. 1 (2018): 209–27. https://doi.org/10.1163/24688800-00101012.

Shih, Shu-mei, and Ping-hui Liao, eds. *Comparatizing Taiwan*. Abingdon: Routledge, 2014.

Shih, Shu-mei, Kim Tong Tee, and Yu-cheng Lee. “Critical Issues in Sinophone Studies: A Dialogue between Shu-Mei Shih and Kim Tong Tee, Moderated by Yu-Cheng Lee.” *Concentric: Literary and Cultural Studies* 45, no. 2 (2019): 171–93. https://doi.org/10.6240/concentric.lit.201909_45(2).0007.

Shih, Shu-mei, Chien-hsin Tsai, and Brian Bernards, eds. *Sinophone Studies: A Critical Reader*. New York: Columbia University Press, 2013.

Shih, Shu-mei, and Lin-chin Tsai, eds. *Indigenous Knowledge in Taiwan and Beyond*. New York: Springer, 2021.

Shu, Weider. “Who Joined the Clandestine Political Organization? Some Preliminary Evidence From the Overseas Taiwan Independence Movement.” In Edmondson, *Memories of the Future*, 47–69.

Simon, Scott. “Ontologies of Taiwan Studies, Indigenous Studies, and Anthropology.” *International Journal of Taiwan Studies* 1, no. 1 (2018): 11–35. https://doi.org/10.1163/24688800-00101003.

———. “Writing Indigeneity in Taiwan.” In *Re-Writing Culture in Taiwan*, edited by Fang-Long Shih, Stuart Thompson, and Paul-François Tremlett, 50–68. New

Changing Society, edited by Philip Clart and Charles Brewer Jones, 204–56. Honolulu: University of Hawai‘i Press, 2003.

Saranillio, Dean Itsuji. *Unsustainable Empire: Alternative Histories of Hawai‘i Statehood*. Durham, NC: Duke University Press, 2018.

Sargent, Daniel J. *A Superpower Transformed: The Remaking of American Foreign Relations in the 1970s*. Oxford: Oxford University Press, 2015.

Sautman, Barry, and Yan Hairong. “Do Supporters of Nobel Winner Liu Xiaobo Really Know What He Stands For?” *Guardian*, December 15, 2010. https://www.theguardian.com/commentisfree/2010/dec/15/nobel-winner-liu-xiaobo-chinese-dissident.

Sayad, Abdelmalek. *The Suffering of the Immigrant*. Cambridge, UK: Polity, 2004.

Schaller, Michael. “Ronald Reagan and the Puzzles of ‘So-Called Communist China’ and Vietnam.” In *Reagan and the World: Leadership and National Security, 1981–1989*, edited by Bradley Lynn Coleman and Kyle Longley, 191–209. Lexington: University Press of Kentucky, 2017.

Schmitz, David F. *The United States and Right-Wing Dictatorships, 1965–1989*. Cambridge, MA: Cambridge University Press, 2006.

Schmitz, David F., and Vanessa Walker. “Jimmy Carter and the Foreign Policy of Human Rights: The Development of a Post-Cold War Foreign Policy.” *Diplomatic History* 28, no. 1 (2004): 113–43.

Senate Select Committee on Intelligence. “Activities of ‘Friendly’ Foreign Intelligence Services in the United States.” United States Senate, 1978. https://www.intelligence.senate.gov/sites/default/files/publications/95friendly.pdf.

Shannon, Matthew K. *Losing Hearts and Minds: American-Iranian Relations and International Education during the Cold War*. Ithaca, NY: Cornell University Press, 2017.

Sheridan, Derek. “Diplomats, Activists, and the Hauntology of American Empire in Martial Law Taiwan.” *International Journal of Taiwan Studies* 5, no. 1 (2021): 87–111.

Shigematsu, Setsu, and Keith L. Camacho, eds. *Militarized Currents: Toward a Decolonized Future in Asia and the Pacific*. Minneapolis: University of Minnesota

University Press, 1989.

Mendel, Douglas Heusted. *The Politics of Formosan Nationalism*. Berkeley: University of California Press, 1970.

Minns, John, and Robert Tierney. "The Labour Movement in Taiwan." *Labour History*, no. 85 (2003): 103–28. https://doi.org/10.2307/27515930.

Moradian, Manijeh. *This Flame Within: Iranian Revolutionaries in the United States*. Durham, NC: Duke University Press, 2022.

Moyn, Samuel. *The Last Utopia: Human Rights in History*. Cambridge, MA: Belknap Press, 2012.

Ngo, Jeffrey C. H. "The Island the Left Neglected." *Dissent Magazine* (blog), Fall 2018. https://www.dissentmagazine.org/article/island-left-neglected-taiwan-dp-pp-tsai.

Nguyen, Mimi Thi. *The Gift of Freedom: War, Debt, and Other Refugee Passages*. Durham, NC: Duke University Press, 2012.

Nguyen, Tram Quang. "Caring for the Soul of Our Community: Vietnamese Youth Activism in the 1960s and Today." In *Asian Americans: The Movement and the Moment*, edited by Steve Louie and Glenn Omatsu, 284–304. Los Angeles: UCLA Asian American Studies Center Press, 2014.

Nguyen, Viet Thanh. *Race and Resistance: Literature and Politics in Asian America*. New York: Oxford University Press, 2002.

Ong, Aihwa. *Flexible Citizenship: The Cultural Logics of Transnationality*. Durham, NC: Duke University Press, 1999.

Parikh, Crystal. *An Ethics of Betrayal: The Politics of Otherness in Emergent U.S. Literatures and Culture*. New York: Fordham University Press, 2009.

———. *Writing Human Rights: The Political Imaginaries of Writers of Color*. Minneapolis: University of Minnesota Press, 2017.

Peng, Mingmin. *A Taste of Freedom; Memoirs of a Formosan Independence Leader*. New York: Holt, Rinehart and Winston, 1972.

Rubinstein, Murray A. "Christianity and Democratization in Modern Taiwan: The Presbyterian Church and the Struggle for Minnan/Hakka Selfhood in the Republic of China." In *Religion in Modern Taiwan: Tradition and Innovation in a* fornia." *Ethnic and Racial Studies* 31, no. 8 (2008): 1381–1403. https://doi.org/10.1080/01419870701682253.

Lin, Hsiao-ting. *Accidental State: Chiang Kai-Shek, the United States, and the Making of Taiwan*. Cambridge, MA: Harvard University Press, 2016.

Lin, Peter C. "Invisible Hands." Edited by Meiling Lin. Unpublished essay shared via email by Meiling Lin.

Liu, Daren. "Puqing Xiyuan—Fengchen Xiang Jiang Zhi Er普慶戲院——風塵香江之二" [Puqing Theater—Hong Kong in wind and dust, part 2]. In *Wo de Zhong Guo* [My China], 21–28. Taipei: Huang guan, 2000.

Loa, Iok-sin, and Stacey Hsu. "Hundreds March in Support of Islands." *Taipei Times*, September 24, 2012. https://www.taipeitimes.com/News/front/archives/2012/09/24/2003543517.

Louie, Steve, and Glenn Omatsu, eds. *Asian Americans: The Movement and the Moment*. Los Angeles: UCLA Asian American Studies Center Press, 2014.

Lowe, Lisa. "History Hesitant." *Social Text* 33, no. 4 (2015): 85–107. https://doi.org/10.1215/01642472-3315790.

———. *The Intimacies of Four Continents*. Durham, NC: Duke University Press, 2015.

Lu, Hsiu-lien, and Ashley Esarey. *My Fight for a New Taiwan: One Woman's Journey from Prison to Power*. Seattle: University of Washington Press, 2014.

Madjar, Kayleigh. "Memorial to Chen Wen-Chen Dedicated." *Taipei Times*, February 3, 2021. https://www.taipeitimes.com/News/front/archives/2021/02/03/2003751667.

Man, Simeon. "Aloha, Vietnam: Race and Empire in Hawai'i's Vietnam War." *American Quarterly* 67, no. 4 (2015): 1085–1108. https://doi.org/10.1353/aq.2015.0062.

McGregor, Davianna Pōmaika'i, and Ibrahim Aoudé. "'Our History, Our Way!': Ethnic Studies for Hawai'i's People." In Goodyear-Kaopua, Hussey, and Wright, *A Nation Rising*, 66–77.

Melucci, Alberto, John Keane, and Paul Mier. *Nomads of the Present: Social Movements and Individual Needs in Contemporary Society*. Philadelphia: Temple the Settler State: The Taiwan Experience." In *Taiwan's Contemporary Indigenous Peoples*, edited by Chia-yuan Huang, Daniel Davies, and Dafydd Fell, 184–205. Ne York: Routledge, 2021.

Kwong, Peter. *The New Chinatown*. Rev. ed. New York: Hill and Wang, 1996.

Lai, H. Mark. *Chinese American Transnational Politics*. Urbana: University of Illinois Press, 2010.

Lanza, Fabio. *The End of Concern: Maoist China, Activism, and Asian Studies*. Durham, NC: Duke University Press, 2017.

Lee, Chen Hsiang, Lynn Miles, Darryl Cameron Sterk, and Chunyi Zheng. 人權之路：台灣民主人權回顧 [The road to freedom: Taiwan's postwar human rights movement]. Taipei: Taiwan Foundation for Democracy, 2002.

Lee, Chengpang. "Overcoming the Latecomer Dilemma: The Unintended Effect of Successful Strategies in the Community University Movement in Taiwan." *Social Movement Studies* 16, no. 6 (2017): 672–85. https://doi.org/10.1080/14742837.2017.1319267.

Lee, Wen Ho, and Helen Zia. *My Country versus Me: The First-Hand Account by the Los Alamos Scientist Who Was Falsely Accused of Being a Spy*. New York: Hyperion, 2001.

Leong, Andrew Way. "Bridging Work and Global Asias: Stars and Sandbars." *Journal of Asian Studies* 80, no. 4 (2020): 1011–21.

Lewontin, R. C. "The Cold War and the Transformation of the Academy." In Noam Chomsky et al., *The Cold War & the University: Toward an Intellectual History of the Postwar Years*, 1–34. New York: New Press : 1997.

Li, Promise, Au Loong-yu, Mok Chiu-yu, and Law Wing-sang. "50 Years after Baodiao: How Hong Kong Struggled against All Nationalisms." *Lausan* (blog), November 11, 2021. https://lausancollective.com/2021/50-years-after-baodiao-struggle-against-nationalisms/.

Lien, Pei-te. "Chinese American Attitudes toward Homeland Government and Politics: A Comparison among Immigrants from China, Taiwan, and Hong Kong." *Journal of Asian American Studies* 14, no. 1 (2011): 1–31.

———. "Homeland Origins and Political Identities among Chinese in Southern Cali-

sia, 1947–2009. Oakland, CA: PM Press, 2013.

Kawata, Yasuyo. *Prisoner of Conscience: Chen Yu-Hsi*. Honolulu: 21st Century Books, 1975.

Kent, Noel J. *Hawaii: Islands under the Influence*. Honolulu: University of Hawai'i Press, 1993.

Kerr, George H. *Formosa Betrayed*. Boston: Houghton Mifflin, 1965.

Kim, E. Tammy. "Transnationally Asian." *Columbia Journalism Review*, July 21, 2020. https://www.cjr.org/special_report/transnationally_asian.php/.

Kim, Jinah. "The Insurgency of Mourning: Sewol across the Transpacific." *Amerasia Journal* 46, no. 1 (2020): 84–100.

———. *Postcolonial Grief: The Afterlives of the Pacific Wars in the Americas*. Durham, NC: Duke University Press, 2019.

Kim, Jodi. *Ends of Empire: Asian American Critique and the Cold War*. Minneapolis: University of Minnesota Press, 2010.

Kim, Monica. *The Interrogation Rooms of the Korean War: The Untold History*. Princeton, NJ: Princeton University Press, 2019.

Kim, Richard S. *The Quest for Statehood: Korean Immigrant Nationalism and U.S. Sovereignty, 1905–1945*. Oxford: Oxford University Press, 2011.

Kirkpatrick, Jeane J. "Dictatorships & Double Standards." *Commentary Magazine*, November 1979. https://www.commentary.org/articles/jeane-kirkpatrick/dictatorships-double-standards/.

Klein, Christina. *Cold War Orientalism: Asia in the Middlebrow Imagination, 1945–1961*. Berkeley: University of California Press, 2003.

Koda, Naoko. "The US Cold War and the Japanese Student Movement, 1947–1973." In *The Routledge Handbook of the Global Sixties*, edited by Chen Jian, Martin Klimke,

Masha Kirasirova, Mary Nolan, Marilyn Young, and Joanna Waley-Cohen, 399–411. New York: Routledge, 2018.

Krattiger, Andrea S. "Hawai'i's Cold War: American Empire and the 50th State." PhD diss., University of Hawai'i at Manoa, 2013.

Kuan, Da-wei (Daya Dakasi). "Indigenous Traditional Territory and Decolonisation of

Hong, Christine. "Reframing North Korean Human Rights: Introduction." *Critical Asian Studies* 45, no. 4 (2013): 511–32.

Horne, Gerald. *Fighting in Paradise: Labor Unions, Racism, and Communists in the Making of Modern Hawai'i*. Honolulu: University of Hawai'i Press, 2011.

Hoskins, Janet, and Viet Thanh Nguyen, eds. *Transpacific Studies: Framing an Emerging Field*. Honolulu: University of Hawai'i Press, 2014.

Hsiao, Hsin-Huang Michael, and Dafydd Fell. "Introduction: The State of the Field of Taiwan Studies." *International Journal of Taiwan Studies* 1, no. 1 (2018): 5–10.

Hsiau, A-chin. *Politics and Cultural Nativism in 1970s Taiwan: Youth, Narrative, Nationalism*. New York: Columbia University Press, 2021.

Hsu, Funie, Brian Hioe, and Wen Liu. "Collective Statement on Taiwan Independence: Building Global Solidarity and Rejecting US Military Empire." *American Quarterly* 69, no. 3 (2017): 465–68. https://doi.org/10.1353/aq.2017.0039.

Hsu, Madeline Yuan-yin. *The Good Immigrants: How the Yellow Peril Became the Model Minority*. Princeton, NJ: Princeton University Press, 2015.

Hu, Kuo-tai. "The Struggle between the Kuomintang and the Chinese Communist Party on Campus during the War of Resistance, 1937–45." *China Quarterly* 118 (June, 1989): 300–323. https://doi.org/10.1017/S0305741000017823.

Huang, Chia-Yuan, Daniel Davies, and Dafydd Fell, eds. *Taiwan's Contemporary Indigenous Peoples*. New York: Routledge , 2021.

Hui, Samuel. "Up to 5,000 Attend Diaoyutai Rally in Taipei." *WantChinaTimes*, September 24, 2012.

Jiang, Xueqin. "An 'Accidental Dissident' Tries to Reform Taiwanese Education." *Chronicle of Higher Education*, March 22, 2002. https://www.chronicle.com/article/an-accidental-dissident-tries-to-reform-taiwanese-education/.

Jung, Moon-Ho. *Menace to Empire: Anticolonial Solidarities and the Transpacific Origins of the US Security State*. Berkeley: University of California Press, 2022.

Kaplan, Amy. "Where Is Guantanamo?" *American Quarterly* 57, no. 3 (2005): 831–58.

Katsiaficas, George N. *Asia's Unknown Uprisings*. Vol. 2, *People Power in the Philippines, Burma, Tibet, China, Taiwan, Bangladesh, Nepal, Thailand, and Indone-*

apolis: University of Minnesota Press, 1997.

Gordon, Leonard H. D. "The Politics of Formosan Nationalism by Douglas Mendel." *American Historical Review* 75, no 7 (1970): 2116–17.

Grogan, Cody A. "Jimmy Carter's Human Rights Diplomacy and the Democratization of Taiwan." Undergraduate honors thesis, College of William and Mary, 2017.

Hall, Stuart. "Cultural Identity and Diaspora." In *Identity: Community, Culture, Difference*, edited by Jonathan Rutherford, 222–37. London: Lawrence & Wishart, 1990.

Harris, Cheryl. "Whiteness as Property." *Harvard Law Review* 106, no. 8 (1983): 1707–91.

Hau'ofa, Epeli. "Our Sea of Islands." *Contemporary Pacific* 6, no.1 (1964): 148–61.

Hioe, Brian, Funie Hsu, and Wen Liu. "Collective Statement on Taiwanese Independence: Building Global Solidarity and Rejecting U.S. Military Empire." *Medium* (blog). February 21, 2017. https://medium.com/@brianhioe/collective-statement-on-taiwanese-independence-building-global-solidarity-and-rejecting-u-s-d34f3df219a3.

Ho, Ching-jung. "The Development of the Community University Movement in Taiwan: A Critical Review." *International Journal of Lifelong Education* 23, no. 5 (2004): 487–500. https://doi.org/10.1080/026037042000293443.

Ho, Ming-sho. "The Activist Legacy of Taiwan's Sunflower Movement." Carnegie Endowment for International Peace, August 2, 2008. https://carnegieendowment.org/2018/08/02/activist-legacy-of-taiwan-s-sunflower-movement-pub-76966.

———. *Challenging Beijing's Mandate of Heaven: Taiwan's Sunflower Movement and Hong Kong's Umbrella Movement*. Philadelphia: Temple University Press, 2019.

———. *Working-Class Formation in Taiwan: Fractured Solidarity in State-Owned Enterprises, 1945–2012*. New York: Palgrave Macmillan, 2014.

Ho, Ming-Sho, and Chun-Hao Huang. "Movement Parties in Taiwan, 1987–2016: A Political Opportunity Explanation." *Asian Survey* 57, no. 2 (2017): 343–67.

Holmes, T. Michael. *The Specter of Communism in Hawaii*. Honolulu: University of Hawai'i Press, 1994.

Forsythe, Michael. "Facing Its Past, Taiwan Puts Reminders of 1947 Slaughter on Public Display." *New York Times*, July 15, 2015.

Frazier, Robeson Taj. *The East Is Black: Cold War China in the Black Radical Imagination*. Durham, NC: Duke University Press, 2014.

Fu, May. "Beyond Vietnam: Vietnamese Antiwar Organizing and Solidarity in the US." Paper Presented at the American Studies Association conference, Toronto, ON, Canada, October 8–11, 2015.

Fujikane, Candace, and Jonathan Y. Okamura, eds. *Asian Settler Colonialism: From Local Governance to the Habits of Everyday Life in Hawai'i*. Honolulu: University of Hawai'i Press, 2008.

Fujitani, Takashi. *Race for Empire: Koreans as Japanese and Japanese as Americans during World War II*. Berkeley: University of California Press, 2011.

Gandhi, Evyn Lê Espiritu. *Archipelago of Resettlement: Vietnamese Refugee Settlers and Decolonization across Guam and Israel-Palestine*. Berkeley: University of California Press, 2022.

Georgis, Dina. *The Better Story: Queer Affects from the Middle East*. Albany: State University of New York Press, 2013.

Gilmore, Ruth Wilson. *Abolition Geography: Essays towards Liberation*. New York: Verso, 2022.

———. "Scholar-Activists in the Mix." *Progress in Human Geography* 29, no. 2 (2005): 177–82.

Glennon, Michael J. "Liaison and the Law: Foreign Intelligence Agencies' Activities in the United States." *Harvard International Law Journal* 25, no. 1 (1984): 1–42.

Glissant, Edouard. *Poetics of Relation*. Ann Arbor: University of Michigan Press, 1997.

Gold, Thomas B. *State and Society in the Taiwan Miracle*. Armonk, NY: Routledge, 1986.

Goodyear-Kaopua, Noelani, Ikaika Hussey, and Erin Kahunawaika'ala Wright. *A Nation Rising: Hawaiian Movements for Life, Land, and Sovereignty*. Durham, NC: Duke University Press, 2014.

Gordon, Avery. *Ghostly Matters: Haunting and the Sociological Imagination*. Minne-

Cumings, Bruce. *Parallax Visions: Making Sense of American–East Asian Relations at the End of the Century*. Durham, NC: Duke University Press, 1999.

Dang, Winston T. *Taiwangate: Blacklist Policy and Human Rights*. Washington, DC: Center for Taiwan International Relations, 1991.

Dashorst, Bart. "Baodiao and the History of Postwar Taiwanese Leftist Thought." *New Bloom Magazine*, August 26, 2020. https://newbloommag.net/2020/08/26/baodiao-postwar-tw-leftist-thought.

Dirlik, Arif. "Taiwan: The Land Colonialisms Made." *Boundary 2* 45, no. 3 (2018): 1–25. https://doi.org/10.1215/01903659-6915545.

East-West Center. "The First Twenty-Five Years." Honolulu: East-West Center, 1985.

Eckel, Jan. "The Rebirth of Politics from the Spirit of Morality: Explaining the Human Rights Revolution of the 1970s." In *The Breakthrough: Human Rights in the 1970s*, edited by Jan Eckel and Samuel Moyn, 226–60. Philadelphia: University of Pennsylvania Press, 2013.

Eckel, Jan, and Samuel Moyn, eds. *The Breakthrough: Human Rights in the 1970s*. Philadelphia: University of Pennsylvania Press, 2015.

Edmondson, Robert. "The February 28 Incident and National Identity." In *Memories of the Future: National Identity Issues and the Search for a New Taiwan*, edited by Stephane Corcuff, 25–46. Armonk, NY: M. E. Sharpe, 2002.

———. "Negotiations of Taiwan's Identity among Generations of Liuxuesheng (Overseas Students) and Taiwanese Americans." PhD diss., Michigan State University, 2009. Accessed via ProQuest.

Espiritu, Augusto F. *Five Faces of Exile: The Nation and Filipino American Intellectuals*. Stanford, CA: Stanford University Press, 2005.

———. "Journeys of Discovery and Difference: Transnational Politics and the Union of Democratic Filipinos." In *The Transnational Politics of Asian Americans*, edited by Christian Collet and Pei-te Lien, 38–55. Philadelphia: Temple University Press, 2009.

Fanon, Frantz. *The Wretched of the Earth*. New York: Grove, 2004.

Fell, Dafydd. *Taiwan's Green Parties: Alternative Politics in Taiwan*. New York: Routledge, 2021.

41.

Cheung-Miaw, Calvin. "The Boundaries of Democracy: Transnational Political Murders in the Reagan Era." *Pacific Historical Review* 90, no. 4 (2021): 508–36.

Chiang, Min-Hua. "The US Aid and Taiwan's Post-War Economic Development, 1951–1965." *African and Asian Studies* 13, no. 1–2 (2014): 100–120.

Ching, Leo T. S. *Anti-Japan: The Politics of Sentiment in Postcolonial East Asia*. Durham, NC: Duke University Press, 2019.

———. *Becoming "Japanese": Colonial Taiwan and the Politics of Identity Formation*. Berkeley: University of California Press, 2001.

Chomsky, Noam, et al. *The Cold War and the University: Toward an Intellectual History of the Postwar Years*. New York: New Press, 1997.

Chou, Suy-ming (周烒明). 「81.早期(1960~1970年)威大台灣學生在台灣建國運動所扮演的角色/周烒明起稿/2014/12」 [Early years at University of Wisconsin (1960–1970): The role of Taiwanese students in Taiwan's national movement]. *Taiwanese American Archives*台美史料中心(blog). December 29, 2014. https:// taiwaneseamericanhistory.org/blog/ourjourneys81/.

Chow, Rey. *Writing Diaspora: Tactics of Intervention in Contemporary Cultural Studies*. Bloomington: Indiana University Press, 1993.

Chuang, Ya-Chung. *Democracy on Trial: Social Movements and Cultural Politics in Postauthoritarian Taiwan*. Hong Kong: Chinese University Press, 2013.

Chun, Allen. "Fuck Chineseness: On the Ambiguities of Ethnicity as Culture as Identity." *Boundary 2* 23, no. 2 (1996): 111–38.

Ciria-Cruz, Rene P., Cindy Domingo, and Bruce Occena. *A Time to Rise: Collective Memoirs of the Union of Democratic Filipinos (KDP)*. Seattle: University of Washington Press, 2017.

Claussen, Kathleen. "Sovereignty's Accommodations: Quasi-States as International Lawmakers." In *Changing Actors in International Law*, edited by Karen N. Scott, Kathleen Claussen, Charles-Emmanuel Côté, and Atsuko Kanehara, 27–47. Leiden: Brill, 2020.

Collet, Christian, and Pei-te Lien, eds. *The Transnational Politics of Asian Americans*. Philadelphia: Temple University Press, 2009.

Homeland." *Modern Chinese Literature and Culture* 32, no. 2 (2020): 100–135.

Chen, Lih-Kuei, dir. *Su Beng, the Revolutionist*. Deltamac (Taiwan) Co. Ltd. Documentary, 2015.

Chen, Po-hsi. "Breaking the First Island Chain: Overseas Taiwanese Students' Trips to the PRC in the 1970s." Revisiting the Cold War on Taiwan conference. Woodrow Wilson Center, Washington DC, December 5–6, 2019.

Chen, Po-his (陳柏旭). "'Xiaceng jieji zhan dao wutai qian': Haiwai Baodiao yundong zhong de yeyü huajü (1971–77)" 「下層階級站到舞臺前」：海外保釣運動中的業餘話劇 (1971–77) [Staging the lower class: Amateur spoken drama in the overseas defending Diaoyutai movement, 1971–77]. *Router: A Journal of Cultural Studies* 36 (Spring, 2023): 15–54.

Chen Wen-chen Memorial Foundation（財團法人陳文成博士紀念基金會）.《麥子落地》[A grain of wheat falls into the earth]. Lawrenceville, NJ: Chen Wen-chen Memorial Foundation, 1991.

———. *A Memorial for Professor Chen Wen-Chen—A Taiwanese*. Ann Arbor, MI: Chen Wen-chen Memorial Foundation, 1982.

Chen, Yu-fu, and William Hetherington. "New Details Revealed in Activist's Death." *Taipei Times*, May 5, 2020. https://www.taipeitimes.com/News/taiwan/archives/2020/05/05/2003735851.

Cheng, Wendy. "Becoming Taiwanese/American: Identity, Activism, and Surveillance during the Cold War and Martial Law Eras." Keynote lecture, North American Taiwanese Women's Association annual conference, online, April 28, 2022.

———. "The Bold and Unruly Legacy of Chen Wen-Chen." *New Bloom Magazine*, July 2, 2021. https://newbloommag.net/2021/07/02/chen-wen-chen-legacy/.

———. "The Taiwan Revolutionary Party and Sinophone Political Praxis in New York, 1970–1986." *Amerasia Journal* 45, no. 2 (2019), 173–87.

———. "'This Contradictory but Fantastic Thing': Student Networks and Political Activism in Cold War Taiwanese/America." *Journal of Asian American Studies* 20, no. 2 (2017): 161–91. https://doi.org/10.1353/jaas.2017.0015.

Cheng, Wendy, and Chih-ming Wang. "Introduction: Against Empire: Taiwan, American Studies, and the Archipelagic." *American Quarterly* 73, no. 2 (2021), 335–

Pamphlet. Taipei: Wu San-lien Foundation for Taiwan Historical Materials, n.d.

Chang, Kornel. “Mobilizing Revolutionary Manhood: Race, Gender, and Resistance in the Pacific Northwest Borderlands.” In *The Rising Tide of Color: Race, State Violence, and Radical Movements across the Pacific*, edited by Moon-Ho Jung, 72–101. Seattle: University of Washington Press, 2013.

Chang, Morgan. “Witnessing the Kaohsiung Incident—Selected Tape Recordings of Voice of Taiwan.” In Arrigo and Miles, *A Borrowed Voice*, 337–45.

Chang, Shenglin. *The Global Silicon Valley Home: Lives and Landscapes within Taiwanese American Trans-Pacific Culture*. Stanford, CA: Stanford University Press, 2006.

Chang, Shirley L. “Causes of Brain Drain and Solutions: The Taiwan Experience.” *Studies in Comparative International Development* 27, no. 1 (Spring 1992): 27–43.

Chatterjee, Piya, and Sunaina Maira, eds. *The Imperial University: Academic Repression and Scholarly Dissent*. Minneapolis: University of Minnesota Press, 2014.

Chen, Edward I-te. Review of *The Politics of Formosan Nationalism*, by Douglas Mendel. *Journal of Asian Studies* 29, no. 4 (1970): 936–37.

Chen Guangxing (陳光興) and Lin Liyun (林麗雲). 〈一生釣運、普及教育的苦行僧〉[The ascetic monk who spent a lifetime in the Diaoyutai movement and popular education]. In《從科學月刊、保釣到左翼運動：林孝信的實踐之路》[From science monthly, Baodiao, to left-wing movements: Lin Shiaw-shin’s road to practice], edited by Chih-ming Wang. Taipei: Lianjing, 2019.

Chen, Guuying. “The Reform Movement among Intellectuals in Taiwan since 1970.” *Bulletin of Concerned Asian Scholars* 14, no. 3 (1982): 32–47.

Chen, Jinxing. “Radicalization of the Protect Diaoyutai Movement in 1970s-America.” *Journal of Chinese Overseas* 5, no. 2 (2009): 310–35.

Chen, Kuan-Hsing. *Asia as Method: Toward Deimperialization*. Durham, NC: Duke University Press, 2010.

———. “Editorial Introduction: Chen Yingzhen and His Time.” *Inter-Asia Cultural Studies* 15, no. 3 (2014): 337–41.

Chen, Li-Ping. “‘But in What Way Is It Ours?’: Guo Songfen and the Question of

through International Networks, 1960–1980 [Wo de sheng yin jie gei ni: Taiwan ren quan su qiu yu guo ji lian luo wang 1960–1980]. Taipei: Social Empowerment Alliance, 2008.

Arvin, Maile. *Possessing Polynesians: The Science of Settler Colonial Whiteness in Hawaii and Oceania*. Durham, NC: Duke University Press, 2019.

Azuma, Eiichiro. *Between Two Empires: Race, History, and Transnationalism in Japanese America*. New York: Oxford University Press, 2005.

———. "The Challenge of Studying the Pacific as a 'Global Asia': Problematizing Deep-Rooted Institutional Hindrances for Bridging Asian Studies and Asian American Studies." *Journal of Asian Studies* 80, no. 4 (2021): 1023–31.

Baik, Crystal Mun-hye, and Wendy Cheng. "Cold War Reformations: Introduction." *Amerasia Journal* 47, no. 2 (2021): 178– 86.https://doi.org/10.1080/00447471.2022.2044978.

Bardenhagen, Klaus. "Third Wheel in Island Spat." *Deutsche Welle*, September 26, 2012.https://www.dw.com/en/china-japan-taiwan-has-something-to-say/a-16266759.

Bascara, Victor. *Model-Minority Imperialism*. Minneapolis: University of Minnesota Press, 2006.

Bennett, Gordon. Review of *The Politics of Formosan Nationalism*, by Douglas Mendel. *China Quarterly* 43 (1970): 142–44.

Bernstein, Gail Lee. *Japanese Marxist: A Portrait of Kawakami Hajime, 1879–1946*. Cambridge, MA: Harvard University Press, 1990.

Bui, Long. "A Better Life? Asian Americans and the Necropolitics of Higher Education." In *Critical Ethnic Studies: A Reader*, edited by Critical Ethnic Studies Editorial Collective, 161–74. Durham, NC: Duke University Press, 2016.

Cary Hung Memorial Library and New York Taiwan Institute, eds. *Gui Tai* [Tide of salmon returning]. Taipei: Avanguard, 2022.

Chang, Doris T. *Women's Movements in Twentieth-Century Taiwan*. Urbana: University of Illinois Press, 2009.

Chang, Eileen. "'Come Home.'" English version of essay first published in *Witnessing the Kaohsiung Incident—Selected Tape Recordings of Voice of Taiwan* (2006).

Mink, Patsy Takemoto. Papers. Library of Congress, Washington, DC.

National Archives of Taiwan. Taipei, Taiwan.

National Chengchi University Libraries. Collection of Overseas Chinese Political Publications. Taipei, Taiwan.

National Tsing Hua University Library. Baodiao Collection. Hsinchu, Taiwan.

Taiwan Social Movement Archives Center, Chilin Foundation. Wujie Township, Ilan County, Taiwan.

University of Hawai‘i Archives. Honolulu, Hawai‘i.

University of Pittsburgh Library System. Digital Collection of Chinese Overseas Student Newsletters. Pittsburgh, Pennsylvania.

University of Wisconsin-Madison Archives. Madison, Wisconsin.

Wu San-lien Foundation for Taiwan Historical Materials. Taipei, Taiwan.

書籍與文獻

Anderson, Benedict. *The Spectre of Comparisons: Nationalism, Southeast Asia, and the World*. New York: Verso, 1998.

Ang, Ien. *On Not Speaking Chinese: Living between Asia and the West*. New York: Routledge, 2001.

Arrigo, Linda Gail. “In Mortal Combat with the Government Information Office: ‘Is Linda the Liar, or James Soong?’” In Arrigo and Miles, *A Borrowed Voice*, 376–448.

———. “Patterns of Personal and Political Life among Taiwanese-Americans.” *Taiwan Inquiry* 1 (2006).

———. “Su Beng and Taiwan National Liberation: Where Is the Colonial Oppressor?” *New Bloom*, October 24, 2019. https://newbloommag.net/2019/10/24/su-beng-commemoration-linda-arrigo/.

———. “Three Years and a Lifetime: Swept up in Taiwan’s Democratic Movement, 1977–1979.” In Arrigo and Miles, *A Borrowed Voice*, 274–374.

Arrigo, Linda Gail, and Lynn Miles, eds. *A Borrowed Voice: Taiwan Human Rights*

Huang, Patrick (Huang Zaitian 黃再添), November 7, 2015, Queens, New York, and November 10, 2015, Brooklyn, New York

Huang, Sharon (Yang Shuqing 楊淑卿), November 10, 2015, Brooklyn, New York

Hung, Cary (Hong Zhesheng 洪哲勝), November 7, 2015, Queens, New York

Kao, Chen Lichen (Chen Lizhen 陳麗貞), January 20, 2014, Los Angeles, California

Kao Cheng-yan (Gao Chengyan 高成炎), January 4, 2011, and August 6, 2013, Taipei, Taiwan and Los Angeles, California

Lee, Raymond (Li Reimu 李瑞木), August 20, 2013, San Diego, California

Lee Yuan-tse (Li Yuanzhe 李遠哲), January 4, 2011, Taiwan, Taiwan

Lin Shiaw-shin (Lin Xiaoxin 林孝信), January 4, 2011, Taipei, Taiwan

Lin Wencheng (Lin Wenzheng 林文政), July 30, 2014, Rosemead, California

Ling, Elena (Huang Meihui 黃美惠), July 19, 2015, Diamond Bar, California

Shu Wei-der (Xu Weide 許維德), January 6, 2011, Hsinchu, Taiwan

Terami-Wada, Motoe, November 21, 2022, via telephone

Tin, Joshua (Tian Tairen 田台仁) , September 10, 2015, via Skype

Tsai, HoChie, May 16, 2022, via Zoom

Tsao, Rocky (Cao Yongkai 曹永愷), May 14, 2021, via telephone

Yu, Alice (Chen Lingjin 陳鈴津), April 4, 2014, Rancho Santa Fe, California

Yu, John (You Zhengbo 游正博), April 4, 2014, Rancho Santa Fe, California

Witeck, John, December 18, 2019, via telephone

Wu De-Min (吳得民), August 18, 2015, San Diego, California

Name Withheld, August 16, 2013, Irvine, California

Name Withheld, July 7, 2014, Los Angeles, California

檔案館

Chen Wen-chen Memorial Foundation. Taipei, Taiwan.

East-West Center Library, University of Hawai‘i. Honolulu, Hawai‘i.

Mendel, Douglas. Papers. University of Washington Archives. Seattle, Washington.

參考資料

受訪者名單

Arrigo, Linda Gail (Ai Linda 艾琳達), December 31, 2010, and August 8, 2015, Taipei, Taiwan, and via telephone

Chang, Eileen (Yang Yiyi 楊宜宜), November 8, 2015, Flushing, New York

Chang, Morgan (Zhang Fuxiong 張富雄), November 8, 2015, Flushing, New York

Chen Ching-chih (Chen Qingchi 陳清池), February 17, 2014, Rancho Santa Fe, California

Chen, Chiung-jen (Jian Jiongren 簡炯仁), October 22, 2022, Los Angeles, California

Chen Chiu-shan (Chen Qiushan 陳秋山), July 18, 2013, San Diego, California

Chen, Leona, June 2, 2022, via Zoom

Chen Yu-hsi (Chen Yuxi 陳玉璽), February 8, 2020, via email

Cheng, Edward (Zheng Dechang 鄭德昌), March 13 and July 17, 2013, Rancho Santa Fe, California

Cheng, Lai Shu-ching (Lai Shuqing 賴淑卿), March 13, 2013, Rancho Santa Fe, California

Chuang, Chien-mei (Qiu Qianmei 邱千美), June 12, 2014, via Skype

Chuang, Strong (Zhuang Qiuxiong 莊秋雄), June 12, 2014, via Skype

Fan, Chris (Fan Qingliang 范清亮), July 24, 2013, Rancho Santa Fe, California

Fan Liang-Shing (Fan Liangxing 范良信), August 6, 2014, via telephone

Fu, Vivian (Lin Yuzi 林郁子), July 16, 2013, Carlsbad, California

Family," *Los Angeles Times*, May 30, 2022, https://www.latimes.com/california/story/2022-05-30/taiwans-political-divide-fueled-a-gunmans-rage-it-also-splits-my-family.

34. Leona Chen, interviewed in Deepa Bharath, "Gunman Targets Taiwanese Faith with Long Pro-Democracy Link," *U.S. News and World Report*, May 19, 2022, https://www.usnews.com/news/us/articles/2022-05-19/gunman-targets-taiwanese-faith-with-long-pro-democracy-link.
35. Gordon, *Ghostly Matters*.
36. Deborah Jian Lee, "Evangelicalism Wasn't Created for Someone Like Me: Following a Queer Evangelical-of-Color in the Age of Trump," *Religion Dispatches*, February 14, 2018, https://religiondispatches.org/evangelicalism-wasnt-created-for-someone-like-me-following-a-queer-evangelical-of-color-in-the-age-of-trump/.
37. Jocelyn Chung, "We Won't Be Erased: Church Shooting Strikes at Our Identity as Taiwanese Americans, *USA Today*, https://www.usatoday.com/story/opinion/voices/2022/05/17/california-church-shooting-taiwanese-americans/9802586002/.

空間，欣然接納各式各樣的智識與政治目標，包括探討台灣的原住民主權以及漢人遷占殖民。見*International Journal of Taiwan Studies*的頭兩期，尤其是Hsiao and Fell, "Introduction: The State of the Field"；Simon, "Ontologies of Taiwan Studies"；以及Shih et al., "Forum 2: Linking Taiwan Studies with the World"。另見Huang et al., *Taiwan's Contemporary Indigenous Peoples*; and Shih and Tsai, *Indigenous Knowledge in Taiwan and Beyond*.

25. 舉例而言，見*Verge: Studies in Global Asias*期刊所陳述的目標以及刊登的作品。
26. 見Azuma, "The Challenge of Studying the Pacific as a 'Global Asia.'"
27. Leong, "Bridging Work and Global Asias," 1012–13.
28. Jocelyn Chung, "We Won't Be Erased: Church Shooting Strikes at Our Identity as Taiwanese Americans, *USA Today*, https://www.usatoday.com/story/opinion/voices/2022/05/17/california-church-shooting-taiwanese-americans/9802586002/.
29. 五十二歲的鄭達志因為試圖奪下周文偉的槍枝而中彈，結果傷重死亡。不過，另外五名遭受槍傷的人士都活了下來，他們的年齡從六十六到九十二歲不等。
30. Hannah Fry, Richard Winton, Anh Do, and Luke Money, "Laguna Woods shooting was a hate crime targeting Taiwanese, sheriff alleges," *Los Angeles Times*, May 16, 2022.
31. Brian Hioe, "Confusion about 'Chinese' or 'Taiwanese' Identity of Gunman after Shooting at Taiwanese Church in California," *New Bloom*, May 17, 2022, https://newbloommag.net/2022/05/17/tw-church-shooting/.
32. TaiwaneseAmerican.org, "We Grieve the May 15th Shooting at Irvine Taiwanese Presbyterian Church," *Taiwanese American*, May 16, 2022, https://www.taiwaneseamerican.org/2022/05/laguna-woods-taiwanese-church-shooting/.
33. Sue Ann Shiah, "Who Is Taiwanese? A Taiwanese American Christian's Response to the Irvine Taiwanese Presbyterian Church Shooting," *News Lens*, May 21, 2022, https://international.thenewslens.com/article/167187; Cindy Chang, "Taiwan's Political Divide Fueled a Gunman's Rage. It Also Splits My

布里斯托的種族滅絕加害者雕像受到推倒的事件所啟發，而開始辯論他們那些殖民紀念碑的未來。世界各地的人似乎都採取了類似的決心形式：追求主權但不訴諸民族主義；重視人更甚於國家。」Kim指出，這類刊物呈現出明確的轉向，不像先前的亞裔美國人媒體那樣聚焦於「美國內部的人與事件」，主要關注「種族認同、同化相對於涵化的問題，以及商業界與流行文化當中的再現問題。那些媒體的報導通常宣告美國歸屬，並且帶有承繼而來的跨太平洋傷痛色彩。在那些媒體眼中，亞洲是歷史上一個遙遠的地方，而不是對話的夥伴」。

18. Hioe, Hsu, and Liu, "Collective Statement on Taiwanese Independence."
19. F. Hsu, Hioe, and Liu, "Collective Statement on Taiwan Independence." 這份聲明指出川普的「美國優先」政策「只會延續美國長久以來為了自身利益而在亞太地區操弄台灣的歷史」，而不會保障台灣的安全。此外，和川普結盟即是與美國帝國從過去到現在的暴力結盟。
20. 個別連署者包括長期台灣人權運動人士艾琳達、女性主義醫師Chanda Prescod-Weinstein、台美人作家陳文羿與楊小娜，以及琉球裔美籍族裔研究教授Wesley Ueunten。我參與了連署了。
21. 感謝Juan De Lara強力要求我表達這一點。
22. F. Hsu, Hioe, and Liu, "Collective Statement on Taiwan Independence."
23. C. Wang and Y. Cho, "Introduction: The Chinese Factor and American Studies," 448。在美國研究領域裡，關於台灣的批判論述日益增長，而王智明與我也在幾年後為此一增長做出貢獻，共同編輯一項主題為「反對帝國：台灣、美國研究，以及群島」的論壇，供稿者包括我們兩人、荊子馨、Judy Wu、劉文、張文馨、Funie Hsu，以及Yukari Yoshihara（*American Quarterly* 73, no. 2 (2021), 343–88）。
24. Gilmore, *Abolition Geography*, 489。在亞洲研究與中國研究裡，台灣研究從一九九〇年代開始已自成一格，開拓出其本身的跨學科與多學科形構。如同台灣以及台灣人本身，這個領域大部分的制度化也仰賴於持續中的冷戰權力結構與意識形態分歧，以及富有的台美人捐款者所提供的資助（在美國尤其如此）。然而，台灣研究在起初至少有一部分是表達為一項反殖民衝動，反對其本身被含攝於中國與中國研究當中（Simon, "Ontologies of Taiwan Studies"）。台灣研究發展茁壯成為一個全球智識

4. Hall, "Cultural Identity and Diaspora."
5. Georgis, "The Better Story."
6. 見M. Hsu, *The Good Immigrants*.
7. 關於複雜的人格，見Gordon, *Ghostly Matters*.
8. Angela Yu, "What I Learned from a Year of Asking, 'Am I Taiwanese?,'" TaiwaneseAmerican. org, Sunday, May 8, 2022, https://www.taiwaneseamerican.org/2022/05/hearts-in-taiwan-taiwanese-identity/.
9. C. Wang, *Transpacific Articulations*.
10. 這種變化有一項典型案例。一九八二年，台灣獨立建國聯盟的領導人成立了這類公民跨國主義當中的首要組織：台灣人公共事務會。頗具揭示性的是，台灣人公共事務會的仿效對象是美國以色列公共事務委員會，所以也體現了台灣人社群與遷占殖民者結盟的右傾（或者至少是中間派）傾向。其他第一代台美人組織——例如以教授為對象的北美洲台灣人教授協會，還有以醫師為對象的北美台灣人醫師協會，其中有些也是由台獨聯盟的現任或前成員創立——則是掩蓋了台灣人社群以及其社運行動的菁英階級導向。
11. C. Wang, *Transpacific Articulations*, 102.
12. C. Wang, *Transpacific Articulations*, 102.
13. C. Wang, *Transpacific Articulations*, 103, 105.
14. 相關文獻雖然太過龐大，無法在此盡述，但有幾部探討這些主題的傑出著作，包括*Taiwan's Green Parties*; Kuan, "Indigenous Traditional and Decolonisation"; D. Chang, *Women's Movements in Twentieth-Century Taiwan*; Ho, *Working-Class Formation in Taiwan*; and Chuang, *Democracy on Trial*.
15. Ho, "The Activist Legacy of Taiwan's Sunflower Movement." 另見Ho, *Challenging Beijing's Mandate of Heaven*; and R. Wu, "On the Black Tide."。
16. 「About New Bloom / 關於破土」，*New Bloom Magazine*，取用於二〇二二年六月二十八日，https://newbloommag.net/about/。
17. E. T. Kim, "Transnationally Asian"。二〇二〇年七月，在黑人的命也是命運動於新冠疫情期間「擴展至全球」之際，Kim觀察到這些刊物展現了引人注目的「道德與務實力量」以及切時性：「香港社運人士向明尼亞波利斯的抗議人士提供有關催淚瓦斯的資訊，新加坡人則是受到費城與

68. 陳文成紀念基金會主席楊黃美幸，引用於Madjar, “Memorial to Chen Wen-Chen Dedicated.”
69. J. Kim, *Postcolonial Grief.*
70. J. Kim, *Postcolonial Grief*, and J. Kim, “The Insurgency of Mourning.”
71. Cheryl Lai, “Of Mothers and Daughters,” *Taipei Times*, February 3, 2001, https://www.taipeitimes.com/News/feat/archives/2000/02/03/0000022662。方素敏在那次選舉得到的票數比其他候選人都還要多（M. Wang, *The Dust That Never Settles*, 264）。
72. Rosensweet, *Pittsburgh Post-Gazette*, January 16, 1984.
73. Madjar, “Memorial to Chen Wen-Chen Dedicated.”
74. Central News Agency, “New Report Links State Forces to Death of 1980s Activist Chen Wen-chen,” *Taiwan News*, May 4, 2020, https://www.taiwannews.com.tw/en/news/3927828.
75. 自從一九九〇年代晚期開始，台灣政府雖然已為八千名以上的二二八事件與白色恐怖時期受害者或受害者家屬提供了補償，但吳乃德主張指出，就問責而言，台灣在國民黨威權統治下遭受的傷害，至今仍是「一項受害者達一萬人，但卻連一名加害者都找不到的案件」。N. Wu, “Transition without Justice,” 2。
76. Lisa Lowe, “History Hesitant,” 91。另見Hentyle Yapp對於遲疑的討論，Yapp, *Minor China*, 8。
77. Gordon, *Ghostly Matters*.
78. John 12:24, *New American Standard Bible*, https://biblehub.com/john/12-24.htm.

終章　成為台美人

1. Cheng, “Becoming Taiwanese/American.”
2. “Hilda Lin—Journalist,” TaiwaneseAmerican.org, May 1, 2010, https://www.taiwaneseamerican.org/100people/?s=hilda+lin.
3. Cheng, “Becoming Taiwanese/American.”

而陳文成也和他們一樣，在他的政治分析裡並沒有承認台灣原住民，也沒有探討漢人的遷占殖民。不過，只要以我在此處描寫的這種方式理解陳文成的整體政治觀點，就會發現他的觀點沒有排除未來納入去殖民論述，從而承認並且探討原住民主權的可能性。

51. 金永和，〈陳文成在匹茲堡〉，陳文成紀念基金會，《陳文成教授紀念專集》，152-54。
52. 葉常青，〈懷念一位殉鄉的好友〉。
53. 字體強調由我所加。理查・賽爾特在陳文成追思會上發表的致詞，陳文成紀念基金會檔案；台灣台北。
54. Michael Park, "Taiwan Haunted by Ghost of Educator," *Los Angeles Times*, October 7, 1981.
55. 陳文成紀念基金會，《陳文成教授紀念專集》。
56. 李直，〈台灣人還有救嗎？〉，陳文成紀念基金會，《麥子落地》，66-70。
57. 李直，〈台灣人還有救嗎？〉。
58. 陳文成，〈一封未完成的信〉，陳文成紀念基金會，《陳文成教授紀念專集》，226。
59. 陳素貞，〈寄語阿成〉，二〇二一年七月二日臉書貼文。
60. J. Kim, "The Insurgency of Mourning."
61. US Congress, House of Representatives, Subcommittees, *Taiwan Agents in America*, 71.
62. *The Knoxville Journal*, October 16, 1981.
63. US Congress, House of Representatives, Subcommittees, *Taiwan Agents in America*, 69，翻印自一九八一年九月十一日的新聞稿。
64. *Ann Arbor News*, August 3, 1981; Rosensweet, *Pittsburgh Post-Gazette*, August 7, 1981; Park, *Los Angeles Times*, October 7, 1981.
65. 陳文成紀念基金會，《陳文成教授紀念專集》。
66. "Chen's Son, 1, Gets CMU Scholarship," *Pittsburgh Post-Gazette*, January 9, 1982.
67. Alvin Rosensweet, "CMU Professor's Death Unsolved since 1981," *Pittsburgh Post-Gazette*, January 16, 1984.

我有一部分想到的是Eve Tuck呼籲暫停從事「以傷害為中心的研究」這項論點（Eve Tuck, "Suspending Damage"）。

34. Tina Chang, "A Political Death and Media Casualty," *Taiwan News*, December 10, 2003.
35. 葉常青，〈懷念一位殉鄉的好友〉；陳文成紀念基金會，《陳文成教授紀念專集》，143-49。
36. 這一節有大半的內容曾在先前發表為W. Cheng, "The Bold and Unruly Legacy of Chen Wen-Chen."
37. 陳文成紀念基金會，《麥子落地》，176。
38. John Adam, "Official Concurs: Spies on Campus," *Michigan Daily*, July 21, 1981.
39. John Adam, "Taiwanese Here Fear Murder," *Michigan Daily*, July 9, 1981.
40. 「N」（假名），〈憶好友陳文成〉，陳文成紀念基金會，《陳文成教授紀念專集》，178-85。
41. 關於涉入鄉土文學運動的作家在族裔與政治認同上的變化，見Hsiau, *Politics and Cultural Nativism in 1970s Taiwan*。
42. 葉常青，〈懷念一位殉鄉的好友〉。
43. Hsiau, *Politics and Cultural Nativism in 1970s Taiwan*, 91.
44. 蕭阿勤在此處援引並且引用Michael Lau。Hsiau, *Politics and Cultural Nativism in 1970s Taiwan*, 91-21。
45. 「N」（假名），〈憶好友陳文成〉。
46. 葉常青，〈懷念一位殉鄉的好友〉。
47. 「N」（假名），〈憶好友陳文成〉。
48. Wen-Chen Chen, "On Zipf 's Law," PhD diss., University of Michigan, 1978。我首次得知陳文成博士論文的題獻詞，是在王智明的*Transpacific Articulations*（167n42）當中讀到提及這一點的腳注。感謝王智明後續協助找出這句題獻詞的確切文字，因為這句話雖然保存於密西根大學圖書館所收藏的實體論文副本當中，在數位版本裡卻被略去。
49. 葉常青，〈懷念一位殉鄉的好友〉。
50. 「N」（假名），〈憶好友陳文成〉。當時前往美國而抱持台灣人認同的移民，大多數似乎都擁有幾乎完全的漢人（福佬人或客家人）血統，

22. Hong, "Reframing North Korean Human Rights," 515.
23. Randall Williams, *The Divided World*。關於人權論述與人權運動在一九七〇年代興起的文獻極為龐大。除了Williams之外，另見Moyn, *The Last Utopia;* Eckel and Moyn, *The Breakthrough*; and Sargent, *A Superpower Transformed.*
24. Eckel, "The Rebirth of Politics"; Moyn, *The Last Utopia.*
25. Parikh, *Writing Human Rights*, 36–37.
26. 根據一九七八年的一份參議院外交委員會報告，聯調局和中情局對於台灣在一九七〇年代期間於美國從事的情報行動都非常清楚。根據中情局的估計，一九七八年有四十五名情報官員身在美國，其中十到二十五人派駐於大學裡。「校園裡那些官員的任務，是招募有酬以及志願線民組成一套網絡，監視他們的同學與教授」（Jeff McConnell, "Foreign Agencies in US Cause Concern," *Boston Globe*, January 1, 1986）。
27. 《民主台灣》第二十六期，一九八一年七月十日；Chinese Overseas Student Newsletters, University of Pittsburgh Library System.
28. 《民主台灣》，"Taiwan KMT Spy Activities on U.S. University Campuses"，一九八一年九月（國立清華大學圖書館特藏資料以及吳三連台灣史料基金會）。見圖九。
29. Parikh, *Writing Human Rights*, 37.
30. 張妙在提出最後這項論點之時，概述了政治學家珍妮・柯克派翠克深具影響力的一九七九年論文〈獨裁政權與雙重標準〉，我也在此處引用了其中的內容。如同張妙簡潔扼要地指出的：「極權政府是共產獨裁政權；威權政府雖然不民主，但採取反共立場，並且有助於美國利益。柯克派翠克主張威權政府對抗左派叛亂的行動必須受到支持，而不該以人權的名義予以阻礙，因為威權政府終究會民主化，但極權政府不會。」Cheung-Miaw, "Boundaries of Democracy," 535.
31. Kirkpatrick, "Dictatorships & Double Standards."
32. L. Wang, "The Structure of Dual Domination"；王靈智在劉宜良死後扮演的倡議角色，以及他後來發展出來的分析，張妙主張這兩者之間有所關聯，並且提出說明。
33. J. Kim, *Postcolonial Grief.* 關於不再把注意力完全集中在損失與傷害上，

The Gift of Freedom。

11. Jim Leach, letter to Attorney General William French Smith, August 8, 1981，翻印於《民主台灣》，一九八一年九月。里奇要求加強對特務的監督，並且成立熱線以及其他由美國政府營運的機構，藉此為遭受特務監視的對象提供救濟。
12. Alvin Rosensweet, "US Urged to Aid Harassed Aliens," *Pittsburgh Post-Gazette*, August 11,1981.
13. Letter from Solarz to Yung H-Hsu of Ypsilanti, Michigan, August 26, 1981, Chen Wen-chen Memorial Foundation Archives.
14. Fox Butterfield, "Coast Murder Spurs Inquiry in Congress on Taiwan Activities," *New York Times*, January 19, 1985。索拉茲修正案帶有些微的諷刺性，原因是索拉茲在陳文成死後才僅僅三週的一九八一年七月底指出，雷根政府「尚未發現外交難題不能靠著拋出武器而解決」（Solarz, "US, China, Taiwan," *New York Times*, July 24, 1981）。
15. Grogan, "Jimmy Carter's Human Rights Diplomacy"；另見Sargent, *A Superpower Transformed*, 198–228.
16. 關於這點的進一步探討，見Schmitz and Walker, "Jimmy Carter and the Foreign Policy of Human Rights"; Schaller, "Ronald Reagan and the Puzzles of 'So-Called Communist China' and Vietnam"; Schmitz, *The United States and Right-Wing Dictatorships*.
17. Cheung-Miaw, "Boundaries of Democracy," 526.
18. Grogan, "Jimmy Carter's Human Rights Diplomacy"; Solarz, "Repairing China Ties," *New York Times*, June 17, 1983.
19. 字體強調由我所加；David Holley, "US Protests Taiwan's Arrest of Publisher," *Los Angeles Times*, September 20, 1985.
20. Cheung-Miaw, "The Boundaries of Democracy," 512。張妙的文章採取比較觀點，除了探討陳文成與劉宜良遇害事件引起的社運行動，也檢視反馬可仕運動人士Silme Domingo與Gene Viernes遭到馬可仕政府下令而在一九八一年於西雅圖遇害所引起的社運行動。
21. Chiang, "The US Aid and Taiwan's Post-War Economic Development"；另見Gold, *State and Society in the Taiwan Miracle*.

178. David Tong, "Chen Indicates He Wants to Become Chinese citizen," *Honolulu Advertiser*, September 1, 1979.

179. *David Tong,* "Chen in Peking; Re-Entry to U.S. Denied," *Honolulu Advertiser, August 31, 1979.*

180. 愛子・瑞尼克在一九九八年五月六日去世，享年九十一歲。"Reinecke Service Thursday," *Honolulu Advertiser*, June 14, 1998.

181. John Witeck電話訪談，二〇一九年十二月十八日。

182. 寺見元恵的電子郵件，二〇二二年十一月八日。

183. 見Goodyear-Kaopua, Hussey, and Wright, *A Nation Rising*; McGregor and Aoudé, "'Our History, Our Way!'"; and Trask, "Birth of the Modern Hawaiian Movement."

第五章　陳文成的生與死、自由主義、美國的天真

引文：寄給司法部長威廉・史密斯的信件，一九八一年八月八日；翻印於《民主台灣》特刊，一九八一年九月，國立清華大學圖書館特藏資料。

1. Madjar, "Memorial to Chen Wen-Chen Dedicated."
2. Madjar, "Memorial to Chen Wen-Chen Dedicated."
3. M. Wang, *The Dust That Never Settles*, 255.
4. 此處的資訊匯集自Dang, *Taiwangate*。
5. Chatterjee and Maira, *The Imperial University*, 36.
6. Parikh, *Writing Human Rights*, 37.
7. Bill Peterson, "After Police Interrogation, a Death," *Washington Post*, July 28, 1981.
8. 字體強調由我所加。US Congress, House of Representatives, Subcommittees, *Taiwan Agents in America*, 25。
9. 字體強調由我所加。US Congress, House of Representatives, Subcommittees, *Taiwan Agents in America*, 27。
10. 針對越戰與難民情境裡的這類論述，有一項詳盡分析可見於M. Nguyen,

1978.

164. 「人一旦遭到指控互相監視，知道該做什麼就成了一個兩難的問題。中心管理層如果針對這類指控發動監視與調查，即是從事其本身希望糾正的那種行為」（“Why EWC Rejected Proposal for Probe,” *Honolulu Advertiser*, May 30, 1978）。

165. 根據柯蘭瓊所言，米勒與蘇斯曼應當被視為「僅是代表他們自己發言，而不是代表中心」（“Why EWC Rejected Proposal for Probe,” *Honolulu Advertiser*, May 30, 1978）。

166. John Grove, Oliver Lee, and John Witeck, “Campus-Spying Report Assailed,” *Honolulu Advertiser*, August 3, 1979.

167. George Garties, “Spy Issue Heads for EWC Board,” *Honolulu Advertiser*, June 16, 1978.

168. “Chen Yu-hsi Points to Informers,” *Honolulu Advertiser*, June 20, 1978.

169. “Informers Still on Job, Says Chen,” *Honolulu Advertiser*, June 20, 1978.

170. 這類行動「將有助於促進本中心成立宗旨的互相理解與文化交流」（“Informers Still on Job, Says Chen,” *Honolulu Advertiser*, June 20, 1978）。

171. George Garties, “EWC to Listen to ‘Spy’ Complaints,” *Honolulu Advertiser*, June 20, 1978.

172. John Grove, Oliver Lee, and John Witeck, “Campus-Spying Report Assailed,” *Honolulu Advertiser*, August 3, 1979.

173. John Grove, Oliver Lee, and John Witeck, “Campus-Spying Report Assailed,” *Honolulu Advertiser*, August 3, 1979.

174. Tom Kaser, “Doi Believes There Was Spying at EWC—Despite Lack of Proof,” *Honolulu Advertiser*, June 8, 1979.

175. John Grove, Oliver Lee, and John Witeck, “Campus-Spying Report Assailed,” *Honolulu Advertiser*, August 3, 1979.

176. 與陳玉璽的電子郵件通信，二〇二三年十二月十四日；Alan Miller, “Isolated by Pro-Taiwan Students,” *Sunday Star-Bulletin & Advertiser*, June 18, 1978.

177. “Embassy Is Processing Visa for Chen Yu-hsi,” *Honolulu Advertiser*, September 11, 1979.

夏威夷的任何活動而遭到迫害，並且稱讚嚴家淦與蔣經國願意斟酌這起案件。不過，他還是讚揚「陳玉璽的夏威夷友人」所付出的努力：「在我們的合力之下，我相信我們又再度捍衛了個人自由」（“Ex-Island Student Allowed to Return,” *Honolulu Star-Bulletin*, September 23, 1975）。

158. “Chen Lands Today,” *Honolulu Advertiser*, September 26, 1975.

159. 陳玉璽向記者表示，他獲得核發暫時學生簽證，必須每年換發，還說他完成學業之後打算返回台灣：「他們不希望我涉入任何政治活動。……我要是惹上麻煩，美國政府可能不會願意讓我待超過一年。」Janice Wolf, “Chen well but mellowed; mostly ‘glad to be back,’” *Honolulu Advertiser*, September 27, 1975.

160. 在一九七七年十二月的一封讀者投書裡，陳玉璽提到參議員Jean King在參議院裡提出一項支持向陳妻發放護照的決議案，而且參議員Anson Chong以及其他議員也都抱持支持態度；此外，美國參議員松永正幸、井上健與喬治．麥高文，還有美國眾議員索拉茲與前美國眾議員竹本松也都「透過外交管道為我太太出面求情」（“Mahalo from Chen Yu-hsi,” *Honolulu Advertiser*, December 29, 1977）。“Taiwan Passport Matter Put Aside by Senate Panel,” *Honolulu Advertiser*, April 1, 1977; “Wife of UH Instructor Finally Gets to Join Him,” *Sunday Star-Bulletin & Advertiser*, April 17, 1977; “Mahalo from Chen Yu-hsi,” *Honolulu Advertiser*, December 29, 1977.

161. Alan Miller and Jerry Sussman, “Students at UH and EWC report Taiwan is using spying pressure,” *Honolulu Advertiser*, May 30, 1978。他們提及支持國民黨的學生所發生的內鬥，以及過去兩年來的其他衝突，包括東西方文化中心的獨立學生雜誌*Impulse*刊登了指控監視活動的文章之後，即遭到該中心暫停提供資金（George Garties, “EWC to Listen to ‘Spy’ Complaints,” *Honolulu Advertiser*, June 20, 1978）。

162. “National KMT Spy Network Reported through Campuses,” *Honolulu Advertiser*, May 30, 1978; Alan Miller and Jerry Sussman, “Speech, Action Dominated by Fear,” *Honolulu Advertiser*, May 30, 1978.

163. “University ‘Aware’ of Accusations,” *Honolulu Advertiser*, May 30, 1978; “Why EWC Rejected Proposal for Probe,” *Honolulu Advertiser*, May 30,

153. Poo Te-chieh, “The Chen case,” *Honolulu Advertiser*, October 10, 1972.

154. 在其中一項活動裡，陳玉璽之友會在一九七三年二月九日，也就是陳玉璽遭到日本遣送出境的五週年紀念日，於檀香山的華航總部舉行了一場抗議活動（“Chen Friends to Picket Airline,” *Honolulu Advertiser*, February 7, 1973; “Waikiki Pickets Back Chen,” *Honolulu Advertiser*, February 10, 1972）。他們說明指出，之所以選擇華航，原因是把陳玉璽從日本送回台灣的飛機就屬於這家航空公司所有、行政院副院長蔣經國是華航的董事會成員，而且華航代表了美國與台灣之間的關係以及商業機會。他們進一步呼籲大眾抵制這家航空公司，直到陳玉璽獲得發放護照為止（Friends of Chen Yu-hsi press release, February 6, 1973, Patsy Takemoto Mink Papers, Library of Congress, box 243, folder 6）。

155. “House Resolution No. 164, Requesting the Government of the Republic of China to Allow Chen Yu-hsi to return to Hawaii . . .”; Letter from John Swindle to Patsy Mink, May 10, 1964, Patsy Takemoto Mink Papers, Library of Congress, box 243, folder 6.

156. “Clear Chen to Travel, Pickets Urge Taiwan,” *Honolulu Advertiser*, June 27, 1974.

157. 中華民國當局聲稱陳玉璽在獲釋後五年不得離境（也就是到一九七六年為止），但後來約翰·瑞尼克把陳玉璽的原始赦免文件寄了一份影本給竹本松，其中指出陳玉璽的褫奪公權期限已縮短至獲釋後三年（到一九七四年十月為止）。竹本松於是寫信給美國駐台大使，附上那份赦免文件（Reinecke to Mink, June 3, 1975; Mink to Reinecke, June 9, 1975; Mink to Ambassador Leonard Unquer, June 9, 1975；全部收藏於Patsy Takemoto Mink Papers, Library of Congress, box 243, folder 6）。七月，夏威夷的美國眾議員松永正幸訪問台灣，不但探望了陳玉璽，也親自向嚴家淦（前副總統，這時剛當選台灣總統）與蔣經國（這時擔任行政院長）提出陳情。九月二十二日，松永正幸宣布陳玉璽「因為我【松永正幸】的陳情」而獲准離境。這項消息登上《廣告商報》的「夏威夷報導」版面頭版，並且附上陳玉璽與松永正幸在七月於台灣會面的握手照片（Tom Kaser, “Taiwan Okays Chen’s release,” *Honolulu Advertiser*, September 23, 1975）。松永正幸謹守中華民國的官方論點，指稱陳玉璽沒有因為他在

弟分別在服刑兩年與三年之後，而於一九七二與一九七三年獲釋，並且雙雙前往美國（“Taiwan Releases Editor,” *Honolulu Star-Bulletin*, August 17, 1973）。

146. 他尤其對於這一年的聖誕季以及夏威夷的支持者在他服刑期間寄給他的聖誕卡（想必就是喬安・勝山在一九七〇年親手交給他的那些卡片）表達感激。“Greetings and Thanks from Chen,” *Honolulu Advertiser*, January 4, 1972.

147. Gary Kaplan, “Chen Yu-hsi Plans Action against Japan,” *Honolulu Advertiser*, December 22, 1971.

148. 如欲進一步瞭解陳案在日本的重要性以及其所引起的社運行動，見Kawata, *Prisoner of Conscience*, 47與各處。

149. 在二〇一五年的一項訪談裡，林孝信廣泛討論了陳玉璽在一九七〇年代中期至晚期於保釣運動、《夏潮》與國際特赦組織運動人士之間扮演的銜接角色（陳光興與林麗雲，〈一生釣運、普及教育的苦行僧〉）。陳玉璽在一九七九年三月三日寫給威特克夫妻的一份短箋，揭露了他確實涉入這類倡議活動，而且這類活動在許多方面都與他自己先前那起案件所引起的社運行動頗為類似。在這份短箋裡，陳玉璽感謝威特克夫妻為一篇在一九七九年二月二十七日刊登於《紐約時報》當中的廣告所做出的貢獻。那篇廣告呼籲「所有關注人權的人士」敦促國民黨釋放台灣囚犯余登發、重新舉行遭到取消的選舉、解除戒嚴，並且與北京協商「和平解決台灣問題」。這篇廣告受到許多團體資助，包括夏威夷支持台灣民主運動委員會以及日本支持台灣民主運動聯盟（這兩者很可能都與台灣民主運動支援會有關），並且獲得美國與日本為數兩百左右的團體與個人連署，包括川田泰代與王靈智在內（personal collection of John Witeck）。

150. 關於陳玉璽的狀況，警總聲稱「受到大赦的罪犯就像假釋的囚犯一樣，因此不能享有出國的權利」（“Taiwan Security Group Barred Chen Passport,” *Honolulu Star-Bulletin*, September 25, 1972）。

151. Reinecke to Mink, September 22, 1972, Patsy Takemoto Mink papers, Library of Congress, box 243, folder 6.

152. “Chen’s Passport,” *Honolulu Advertiser*, October 2, 1972.

131. Katsuyama to Wilcox, February 7 and April 6, 1970, letters.

132. 《紐約時報》的一名特約記者原本想要跟著一起去，但受到大使館官員Charles Sylvester勸退（勝山於一九七〇年二月七日寫給威爾考克斯的信，有一份打字副本收藏於竹本松檔案裡，而Sylvester的姓名在其中完全受到塗黑；不過，在夏威夷大學的東西方文化中心同學會檔案當中則是沒有如此）。

133. Katsuyama to Wilcox, February 7, 1970 letter.

134. Katsuyama to Wilcox, February 7, 1970 letter.

135. 「由於陳玉璽不像那位政治學教授【彭明敏】那麼有名，因此一般人大概都沒有注意到或是不太在意他的案子。」Katsuyama to Wilcox, February 7, 1970 letter.

136. Katsuyama to Wilcox, April 6, 1970.

137. Kawata, *Prisoner of Conscience*, 144–45.

138. Kawata, *Prisoner of Conscience*, 144.

139. *Honolulu Star-Bulletin*, March 3, 1971; *Honolulu Advertiser*, March 3, 1971; *Honolulu Tribune-Herald*, March 4, 1971.

140. 陳玉璽在一群為數三十五至四十名的政治犯當中獲釋。"50 Pickets Urge Chen's Release," *Sunday Star-Bulletin and Advertiser*, October 10, 1971; "Taiwan to Free EWC Grantee," *Honolulu Advertiser*, October 25, 1971; "Chen and Family 'All Very Happy,'" *Honolulu Advertiser*, October 26, 1971.

141. "Taiwan to Free EWC Grantee," *Honolulu Advertiser*, October 25, 1971; "Ex-EWC Student Freed by Taiwan," *Honolulu Star-Bulletin*, October 25, 1971.

142. Letter from Chen Yu-hsi to "John, Aiko, Motoe and other friends," October 30, 1971, Patsy Takemoto Mink papers, Library of Congress, box 243, folder 5.

143. Letter from Chen Yu-hsi to "John, Aiko, Motoe and other friends," October 30, 1971, Patsy Takemoto Mink papers, Library of Congress, box 243, folder 5.

144. "Chen Case," *Honolulu Advertiser*, October 26, 1971.

145. 由於他們是因為在台灣以外的地區犯下「被控罪行」而遭到監禁，因此「這起案件就這方面而言類似於陳玉璽案。……現在蔣總統既然軟化而願意釋放陳玉璽，因此令人對於于長庚案獲得提早覆審的機會燃起了新希望」（"Next, the Yuyitungs," *Star-Bulletin*, October 26, 1971）。于氏兄報導了當天稍早另一項比較具有爭議性的抗議活動，亦即約翰・威特克率領十五名左右的夏威夷大學與東西方文化中心學生降下中華民國國旗，「表達對於陳玉璽的敬重」；不過，升旗典禮現場的中國學生認為此舉是對他們的「公然侮辱」。“Chinese Anniversary Day of Demonstrations,” *Honolulu Advertiser*, October 11, 1968。

119. “Arrest Ends ‘Free Chen’ Rally at Pali Consulate,” *Honolulu Advertiser*, October 11, 1969.
120. *Honolulu Advertiser,* October 11, 1969; 唐恩指稱東西方文化中心的學生為四十至五十人。
121. 關於民主社會學生會、師生聯合會與夏威夷反抗組織等各團體之間的關係，見Witeck, “The Rise of Ethnic Studies at the University of Hawai‘i.”
122. Tang, *Contact*, October 13, 1969；另見*Honolulu Advertiser*, October 11, 1969.
123. 共有三項被提出，一九六九年、一九七四年（發給陳玉璽護照以便他返回夏威夷）及一九七七年（為陳玉璽的妻子申請護照；兩人於陳玉璽一九七一年出獄後在台結婚），但皆未獲通過或被撤回。
124. Kawata, *Prisoner of Conscience*, 196.
125. “Testimony Re Resolution 76 Submitted on Behalf of the East-West Center Students Association,” n.d., University of Hawai‘i Archives Accession No. 1980-42, box 34, folder “EWCSA: Chen Yu-hsi (3 of 3).”
126. “Grantees Plea for Clemency for Chen,” *Hawaii Tribune-Herald*, March 30, 1970.
127. “Grantees Plea for Clemency for Chen,” *Hawaii Tribune-Herald*, March 30, 1970.
128. University of Hawai‘i Archives Accession No. 1980-42, box 34, folder “EWCSA: Chen Yu-hsi (3 of 3),” n.d.
129. Katsuyama letters to Jerry Wilcox, February 7 and April 6, 1970; University of Hawai‘i Archives Accession No. 1980-42, box 34, folder “EWCSA: Chen Yu-hsi (3 of 3)”; and Patsy Takemoto Mink papers, Library of Congress, box 243, folder 5. 另見Kawata, *Prisoner of Conscience*.
130. Katsuyama to Wilcox, February 7, 1970 letter.

105. "Hiatt Statement Reflects Concern over Chen," *Honolulu Advertiser*, February 4, 1969.
106. John Reinecke, "Future 'Chen Cases'?," *Honolulu Advertiser*, March 8, 1969.
107. 布瓦赫的系列文章也包含了對於陳玉璽受審過程的詳細報導、陳案大事紀，以及一張陳玉璽父母的照片。Buchwach, April 13, 1969, Patsy Takemoto Mink papers, Library of Congress, box 243, folder 8.
108. Mink to Rogers, April 23, 1969, Patsy Takemoto Mink papers, Library of Congress, box 243, folder 4.
109. 「您提到東西方文化中心的學術自由承受了極大的壓力，而且那裡的外國學生都擔憂有『特務』會向他們各自所屬的政府回報課堂討論內容。這樣的說法確實可能反映出引人憂慮的前景。我們認為這項指控原本是由夏威夷大學的師生聯合會在一九六八年十二月三十日提出。」Patsy Takemoto Mink papers, Library of Congress, box 243, folder 4.
110. Kawata, Prisoner of Conscience, 193.
111. April 30, 1969, Patsy Takemoto Mink papers, Library of Congress, box 243, folder 5. 字體強調由作者所加。
112. Margaret Valadian letter to Mink, May 1969, Patsy Takemoto Mink papers, Library of Congress, box 243, folder 5.
113. Kawata, *Prisoner of Conscience*, 136–37.
114. "Mrs. Mink: Halt Chen protests" (news clipping, May 10, 1969, source not noted), Patsy Takemoto Mink papers, Library of Congress, box 243, folder 7.
115. Mink to McDonald, May 27, 1969, Patsy Takemoto Mink papers, Library of Congress, box 243, folder 5.
116. University of Hawaiʻi Archives Accession No. 1980-42, box 34, folder "EWC-SA: Chen Yu-hsi (3 of 3)."
117. 《檀香山廣告商報》指稱來自東西方文化中心的示威人士有三十二人。"Chinese Anniversary Day of Demonstrations," *Honolulu Advertiser*, October 11, 1968。
118. 唐恩指出，雖然「其他團體在不久之後到場」（師生聯合會與民主社會學生會），受助學生卻能夠和他們保持距離。《檀香山廣告商報》的一項記述大體上證實了唐恩對於一九六八年雙十節抗議活動的描寫，但也自中華民國的學生）。希亞特在信末寫道：「謹向嚴夫人與您致上我個人最高的祝福。」幾個星期後，嚴家淦也以同樣的友好語氣回信。不過，他堅稱陳玉璽的有罪判決不是因為他在夏威夷閱讀共產文書，而是因為他在日本的活動。嚴家淦聲稱中華民國與美國「同樣信奉學術自由」，而且他希望陳案不會遭到誤解，或是「導致中美文化交流中斷，因為這樣的交流已受到證明對於雙方人民極為有益」。他進一步透露陳玉璽的重審已經舉行完畢，結果維持原判。Hiatt to Yen, October 21, 1968, Patsy Takemoto Mink Papers, Library of Congress, box 243, folder 5.

97. Jane Evinger, “Chen Retried, Ruled Guilty,” *Honolulu Advertiser*, December 17, 1968, Patsy Takemoto Mink Papers, Library of Congress, box 243, folder 4.

98. Jane Evinger, “Students Step Up Drive for Chen,” *Honolulu Advertiser*, January 4, 1969。中華民國政府可能並不欣賞保駿迪在這一點上的坦誠；他在這段時期被調離這個職務，謠傳就是因為他對陳案的公關處理表現不佳（*Honolulu Advertiser*, “Pao Will Leave Local Consulate,” January 21, 1969; *Honolulu Star-Bulletin*, “Pao learned of transfer in news story,” January 21, 1969）。

99. “The Chen Case,” *Honolulu Advertiser*, December 22, 1968.

100. Macomber to Mink, May 5, 1969; Patsy Takemoto Mink Papers, Library of Congress, box 243, folder 4.

101. Jane Evinger, “Students Step Up Drive for Chen,” *Honolulu Advertiser*, January 4, 1969.

102. “Chancellor Refuses Statement on Chen,” *Honolulu Advertiser*, January 16, 1969.

103. Margaret Valadian letter to “Fellow Grantees,” January 15, 1969, Patsy Takemoto Mink papers, Library of Congress, box 243, folder 5; “Students Assn. Criticizes SDS,” *Honolulu Advertiser*, January 16, 1969.

104. “Hiatt Statement Reflects Concerns over Chen,” *Honolulu Advertiser*, February 4, 1969; “Statement of Rights and Freedoms of Foreign Students on the University of Hawaii campus,” January 16, 1969, Patsy Takemoto Mink papers, Library of Congress, box 243, folder 5.

（記載為「顧格里克」——大概是泰德．顧格里克）向葛里安表示，自己「多次」受到美國軍事情報官員索取台灣受助學生的機密資訊（還有一次是索取南韓受助學生的資訊）。那些官員「拒絕透露他們從事調查的目的或本質」。一名教授暨系主任指出，「許多受助學生，尤其以來自台灣的學生為主，都在返鄉之前向他提出這項請求：如果他在他們返鄉一兩週後沒有收到他們的音訊，請出面調查他們的下落」。“Testimony given by Jay Gurian on the question of ‘spying’ and harassment of students at the East-West Center,” n.d., University of Hawai‘i Archives Accession No. 1980-42, box 34, folder “EWCSA: Chen Yu-hsi (2 of 3)”.

93. “An Informal Position Statement of Some Foreign Advisors at the University of Hawaii,” n.d., University of Hawai‘i Archives Accession No. 1980-42, box 34, folder “EWCSA: Chen Yu-hsi (2 of 3).”

94. 竹本松回信向馬特爾確認自己「相當擔憂這件事對於中心未來的影響，也將會與該中心的高層討論，以便正確評估這起案件」。竹本松回信裡標記的日期是一九六八年八月二十日。Patsy Takemoto Mink Papers, Library of Congress, box 243, folder 2.

95. Kawata to Mink, August 15, 1968. Patsy Takemoto Mink Papers, Library of Congress, box 243, folder 4. 我沒有發現證據顯示有川田提及的那項由多所大學校長集體採取的行動，但如同第四章談到的，在一封廣為流傳的致美國國務卿電報裡，威斯康辛大學校長弗瑞．哈林頓確實威脅指出，如果來自台灣的學生會因為行使言論自由而遭到懲罰，那麼該校就要停止接收台灣學生，並且「洽其他大學研究院採取類似行動」。

96. 英格曼把威斯康辛大學發給國務卿魯斯克的電報，以及《紐約時報》報導黃案的一篇文章，各寄一份給希亞特與竹本松（Engman to Mink, September 11, 1968; Patsy Takemoto Mink Papers, Library of Congress, box 243, folder 4）。希亞特接著寫了一封私人信件給中華民國副總統嚴家淦，稱呼他為「我敬重的朋友以及學術同僚（嚴家淦是經濟學家，不像中華民國其他大多數的高層官員那樣出身自軍事背景）。希亞特以學術自由為由替陳玉璽求情，並且呼應威大先前在黃啟明案件當中採用的策略，指稱這起案件有可能「嚴重影響美國高等教育機構與中華民國政府之間持續的默契」（亦即包括東西方文化中心在內的美國機構將會不再接收來

Supported”）；《檀香山廣告商報》的一篇社論表示，師生聯合會提出了「一項極為複雜而且困難的問題」，而且「沒有簡單的答案」（*Honolulu Advertiser*, “No Simple Solution,” July 19, 1968）。

80. “Chen Allegedly Influenced in Honolulu,” *Honolulu Star-Bulletin*, July 29, 1968.
81. Kawata, *Prisoner of Conscience*；John Witeck電話訪談，二〇一九年十二月十八日。
82. Kawata, *Prisoner of Conscience*, 70.
83. “Taipei Observer Will Not Meddle,” July 25, 1968, Patsy Takemoto Mink Papers, Library of Congress, box 243, folder 4.
84. 除了黃宗漢以外，在場的還有國立政治大學的學生以及合眾國際社與美聯社的記者。不過，就黃宗漢所知，「沒有當地的中國新聞記者在場」。Wong, August 2, 1968, letter, Patsy Takemoto Mink Papers, Library of Congress, box 243, folder 4.
85. Wong, August 2, 1968, letter, Patsy Takemoto Mink Papers, Library of Congress, box 243, folder 4.
86. Wong, August 2, 1968, letter, Patsy Takemoto Mink Papers, Library of Congress, box 243, folder 4.
87. 陳玉璽的案件也在八月五日受到日本國會的仔細探討；Kawata to Mink, August 15, 1968, Patsy Takemoto Mink Papers, Library of Congress, box 243, folder 4。
88. “EWC Ban against Taiwan Sought,” *Honolulu Advertiser*, August 13, 1968.
89. Karen Lum for SFU, “Chen Yu-Hsi and the East-West Center,” n.d., University of Hawai‘i Archives Accession No. 1980-42, box 34, folder “EWCSA: Chen Yu-hsi (2 of 3).”
90. Karen Lum for SFU, “Chen Yu-Hsi and the East-West Center,” n.d., University of Hawai‘i Archives Accession No. 1980-42, box 34, folder “EWCSA: Chen Yu-hsi (2 of 3).”
91. Kawata, *Prisoner of Conscience*.
92. 舉例而言，一名韓國受助學生提到韓國領事向東西方文化中心韓國同學會詢問哪些學生參與了支持陳玉璽的示威活動。一名外國學生輔導員

69. 六月二十一日一份來自檀香山的新聞報導，指稱陳玉璽「因為其反越戰活動」而面臨死刑，結果川田泰代聞訊鬆了一口氣，「因為世界各地的明智人民都深深厭惡美國對越南的帝國主義侵略。我心想：『如果陳玉璽只有被控這項罪名，我們就可以為他發動一場有效的運動』」（Kawata, *Prisoner of Conscience*, 48）。

70. John Witeck電話訪談，二〇一九年十二月十八日。

71. Leonard Lueras, "'Radical' Group Is Formed on Campus," *Honolulu Advertiser*, October 30, 1967；John Witeck電話訪談，二〇一九年十二月十八日。

72. "Direction of UH Protest Movement Is Uncertain after Regents' Move," *Honolulu Star-Bulletin*, May 29, 1968.

73. Kendel Tang, "We Remember Mr. Chen," *Contact*, October 8, 1969.

74. Kawata, *Prisoner of Conscience*, 51–53.

75. Patsy Takemoto Mink Papers, Library of Congress, box 243, folder 4。在差不多同時間寫給竹本松的一封信裡，東西方文化中心受助學生協會也提出類似的論調，指稱中華民國政府如果「有充分的理由起訴陳先生，就不該反對完全公開這起案件與審判過程；實際上，他們應該歡迎這樣的機會，因為他們可以藉此展示自己國家的民主本質」（EWCGA to Mink, July 2, 1968; Patsy Takemoto Mink Papers, Library of Congress, box 243, folder 4）。

76. William Abbott to Harry Fleischman, July 3, 1968; Patsy Takemoto Mink Papers, Library of Congress, box 243, folder 4.

77. July 12, 1968; Patsy Takemoto Mink Papers, Library of Congress, box 243, folder 4.

78. SFU to Kleinjans, July 17, 1968, University of Hawai'i Archives Accession No. 1980-42, box 34, folder "EWCSA: Chen Yu-hsi (2 of 3)."

79. Richard Hoyt, "'Spying' at E-W Center by Students Is Claimed," *Honolulu Star-Bulletin*, July 18, 1968; Richard Hoyt, "Taiwan Coercion Charge Supported," *Honolulu Star-Bulletin*, July 19, 1968。師生聯合會沒有因柯蘭瓊與保駿迪的否認而氣餒。兩天後，夏威夷大學一名來自台灣但與師生聯合會無關的教職員接受《檀香山星公報》訪問，而證實了該會的主張，但因為害怕連累身在台灣的親戚而保持匿名（Hoyt, "Taiwan Coercion Charge

日本軍事基地的所在處，因此在一九四四至四五年間遭到美國空軍密集轟炸。"US Bombing of Taiwan and Han's Ignorance," *Taipei Times*, November 12, 2019, https://www.taipeitimes.com/News/editorials/archives/2019/11/12/2003725674。

56. 判決書，完整翻譯於Kawata, *Prisoner of Conscience*, 54–56.
57. 陳玉璽的電子郵件訪談，二〇二〇年二月八日。
58. Kawata, *Prisoner of Conscience*, 23.
59. 這些論點雖然在書中一再受到反覆提及，但川田在一開始就提出最後這一點：「有……幾項尚未解決的重要問題，是我們日本人應該正視的。其中之一，就是日本在二戰前與二戰期間對於中國的侵犯，包括南京大屠殺。另一項問題是亞太地區其他地方受到日本殖民統治的其他人口所遭受的壓迫。我之所以為這名年輕人追求正義，一方面是出自我個人對他未來的關懷，另一方面也是因為我希望矯正我國在過往對於全體中國人犯下的罪過」（Kawata, *Prisoner of Conscience*, 2）。
60. 寺見元恵所寫的私人電子郵件（二〇二二年十一月八日）。川田在*Prisoner of Conscience*裡沒有提到寺見元恵與稻垣紀代的名字，因為當時陳玉璽還在台灣，而呼籲台灣當局准許他返回夏威夷的運動也仍在進行中。
61. Kawata, *Prisoner of Conscience*, 35.
62. 寺見元恵電話訪談，二〇二二年十一月二十一日。
63. Kawata, *Prisoner of Conscience*, 35.
64. Kawata, *Prisoner of Conscience*, 38.
65. Kawata, *Prisoner of Conscience*, 39.
66. 如欲進一步理解個人轉變（矯正）與結構轉變（分配）邏輯所帶來的法律機制，見Harris, "Whiteness as Property."
67. Patsy Takemoto Mink Papers, Library of Congress, box 243, folder 4.
68. 在那封信裡，瑞尼克也向公開反戰的竹本松提到，陳玉璽之所以吸引了國民黨的注意，就是因為他參與反戰示威太過「輕率」。不過，他仍然請求竹本松基於陳玉璽的優異人格與國際化特質，而「利用您的職權幫忙一位非常要好的朋友獲得自由——也許甚至救他一命」。Patsy Takemoto Mink Papers, Library of Congress, box 243, folder 4。

30. Kent, "Memories of the Sixties," *Impulse*, Spring 1978, 26 (East-West Center Library)。Kent後來在馬諾阿夏威夷大學擔任族裔研究教授，著有*Hawaii: Islands under the Influence*。
31. Klein, *Cold War Orientalism*, 89.
32. Kent, "Memories of the Sixties."
33. 那篇批評蔣政權的文章是由另一名美國受助學生John Young所寫。
34. *Contact* 4, no 4 (June 1964): 4.
35. *Contact* 4, no. 5 (Summer 1964): 3.
36. *Contact* 4, no. 5 (Summer 1964): 2–3
37. Kent, "Memories of the Sixties," 26.
38. 劉大任，〈普慶戲院——風塵香江之二〉，收錄於劉大任，《我的中國》，23。引文出處由陳柏旭提供。
39. 劉大任，《我的中國》，22-23。
40. 見Krattiger, "Hawai'i's Cold War."
41. Kent, "Memories of the Sixties," 26.
42. Kent, "Memories of the Sixties," 27.
43. Krattiger, "Hawai'i's Cold War," 175.
44. Krattiger, "Hawai'i's Cold War," 176.
45. Kent, "Memories of the Sixties," 28.
46. Krattiger, "Hawai'i's Cold War," 176.
47. Krattiger, "Hawai'i's Cold War," 177.
48. Krattiger, "Hawai'i's Cold War," 177–78.
49. Krattiger, "Hawai'i's Cold War," 178.
50. Mink to Garth Hunt, January 17, 1972；引用於Krattiger, "Hawai'i's Cold War," 179.
51. Krattiger, "Hawai'i's Cold War," 180.
52. "Ting Writes Book on China Travels," *Honolulu Advertiser*, March 24, 1972.
53. 克拉提格引用Penny Von Eschen。Krattiger, "Hawai'i's Cold War," 181.
54. Witeck, "Intercult of Colonialism," 12.
55. 本書引用陳玉璽的話語，除非另有敘明，否則皆是取自二〇二〇年二月八日對他的一項長篇電子郵件訪談。由於台灣是日本殖民地，也是許多

"Hawai'i's Cold War," 143）。另見Saranillio, *Unsustainable Empire*.

10. Saranillio, *Unsustainable Empire*, 182。Saranillio引用甘迺迪總統。
11. Arvin, *Possessing Polynesians*。Arvin主張除了消除和取代的邏輯之外，原民性受到白人與性別化的占有也是建立遷占殖民主義架構的重要元素——亦即強制併入以及占據原民性。
12. East-West Center, "The First 25 Years," 6; Krattiger, "Hawai'i's Cold War," chapter 3.
13. East-West Center, "The First 25 Years," 5.
14. *Honolulu Advertiser*漫畫，提及於Krattiger, "Hawai'i's Cold War," 141。
15. East-West Center, "The First 25 Years," 6.
16. East-West Center, "The First 25 Years," 11.
17. East-West Center, "The First 25 Years," 6.
18. East-West Center, "The First 25 Years," 13.
19. East-West Center, "The First 25 Years," 11.
20. East-West Center, "The First 25 Years," 13.
21. East-West Center, "The First 25 Years," 7.
22. 見 Klein, *Cold War Orientalism*.
23. Witeck, "Intercult of Colonialism."
24. 在東西方文化中心待過之後，瓊斯接著前往史丹佛大學的胡佛研究所任職。Krattiger, "Hawai'i's Cold War," 152.
25. *Honolulu Advertiser*, "Rooney Says E-W Needs Tight Rein," January 19, 1962; Krattiger, "Hawai'i's Cold War," 149.
26. "Rooney Says E-W Needs Tight Rein," *Honolulu Advertiser*, January 19, 1962.
27. *Newsweek* article of April 2, 1962，引用於March 28, 1962, *Honolulu Advertiser*，再引述於Krattiger, "Hawai'i's Cold War," 150；*Honolulu Advertiser*, March 29, 1962。
28. *Contact* 4, no. 1 (March 1964): 15 (East-West Center Library)。本書中涉及*Contact*各期的內容，除非另有敘明，否則皆是查閱於東西方文化中心圖書館。
29. *Contact* 4, no. 1 (March 1964): 15–16.

因為黃啟明的遭遇而害怕返回故鄉。第二，華府那些協助黃啟明取得教育局獎學金的美國人，對於他的被捕、遭到監禁，以及獲釋之後仍然遭到監視的狀況深感不安，但無能為力。……第三，華府的美國官員所表現出來的謹慎態度，顯示台灣並非如北京指控的那樣是美國殖民地，反倒是華府在某方面看來似乎受制於蔣政權的遊說」（167）。

75. Mendel, *Politics of Formosan Nationalism*, 170.
76. Chou, "Early Years at University of Wisconsin."
77. M. Kim, *The Interrogation Rooms of the Korean War*, 12.

第四章　陳玉璽與夏威夷冷戰國際主義

1. "Statement of Rights and Freedoms of Foreign Students on the University of Hawaii campus," January 16, 1969. Patsy Takemoto Mink Papers, Library of Congress, box 243, folder 5.
2. Lowe, *The Intimacies of Four Continents*, 6-7。特別感謝Aimee Bahng引導我注意這一章。
3. 如欲進一步瞭解瑞尼克夫婦與那場《史密斯法》審判，見Horne, *Fighting in Paradise*; and Holmes, *The Specter of Communism in Hawaii.*
4. 陳玉璽的父親在一九六八年二月二十日寫信給川田泰代。Kawata, *Prisoner of Conscience*, 175。
5. 在一九七三與一九七四年，國會代表兩度提出第二項決議，請求中華民國政府發給陳玉璽護照，准許他出境台灣返回檀香山，但兩次都沒有通過。見Kawata, *Prisoner of Conscience*, 205.
6. 關於發生在日本的社運行動以及有關陳案的議題，我在此處只簡短談及，詳細記述請見Kawata, *Prisoner of Conscience*。
7. 關於美國支配的科技創新傳播至世界其他地區的現象，如何是美國政府意識形態以及在冷戰期間落實現代化理論當中的一個關鍵部分，見Westad的探討（Westad, *The Global Cold War*, 1-38）。
8. Krattiger, "Hawai'i's Cold War"; Man, "Aloha, Vietnam."
9. 克拉提格引用Fujikane and Okamura, *Asian Settler Colonialism*（Krattiger,

63. Hwang letter to Fred Andrews, March 14, 1967, Douglas Mendel Papers, box 3, folder 4.
64. 在政府的判決書裡，黃啟明據說坦承從事了所有這些活動，但聲稱自己是無辜的，原因是他參與這些活動只是為了學術目的，而且他還聲稱自己是藉此以間諜身分滲透台獨運動——但判決書裡對於這個說法持懷疑態度，因為黃啟明在這段時期並沒有向任何政府官員報告自己的任何活動（黃啟明案判決書，台灣國家檔案）。這份文件雖然顯示黃啟明的人格與正直似乎不盡值得信賴，但台灣警總的判決書必須被視為根本上不可靠的文件，因為自白經常是以強制脅迫的方式取得。
65. Andrews letter to Mendel, April 5, 1967, Douglas Mendel Papers, box 3, folder 4.
66. Harold Tien to Mendel, May 8, 1967, Douglas Mendel Papers, box 3, folder 6.
67. *New York Times*, "US Student Gets New Taipei Trial," May 14, 1967.
68. Josiah Bennett, US Department of State, to Fred Harvey Harrington, May 18, 1967, Douglas Mendel Papers, box 3, folder 7.
69. Hwang to Mendel via Fred Andrews, July 28, 1967, Douglas Mendel Papers, box 3, folder 4.
70. Harold Tien to Mendel, May 8, 1967, Douglas Mendel Papers, box 3, folder 6.
71. Bennett letter to Mendel, August 22, 1967, Douglas Mendel Papers, box 3, folder 1。孟岱爾的文件包含弗瑞．哈林頓在一九七三年八月所寫的一封信，內容談及黃啟明為了返回麥迪遜而一再做出的努力。Harrington letter to Mendel, August 1973, Douglas Mendel Papers, box 1, folder 25。
72. Hwang to Mendel, March 22, 1965, Douglas Mendel Papers, box 3, folder 3.
73. 「又及：『福爾摩沙的真實內幕』這個書名對於一般人而言頗具吸引力，但對學者而言則不然」（Hwang to Mendel, March 29, 1965, Douglas Mendel Papers, box 3, folder 3）。「關於您即將出版的那本台灣著作的書名，我的提議是：《福爾摩沙的政治情勢：問題與前景》，或者《台灣的政治情勢：悲劇和轉變》。您覺得呢？」（Hwang to Mendel, May 25, 1965, Douglas Mendel Papers, box 3, folder 3）。
74. Mendel, *Politics of Formosan Nationalism*, 166-67。孟岱爾指出，從黃啟明的不幸遭遇可以做出「三項推論」：「首先，美國的其他台灣研究生都

44. Hwang letter to Mendel, October 31, 1964, Douglas Mendel Papers, box 3, folder 2.
45. Hwang letter to Mendel, February 16, 1965, Douglas Mendel Papers, box 3, folder 3.
46. Chou, "Early years at University of Wisconsin."
47. 這是國民黨從一九四九年到至少一九七一年的正式口號，表示他們打算從中國共產黨手中奪回整個中國。
48. Chou, "Early years at University of Wisconsin."
49. Hwang to Mendel, May 25, 1965, Douglas Mendel Papers, box 3, folder 3.
50. 威大台灣同鄉會章程與附例，一九六三年十月十九日；University of Wisconsin-Madison Archives, Student Organization Records, box 1, folder "Formosa Club 1963"。
52. Hwang letter to Mendel, June 7, 1965, Douglas Mendel Papers, box 3, folder 3.
53. *Daily Cardinal*, July 30, 1965, University of Wisconsin–Madison Archives.
54. Shu, "Who Joined the Clandestine Organization?," 53.
55. Hwang letter to Mendel, August 18, 1965, Douglas Mendel Papers, box 3, folder 3.
56. Hwang letter to Mendel, January 15, 1966, Douglas Mendel Papers, box 3, folder 4.
57. Hwang letter to Mendel, January 23, 1966, Douglas Mendel Papers, box 3, folder 4.
58. Hwang letter to Fred Andrews, March 14, 1967, Douglas Mendel Papers, box 3, folder 4.
59. Hwang's parents to Merle Borrowman and Andre Kazamias, February 21, 1967, Douglas Mendel Papers, box 3, folder 5.
60. Bennett letter to Mendel, late January 1967, Douglas Mendel Papers, box 3, folder 9.
61. Jin-Muh and Lan Tzen Hwang, Hwang's parents, to Merle Borrowman and Andre Kazamias, February 21, 1967, Douglas Mendel Papers, box 3, folder 5.
62. Hwang letter to Fred Andrews, March 14, 1967, Douglas Mendel Papers, box 3, folder 4.

運動，在往後十年裡都處於無國籍身分的狀態。Chou, "Early Years (1960-1970) at University of Wisconsin."

31. 劉兆民，〈掌握可疑線索──University of Wisconsin，Madison留學生活的回憶〉，未發表文件，由林潘美鈴提供。
32. 林慶宏口述，林潘美鈴記錄整理，〈看不見的魔掌〉，《文學台灣》，第一一七期，二〇二一年一月。
33. Chou, "Early Years at University of Wisconsin." 周烒明提供的照片顯示黃啟明在麥迪遜參與了一九六五年的國際日遊行，開心地幫忙高舉一面由吳秀惠設計縫製而成的福爾摩沙旗。
34. Hwang letter to Mendel, April 11, 1964, Douglas Mendel Papers, box 3, folder 2.
35. Hwang letter to Mendel, September 29, 1964, Douglas Mendel Papers, box 3, folder 2.
36. Mendel, *Politics of Formosan Nationalism*, 7.「要找到有用的聯絡人，有時候可以採用一種方法，也就是在夜裡一面走在城市的街道上，一面用日語高呼反國民黨的口號：『豬玀統治下的台灣根本是地獄』，或者『台灣是警察國家，可是日本是民主國家』。周遭的中國人聽不懂這些話，但是認同這種立場的台灣人可能會因此跟在這個人身後，而主動向他透露內幕消息或者介紹他認識其他人。」
37. Hwang to Mendel, July 10, 1965, Douglas Mendel Papers, box 3, folder 3.
38. Hwang letter to Mendel, April 7, 1964, Douglas Mendel Papers, box 3, folder 2.
39. Hwang letter to Mendel, September 12, 1964, Douglas Mendel Papers, box 3, folder 2.
40. Hwang letter to Mendel, September 22, 1964, Douglas Mendel Papers, box 3, folder 2.
41. Hwang letter to Mendel, September 29, 1964, Douglas Mendel Papers, box 3 folder 2.
42. Hwang letter to Mendel, October 5, 1964, Douglas Mendel Papers, box 3, folder 2.
43. Hwang letter to Mendel, October 13, 1964, Douglas Mendel Papers, box 3, folder 2.

21. IIE *Open Doors* Report, 1964–65.
22. 陳清池訪談，二〇一四年二月十七日。
23. Cumings, *Parallax Visions*, 173.
24. Yoshihara, "Postwar American Studies in Asia."
25. Douglas Mendel, "Hard Core of Leftists Hits American Policy," *Los Angeles Times*, November 4, 1954; "The Philippine Sickness," *Los Angeles Times*, July 1, 1958; "Hawaii Statehood Benefits America," *Los Angeles Times*, March 18, 1959。關於最後那篇報導，孟岱爾屬於夏威夷一批由政治人物、商界人士與亞裔美國人領袖所構成的歷史集團，他們都以這種方式主張夏威夷立州。在吳迪安的書中，她在探討夏威夷立州的章節裡引用了孟岱爾在那篇文章裡所說的一句話——亦即夏威夷立州能夠「抵銷種族隔離在日本造成的不良影響」——以代表一般大眾的感受（E. D. Wu, *The Color of Success*, 232）。另見Saranillio, *Unsustainable Empire*，以及本書第四章。
26. 字體強調由我所加。Douglas Mendel, "Did Pearl Harbor Teach Us Much?," *Los Angeles Times*, December 7, 1954.
27. 關於這點如何受到藝術與科學學院理事會的明確指出以及質疑，見Lanza, *The End of Concern*。Edwin Reischauer這位哈佛大學亞洲研究的關鍵人物，在甘迺迪執政期間擔任駐日大使，並且受到明確指示要為日本大眾灌輸親美意識形態，尤其是對左派學生，因為他們在組織以及參與反美國軍國主義與帝國主義的社會運動當中是一股重要勢力。關於Reischauer在更早之前——在二次大戰期間，當時他還是博士生——就對形塑美國對日政策扮演了深具影響力的顧問角色，見Koda, "The US Cold War and the Japanese Student Movement," Fujitani, *Race for Empire*, chapter 2。
28. Tien to Mendel, May 1, 1964, Douglas Mendel Papers, box 3, folder 6. 田弘茂在一九六九年取得博士學位，而成為政治學教授。二〇〇〇年，在美國居住了超過三十年之後，他回台擔任陳水扁總統的外交部長。
29. Formosan Club registration form, September 1963, University of Wisconsin-Madison Archives, Student Organization Records, box 1, folder "Formosa Club 1963." 吳得民訪談，二〇一五年八月十八日，加州聖地牙哥。
30. 台灣獨立聯盟是台灣獨立建國聯盟的前身。周氏夫妻持續積極參與台獨

短短一兩個段落，甚至連孟岱爾的那本書也是如此，儘管黃啟明對那本書做出了極為重要的貢獻；而且，那些內容也都沒有提及他的思考如何重疊於區域研究，以及其中的知識與權力網絡及動態。

8. C. Wang, *Transpacific Articulations*, 4.
9. Hwang letter to Mendel, October 31, 1964, Douglas Mendel Papers, box 3, folder 2.
10. Lewontin, "The Cold War and the Transformation of the Academy"; Cumings, *Parallax Visions*.
11. Wallerstein, "Unintended Consequences," 219.
12. Wallerstein, "Unintended Consequences," 219–20.
13. Wallerstein, "Unintended Consequences," 229.
14. 見 Lanza, *The End of Concern*.
15. Shih, "Racializing Area Studies, Defetishizing China."
16. 值得注意的是，在*The End of Concern*裡，Lanza把自己的分析指為「一項側面觀點」，引用法國理論家羅蘭·巴特認為必須以「側面目光」看待中國的主張——也就是隔著一定的距離，不是在內部，也不是在外部（Lanza, *The End of Concern*, 18, 135）。
17. Mendel, *The Politics of Formosan Nationalism*, 166.
18. Mendel, *The Politics of Formosan Nationalism*, 166.
19. 哈林頓拍發給魯斯克的電報，以及《紐約時報》報導黃啟明案件的文章，都詳述於黃啟明的政府檔案裡。哈林頓的主張被政府官員稱為「濫用名詞」（黃啟明案，台灣國家檔案）。黃啟明案判決書，台灣國家檔案；"Taiwanese Jailed in 'Sedition' Case," *New York Times*, March 4, 1967; Mendel, *Politics of Formosan Nationalism*, 166-67。
20. 哈佛大學檔案的一名人員證實已發布的名錄顯示黃啟明在一九六二至一九六三年曾經就讀哈佛大學，並且在一九六三年取得文學碩士學位（私人電子郵件通信，二〇二二年六月三日）。奇特的是，搜尋碩博士論文的結果當中，有一份一九六三年的芝加哥羅耀拉大學教育學碩士論文，作者姓名不但是黃啟明，而且作者介紹內容也一模一樣（出生於一九三一年，出版著作也都相同），但黃啟明在他與孟岱爾的通信裡從來沒有提過羅耀拉大學。

103. Shih et al., "Critical Issues in Sinophone Studies," 189.

104. 見M. Hsu, *The Good Immigrants*.

105. Fanon, *The Wretched of the Earth*, 145.

106. Fanon, *The Wretched of the Earth*, 145–46.

107. Chuang, *Democracy on Trial*, 7–8.

第三章　黃啟明與知識政治

1. "Nationalist Chinese Refuse Visa to Wisconsin Educator," *Newsweek*, August 6, 1966.
2. Mendel, *The Politics of Formosan Nationalism*, 161. 評語摘自Leonard H. D. Gordon針對該書所寫的書評（Gordon, "The Politics of Formosan Nationalism by Douglas Mendel," 2116）。
3. Bennett, "The Politics of Formosan Nationalism by Douglas Mendel," 142.
4. 陳以德進一步指出自己「熟悉作者描寫的許多人物和事件」。Edward I-te Chen, review of *The Politics of Formosan Nationalism*, by Douglas Mendel, *Journal of Asian Studies* 29, no. 4 (1970): 936-37。陳以德是Bowling Green State University的教授，也在一九六二至六六年間擔任台灣獨立聯盟（台灣獨立建國聯盟的前身）的主席（Chou, "Early Years at University of Wisconsin," 2014）。
5. Yi Chu Wang, Review of *The Politics of Formosan Nationalism*.
6. Bennett, "The Politics of Formosan Nationalism by Douglas Mendel." 後來在奧斯汀德州大學長期擔任中國與日本政治教授的貝奈特，在當時是威斯康辛大學的博士生（UT Austin Department of Government, "Professor Gordon Bennett"，取用於二〇二二年六月二十二日，https://liberalarts.utexas.edu/government/news/professor-gordon-bennett）。他與孟岱爾經常通信，實際上也在黃啟明的案子裡扮演了活躍的角色，本章後續將會談及這一點。
7. 在戒嚴世代的台美人社群裡，黃啟明是國民黨海外監視行為當中頗為著名的一個早期警告案例。不過，大部分著作提到他的案子，內容都只有

是取自這次訪談。

92. 黃再添與洪哲勝的訪談，二〇一五年十一月七日，紐約市皇后區；另見Arrigo, "Patterns of Personal and Political Life."

93. 許信良雖然的確是一名富有魅力的領袖，並且善於號召大眾對於民主、獨立以及人權的支持，Minns and Tierney卻指稱他是「一名不可預測的政治人物——一個『社會主義者』，一方面想要維持台灣的經濟基礎，同時又希望促使其階級結構人性化」（Minns and Tierney, "The Labor Movement in Taiwan," 113)。

94. Minns and Tierney引用Linda Gail Arrigo。Minns and Tierney, "The Labour Movement in Taiwan," 113.

95. 透過Skype訪談田台仁，二〇一五年九月十日。

96. Katsiaficas, *Asia's Unknown Uprisings*, 193.

97. 亞洲民主基金會在財務上受到巴西一名志趣相投的台灣商界人士資助，也受到黃再添支持。

98. 洪哲勝個人收藏裡的出版品。洪哲勝訪談，二〇一五年十一月七日，紐約市皇后區。

99. Sautman and Yan, "Do Supporters of Nobel Winner Liu Xiaobo Really Know What He Stands For?"

100. 二〇二二年五月，一本紀念洪哲勝的文集出版於台灣——其中包含他的許多文章、台灣革命黨的立場書，也節譯了我在二〇一九年針對台灣革命黨所寫而發表於*Amerasia*期刊裡的一篇文章（W. Cheng, "The Taiwan Revolutionary Party"）；見Cary Hung Memorial Library and New York Taiwan Institute，《鮭台》。

101. Ngo, "The Island the Left Neglected."

102. 史書美在國立台灣師範大學取得學士學位之後，分別於聖地牙哥加州大學與洛杉磯加州大學取得碩士與博士學位，接著即在洛杉磯加大長期擔任比較文學、亞洲語言與文化以及亞裔美國人研究的教授。國立台灣師範大學，"Chair Prof. and Alumna Shu-mei Shih Appointed as Edward W. Said Professor"，國立台灣師範大學，取用於二〇二二年六月二十日，https://en.ntnu.edu.tw/news-show.php?id=12548。見Shih et al., "Critical Issues in Sinophone Studies."

洛杉磯。

76. Arrigo, "Patterns of Personal and Political Life."

77. 針對台灣在這段時期的階級形成政治發展，有一項較為細膩的分析，見Ho, *Working-Class Formation in Taiwan.*

78. 見Chuang, *Democracy on Trial*.

79. Fell, Taiwan's Green Parties, 88。莊雅仲也描述了剛從美國返回台灣的嬰兒潮世代教授以及年輕一代的社運人士在這段時期的相輔相成（Chuang, *Democracy on Trial*）。

80. 布農族原住民權利運動人士司秋美、作家李喬，以及前政治犯高金郎。Fell, *Taiwan's Green Parties*, 85-86。

81. 台灣綠黨是亞太綠人聯盟的「核心發起者」，也是全球綠人聯盟的創始成員。Fell, *Taiwan's Green Parties*, 6, 60。

82. Fell, *Taiwan's Green Parties*, 7.

83. Fell, *Taiwan's Green Parties*, 60.

84. Fell, *Taiwan's Green Parties*, 55.

85. 洪哲勝因為仰慕切．格瓦拉，而在自己的英文名裡添加了「Che」這個中間名。

86. 如欲進一步瞭解河上肇，見Bernstein, *Japanese Marxist*.

87. 洪哲勝訪談，二〇一五年十一月七日，紐約市皇后區Ridgewood。本書裡引述洪哲勝的話語，以及一切關於他的資訊，除非另有敘明，否則皆是取自這次訪談。

88. Wang, *Transpacific Articulations*, 98.

89. Anderson, *The Spectre of Comparisons*，討論於Wang, *Transpacific Articulations*, and Collet and Lien, *Transnational Politics*, 14.

90. 台獨聯盟的成員與領導層以男性占多數的程度頗為引人注目，甚至也許可說完全都是男性。我的訪談對象黃美惠提到，起初身為台獨聯盟活躍支持者的雖然是她而不是她先生，獲得成員身分的卻是她先生，只因為他是男人。黃美惠後來成了北美洲台灣婦女會的創始人之一。黃美惠訪談，二〇一五年七月十九日，加州Diamond Bar。

91. 黃再添與洪哲勝的訪談，二〇一五年十一月七日，紐約市皇后區。本書裡引述黃再添的話語，以及一切關於他的資訊，除非另有敘明，否則皆大學的發展，包括社區大學遭到吸納以及分裂的問題，見C. Ho, “The Development of Community University Movement”與C. Lee, ”Overcoming the Latecomer Dilemma.”。

64. Jiang, “An ‘Accidental Dissident’ Tries to Reform Taiwanese Education.”
65. Jiang, “An ‘Accidental Dissident’ Tries to Reform Taiwanese Education.”
66. Loa and Hsu, “Hundreds March in Support of Islands”。Loa and Hsu報導的人數是一千人，Hui的報導則是指稱有三千五百至五千人。Hui, “Up to 5,000 Attend Diaoyutai Rally”。
67. Bardenhagen, “Third Wheel in Island Spat”。關於反日做為一種亞際情感結構，見Ching, *Anti-Japan*.
68. Hui, “Up to 5,000 Attend Diaoyutai Rally.”
69. 不過，王智明指出，如同四十年前的保釣抗議活動，二〇一二年的抗議也沒有把釣魚台列嶼的管轄權爭議視為多重遷占殖民主義的問題，而把其他民族的主張納入考量，包括沖繩人（沖繩人本身也曾遭到日本殖民以及美軍占領）以及台灣原住民（具體來說是阿美族與凱達格蘭族，前者認為釣魚台列嶼是他們用於祭拜祖先的「傳統領域」，後者則是把釣魚台列嶼視為其祖先墳場）。王智明主張這項極其重要的忽略是保釣運動失敗的原因之一，並且認為要追求一個更美好的未來，我們必須把這項議題重新架構為保護「共享生活世界」的問題，而不是國家主權的互相競逐。C. Wang, “Post/Colonial Geography”。
70. C. Wang, “Post/Colonial Geography,” 10.
71. 那家工廠生產藥膏盒，雇用的員工不到十人，為他們帶來小康的家庭所得。這類小企業在台灣這個時期的經濟結構裡極為常見。高成炎訪談，二〇一一年一月四日，台灣台北。如欲進一步瞭解台灣的小企業經濟，見Gold, *State and Society in the Taiwan Miracle*.
72. J. Wong, “Democratization and the Left”；另見Ho and Huang, “Movement Parties in Taiwan.”
73. 與劉喬治（假名）的電子郵件通信，二〇一三年八月十三日。他曾是威斯康辛大學的研究生，後來成為台灣時代的成員。
74. 與劉喬治（假名）的電子郵件通信，二〇一三年八月十三日。
75. 高成炎訪談，二〇一一年一月四日在台北，以及二〇一三年八月六日在

他對於中國祖國所懷抱的社會主義理想這三者的三角互動」，仍然持續出現在尚未獲得解決的對立與失落等主題當中。L. Chen, "'But in What Way Is It Ours?,'" 101。

50. 林孝信訪談，二〇一一年一月四日，台灣台北。
51. 陳光興與林麗雲，〈一生釣運、普及教育的苦行僧〉。
52. 陳光興與林麗雲，〈一生釣運、普及教育的苦行僧〉。
53. 這類訪客包括陳明忠（在他終於出獄之後）、蘇慶黎，以及台灣原住民族權利促進會的原住民（排灣族）運動人士莫那能。陳光興與林麗雲，〈一生釣運、普及教育的苦行僧〉。
54. "Editor's Note," *Min Zhu Taiwan*, September 1981, National Tsing Hua University Library Special Collection.
55. 黃武雄也是左派革命刊物《台灣人民》的核心人物。（陳光興與林麗雲，〈一生釣運、普及教育的苦行僧〉）。
56. 陳光興與林麗雲，〈一生釣運、普及教育的苦行僧〉。
57. 陳光興與林麗雲，〈一生釣運、普及教育的苦行僧〉。
58. 陳光興與林麗雲，〈一生釣運、普及教育的苦行僧〉。
59. 《民主台灣》原是月刊，後來改為雙月刊，在暑假期間的歇刊時間更長，也曾經數度有五到七個月的時間沒有發刊。這一段以及下個注釋裡大部分的分析，都是奠基在劉羿宏敏銳的研究協助以及詮釋性摘要之上。
60. 這些人士包括林義雄、姚嘉文、黃信介、許信良、黃順興、施明德與張俊宏。《民主台灣》也一再針對幾位作家及其作品進行討論，包括楊青矗、王拓與陳映真，並且強調一九七七年鄉土文學論戰對於反國民黨運動發展的重要性。
61. 一九八三年，台灣民主運動支援會遭到芝加哥大學台灣同鄉會通訊公開指責為「支持統一併吞」的團體，而不得不對自己為何關注中華人民共和國的社會與政治發展公開提出辯護。*Min Zhu Taiwan*, no. 30 (July 1983)。
62. 林孝信訪談，二〇一一年一月四日，台灣台北。
63. 林孝信在這方面也追隨了他的老同學暨同志黃武雄，因為黃武雄也是社區大學運動的一位核心領導人。如欲進一步瞭解該運動的歷史以及社區

Protect Diaoyutai Movement."

37. 林孝信訪談，二〇一一年一月四日，台灣台北。
38. C. Wang, *Transpacific Articulations*, 70.
39. 林孝信訪談，二〇一一年一月四日，台灣台北。
40. C. Wang, *Transpacific Articulations*, 74.
41. C. Wang, *Transpacific Articulations*, 77–78.
42. C. Wang, *Transpacific Articulations*, 76.
43. 陳光興與林麗雲，〈一生釣運、普及教育的苦行僧〉。
44. C. Wang, *Transpacific Articulations*, 81–84.
45. 王春生是威斯康辛大學的研究生。
46. P. Chen, "Breaking the First-Island Chain."
47. 不過，陳柏旭指出保釣運動的一項長久矛盾，而這麼問道：「可是保釣運動本身難道不也是領土收復主義的一種型態？保釣不也只是把釣魚台／尖閣諸島視為一塊必須主張所有權的領土嗎？」P. Chen, "Breaking the First-Island Chain."
48. P. Chen, "Breaking the First-Island Chain"; C. Wang, *Transpacific Articulations*; L. Chen, "'But in What Way Is It Ours?'"; Dashorst, "Baodiao and the History of Postwar Taiwanese Leftist Thought."
49. 對於郭松棻而言，「從他踏上中國的土地，直到他離開為止，這整段經驗就像是一場惡夢。」在他返回美國之後，「中國大陸在他的心頭上縈繞不去，在他的政治運動以及中國夢當中成了一條死路，於是他『想要返回台灣；他甚至連做夢都夢到台灣』。」L. Chen, "'But in What Way Is It Ours?,'" 100-101。連同保釣運動夥伴暨作家劉大任，郭松棻後來也在紐約擔任中華人民共和國聯合國代表團的翻譯，而逐漸從政治運動轉向文學寫作。如同陳莉萍所言：「由於郭松棻的政治運動所立足的基礎是社會主義旗幟下的中國民族主義，這樣的運動因此終究辜負了他，導致他在國族渴望、文化歸屬以及智識追逐方面『無家可歸』。……找回中國這個政治實體與祖國的社會主義願景，受到了文學方面的努力所取代，而這些努力的目的則是在於檢視以及重拾他誕生於其上的那座島嶼。」（L. Chen, "'But in What Way Is It Ours?,'" 112)。在郭松棻後來的書寫當中，「本土【台灣】認同、民族主義的中國中心意識型態，以及

wan, chapter 3。另見Lu and Esarey, *My Fight for a New Taiwan*.

25. 賴淑卿，與作者以及陳柏旭的電子郵件通信，二〇二二年三月二十一日。陳柏旭，〈下層階級站到舞台前〉。這齣戲（《黎明之前》），以及另一齣由麥迪遜中國同學會演出於一九七六年的戲劇，其劇本收藏於台灣國立清華大學圖書館的釣運文獻館。
26. 在二〇一六年的一項訪談裡，林孝信提及賴淑卿以及她在這個網絡當中扮演的溝通角色（陳光興與林麗雲，〈一生釣運、普及教育的苦行僧〉）。
27. G. Chen, "The Reform Movement among Intellectuals in Taiwan."
28. 如同陳映真，陳明忠先前就已因為抱持共產信念而坐過一次牢。這一次，他終究以「閱讀中國大陸書籍」、「意圖煽動叛亂」以及「密謀武裝造反」等罪名遭判十五年有期徒刑。G. Chen, "The Reform Movement among Intellectuals in Taiwan," 40.
29. 賴淑卿訪談，二〇一三年三月十三日，加州Rancho Santa Fe。
30. 何明修引述陳英泰的解釋。陳英泰是一名活躍於一九五〇年代的左派運動人士，坐過十二年的牢（Ho, *Working-Class Formation in Taiwan*, 197n24）。
31. 感謝王智明指出這個段落需要更細膩的分析。有一項頗有助益的平行分析，探討了美國黑人激進人士如何因應中華人民共和國的全球政治與經濟政策在一九七〇年代期間的變化，見Frazier, *The East Is Black*, 193–212。
32. 王智明把這個詞專門用在他對於保釣運動的分析：「身在北美、台灣與香港的中國學生之間的跨太平洋連結，以及台灣、香港與沖繩之間的亞際交會，因此在冷戰時期構成了一種地下政治地理。」C. Wang, "Post/Colonial Geography," 10. 關於塊莖式的連結，見Glissant, *Poetics of Relation.*
33. 陳光興與林麗雲，〈一生釣運、普及教育的苦行僧〉。
34. 關於台灣民主運動的廣泛中國智識傳承，見J. Wu, *Taiwan's Democratization.*
35. 林孝信訪談，二〇一一年一月四日，台灣台北。
36. C. Wang, *Transpacific Articulations*, chapter 3; J. Chen, "Radicalization of the

妻，是台灣獨立聯盟這個台灣獨立建國聯盟前身組織的公開支持者，因此在這時早已被列入黑名單，而且他們的中華民國護照也遭到吊銷（Chou, "Early Years at University of Wisconsin"）。

12. Chou, "Early Years at University of Wisconsin."
13. C. Wang, *Transpacific Articulations*, 98。值得注意的是，在多年後的二〇〇五年，黃文雄於一篇文章裡表達了這些觀點，原因是主流台獨運動在許久以前就已經不再表達激進觀點，尤其是左派的觀點。
14. 在英文當中，有一項對於這些歷史問題的簡明概述，見C. Wang, *Transpacific Articulations*, chapter 3.
15. Promise Li et al., "50 Years after Baodiao: How Hong Kong Struggled against All Nationalisms," *Lausan* (blog), November 11, 2021, https://lausancollective.com/2021/50-years-after-baodiao-struggle-against-nationalisms/。Li訪談了三名起初因為保釣運動而投入政治的香港社運人士，其中討論了保釣運動在香港以及台灣與美國所帶有的長久政治意義。
16. C. Wang, *Transpacific Articulations*, and P. Chen, "Breaking the First-Island Chain."
17. P. Chen, "Breaking the First Island Chain."
18. 關於更詳盡的探討，見J. Chen, "Radicalization of the Protect Diaoyutai Movement"; and C. Wang, *Transpacific Articulations*, chapter 3.
19. 史明，《台灣人四百年史》；《史明・革命進行式》，陳麗貴執導，二〇一五年。
20. 如欲進一步瞭解史明，見Arrigo, "Su Beng and Taiwan National Liberation."
21. Shih et al, *Sinophone Studies*, 20.
22. 與劉喬治（假名）的電子郵件通信，二〇一三年八月十三日。他曾是威斯康辛大學的研究生，後來成為台灣時代的成員。
23. 賴淑卿，與作者以及陳柏旭的電子郵件通信，二〇二二年三月二十一日。
24. 在同樣的這段時期（一九七二－一九七七），Doris Chang討論了當時剛在厄巴納香檳伊利諾大學完成學業返台的律師呂秀蓮，如何傳達了一種選擇性的中產階級自由派女性主義，而這種女性主義正是受到威權控制劃定界限的結果。D. Chang, *Women's Movements in Twentieth-Century Tai-*

第二章　比較黑的黑名單

1. 摘自鄭德昌的敘述。他在一九七二年八月抵達威斯康辛州麥迪遜修習核子工程博士學程。鄭德昌訪談，二〇一三年七月十七日，加州Rancho Santa Fe。
2. K. Chen, “Editorial Introduction: Chen Yingzhen and His Time,” 339。如欲進一步理解陳映真的著作與政治觀點所帶有的重要性，見《亞際文化研究》期刊的陳映真特刊，*Inter-Asia Cultural Studies* 15, no. 3 (2014)。
3. 在針對保釣運動及其政治立場的探討當中，以較為全面性的觀點看待其中參與者的著作有C. Wang, *Transpacific Articulations*, chapter 3，以及J. Chen, “Radicalization of the Protect Diaoyutai Movement”。陳柏旭正在寫作中的書籍，聚焦於支持統一的左派台灣學生，廣泛檢視他們的人生、文學作品以及政治觀點，因此可望也會是對於這個領域的一大貢獻。見陳柏旭，“Breaking the First Island Chain”與〈下層階級站到舞台前〉。如欲進一步瞭解中國大陸的歷史以及認同形成，見Yang, *The Great Exodus from China*。
4. Melucci et al., *Nomads of the Present*.
5. 關於美國的「自由贈禮」如何以戰爭與全球支配為基礎，見
6. 另見W. Cheng, “‘This Contradictory but Fantastic Thing.’”
7. 到了一九五三年，經過多年強力剷除共產分子，導致超過兩千人被捕而遭到處死或者監禁之後，國民黨已能夠宣稱「幾乎澈底消除了台灣的共產黨人」（Ho, *Working-Class Formation in Taiwan*, 56）。
8. 見K. Chen, *Asia as Method*, and H. Lai, *Chinese American Transnational Politics*.
9. C. Wang, *Transpacific Articulations*.
10. 學術文獻雖然提及這類運動的存在，但在支持台獨的人士之間，卻難以找到這種運動的蹤影（Shu, “Who Joined the Clandestine Political Movement?,” 54）。造成這種情形的原因，有可能是左派理想與支持中華人民共和國這種立場的結合、對於國民黨的迫害仍然懷有恐懼，以及不想蒙上與這類信念相關的污名。
11. 在當時分別身為教授以及威斯康辛大學研究員的周烒明與吳秀惠這對夫

Arrigo and Miles, *Borrowed Voice*, 274-374；尤見322。

74. 施明德，〈給三哥施明雄的信〉，《台灣公論報》，vol. 10，一九八七年十一月二日，引用於楊宜宜，〈歸家〉，11。
75. 李瑞木訪談，二〇一三年八月二十日，加州聖地牙哥。
76. 游正博與陳鈴津的訪談，二〇一四年四月十四日，加州Rancho Santa Fe。
77. 作者因安全原因要求匿名。"Campus Comment," *Kansas State Collegian*, January 17, 1966, 2, http://archive.org/details/KSULKS-Coll196566V72N6677。這起事件也在我對范良信以及莊秋雄與邱千美的訪談中受到討論。
78. Susie Miller, "Debates Develop in Strange Ways" (Editorial), *Kansas State Collegian*, January 17, 1966, 2, http://archive.org/details/KSULKS-Coll196566V72N6677.
79. M. Chang, "Witnessing the Kaohsiung Incident."
80. 范清亮訪談，二〇一三年七月二十四日，加州Rancho Santa Fe；另見Linda Gail Arrigo, "In Mortal Combat with the Government Information Office: 'Is Linda the Liar, or James Soong?,'" in Arrigo and Miles, *Borrowed Voice*, 376-448；尤見頁380。
81. 取自幾項訪談：范清亮，二〇一三年七月二十四日，加州Rancho Santa Fe；鄭德昌，二〇一三年七月七日，加州Rancho Santa Fe；以及陳鈴津與游正博，二〇一四年四月十四日，加州Rancho Santa Fe。在一九七九至一九八〇年，范清亮與鄭德昌分別擔任台灣人權協會的會長與祕書。
82. 林郁子訪談，二〇一三年七月十六日，加州Carlsbad。
83. 林郁子訪談，二〇一三年七月十六日，加州Carlsbad。
84. 鄭德昌訪談，二〇一三年三月十三日，加州Rancho Santa Fe。
85. Bascara, *Model-Minority Imperialism*.
86. 在*Transpacific Articulations*裡，王智明把這種政治型態稱為「公民跨國主義」。

千美，二〇一四年六月十二日，透過Skype；范清亮，二〇一三年七月二十四日，加州Rancho Santa Fe；鄭德昌，二〇一三年七月七日，加州Rancho Santa Fe；李瑞木，二〇一三年八月二十日，加州聖地牙哥；以及陳鈴津與游正博，二〇一四年四月十四日，加州Rancho Santa Fe。

59. 這類交流活動的許多第一手案例都在我從事的訪談當中被提及。

60. Rubinstein, "Christianity and Democratization in Modern Taiwan."

61. W. Cheng, "Becoming Taiwanese/American."

62. 黃美惠訪談，二〇一五年七月九日，加州Diamond Bar。

63. 黃美惠訪談，二〇一五年七月九日，加州Diamond Bar。

64. Elena Ling (黃美惠), "Our Story—NATWA's History," edited by Alvina Ling (October 2006), North America Taiwanese Women's Association, https://www.natwa.com/link/NATWAStoryE.pdf, accessed December 15, 2022; Interview with Vivian Fu, July 16,2013, Carlsbad, California.

65. 李遠哲訪談，二〇一一年一月四日，台灣台北。

66. 洪哲勝訪談，二〇一五年十一月七日，紐約市皇后區Ridgewood。

67. 莊秋雄記得自己在就讀於普渡大學之時，曾經挨家挨戶發送台獨聯盟刊物*Formosa Gram*，並且遭遇了許多敵意。為了做這件事，莊秋雄冒了極大的人身風險，基本上等於是向陌生人公開表明自己支持台灣獨立。莊秋雄與邱千美訪談，二〇一四年六月十二日，透過Skype。

68. 林孝信訪談，二〇一一年一月四日，台北。林孝信估計認為，有六十至七十人參與這個通信團體，同時循環寄送的小冊子有六本。

69. M. Chang, "Witnessing the Kaohsiung Incident." 張氏夫妻起初在全美台灣同鄉會紐約分會的協助下，於一九七七年創立了台灣之音。台灣之音營運至一九八二年。

70. M. Chang, "Witnessing the Kaohsiung Incident," 337.

71. 楊宜宜，〈歸家〉，5。由Sandi Liu譯入英文並且印成傳單；取自作者的個人收藏。

72. 楊宜宜，〈歸家〉，7。楊宜宜在二〇〇〇年代取得教牧博士學位，並且在紐約市皇后區創立了台灣宣教基金會。

73. M. Chang, "Witnessing the Kaohsiung Incident"。另見Arrigo, "Three Years and a Lifetime Swept Up in Taiwan's Democratic Movement, 1977-1979," in

40. 吳得民訪談，二〇一五年八月十八日，加州聖地牙哥。
41. Mendel, *Politics of Formosan Nationalism*, 167.
42. 游正博與陳鈴津訪談，二〇一四年四月十四日，加州Rancho Santa Fe。
43. 取自幾項訪談：林文政，二〇一四年七月三十日，加州Rosemead；范清亮（二〇一三年七月二十四日），加州Rancho Santa Fe；以及林郁子（二〇一三年七月十六日），加州Carlsbad。
44. 范清亮訪談，二〇一三年七月二十四日，加州Rancho Santa Fe。
45. 莊秋雄訪談，二〇一四年六月十二日，透過Skype。
46. 林郁子訪談，二〇一三年七月十六日，加州Carlsbad。
47. 林郁子訪談，二〇一三年七月十六日，加州Carlsbad。
48. 黃再添訪談，二〇一五年十一月十日，紐約市布魯克林。
49. 訪談對象的姓名應要求保密。另有兩名台獨聯盟長期成員也在訪談中提及這種基本結構：李瑞木，二〇一三年八月二十日，加州聖地牙哥；以及莊秋雄，二〇一四年六月十二日，透過Skype。
50. 關於日本人把棒球引進台灣，以及棒球在後來被用來建構明確的台灣國族認同，見Yu, *Playing in Isolation*。另見彭明敏的自傳，他在其中描述了自己對於棒球的熱愛，以及他在殖民時期的日本學校老師教導這項運動的嚴肅態度（Peng, *Taste of Freedom*, 16-17）。
51. 林文政訪談，二〇一四年七月三十日，加州Rosemead。
52. 取自幾項訪談：范清亮，二〇一三年七月二十四日，加州Rancho Santa Fe；以及林文政，二〇一四年七月三十日，加州Rosemead。一九七五年，也就是鄭德昌在麥迪遜威斯康辛大學參與籌辦中西部錦標賽的那一年，他記得有五或六支隊伍來自其他州，「最遠來自密蘇里州」（鄭德昌訪談，二〇一三年三月十三日，加州Rancho Santa Fe）。
53. 林文政訪談，二〇一四年七月三十日，加州Rosemead。
54. 范良信訪談，二〇一四年八月六日，透過電話。
55. 取自幾項訪談：莊秋雄與邱千美，二〇一四年六月十二日，透過Skype；以及范良信，二〇一四年八月六日，透過電話。
56. 林郁子訪談，二〇一三年七月十六日，加州Carlsbad。
57. 莊秋雄與邱千美的訪談，二〇一四年六月十二日，透過Skype。
58. 取自幾項訪談：范良信，二〇一四年八月六日，透過電話；莊秋雄與邱析，見Ho, *Working-Class Formation in Taiwan*.

23. 賴淑卿訪談，二〇一三年三月十三日，加州Rancho Santa Fe。
24. 針對這些經驗與歷史以及其所造成的影響進行長篇討論，雖然超出了本章的範圍之外，但我的訪談對象都提及成長過程中直接遭遇國家暴力以及受到殖民社會階級影響的許多例子。
25. 見M. Hsu, *The Good Immigrants*.
26. Kwong, *New Chinatown*, 61.
27. S. L. Chang, "Causes of Brain Drain." 另見Varghese, "Globalization of Higher Education."。
28. S. L. Chang, "Causes of Brain Drain"; S. Chang, *The Global Silicon Valley Home*, 41.
29. 林孝信訪談，二〇一一年一月四日，台灣台北。另外也提及於J. Chen, "Radicalization of the Protect Diaoyutai Movement."。
30. 實際上，美國政府與主流人口都沒有始終如一地抱持這種觀點，如同台灣出生的洛斯阿拉莫斯科學家李文和在一九九〇年代遭到迫害的案件所示。李文和因為被人懷疑從事間諜活動，而遭到單獨監禁達數月之久（所有的間諜指控後來都受到撤銷，而且一名聯邦法官還為了政府對李文和的案子處理不當而向他道歉）。見Lee and Zia, *My Country versus Me*"; and Parikh, *An Ethics of* Betrayal, 129–59。
31. 見M. Hsu, *The Good Immigrants*。
32. S. Chang, "Causes of Brain Drain."
33. 林郁子訪談，二〇一三年七月十六日，加州Carlsbad。
34. M. Hsu, *The Good Immigrants*, 59.
35. Edmondson, "Negotiations of Taiwan's Identity."
36. Edmondson, "Negotiations of Taiwan's Identity," 79.
37. 鄭德昌訪談，二〇一三年七月十七日，加州Rancho Santa Fe。這種做法也提及於Peng, *A Taste of Freedom*, 254；以及Edmondson, "February 28 Incident," 75–76.
38. University of Wisconsin Archives, Student Organization Records box 1, folder "Formosan Club 1963"; Chou, "Early Years at University of Wisconsin."
39. 吳得民訪談，二〇一五年八月十八日，加州聖地牙哥。

歷史將會帶來什麼後果）是個複雜而且持續演變中的問題。如果想要從原住民觀點概觀這些議題，見Simon, "Writing Indigeneity in Taiwan"。關於原民性的政治與台灣認同史，見Stainton, "The Politics of Taiwan Aboriginal Origins."

9. Mendel, *The Politics of Formosan Nationalism*。Mendel針對「學生、老師以及商界人士」從事了超過六百場訪談。「活躍於政治上」這個類別，表示他們參與了「各式各樣的活動，包括公開抗議乃至參與被國民政府歸類為非法的討論會以及讀書會」（概述於Edmondson, "Negotiations of Taiwan's Identity," 33）。
10. 引用於Edmondson, "Negotiations of Taiwan's Identity," 34。
11. Arrigo, "Patterns of Personal and Political Life"; H. Lai, *Chinese American Transnational Politics*, 39–41.
12. 陳鈴津訪談，二〇一四年四月四日，加州Rancho Santa Fe。
13. 就我所知，英文世界裡雖然沒有這類學術著作，但王智明的*Transpacific Articulations*當中的第三章與第四章（90-109）提供了一個有用的起點，其中援引了英文與中文文獻。
14. A. Gordon, *Ghostly Matters*, 4–5.
15. 史明，《台灣人四百年史》，415。
16. Kerr, *Formosa Betrayed*, 4.
17. 史明，《台灣人四百年史》，157。這種感受至今在台灣仍然相當強烈。二〇一六年一月，剛當選總統的蔡英文主張對於自由的渴求是一項台灣核心價值。史明是蔡英文的公開支持者。
18. 陳秋山訪談，二〇一三年七月十八日，加州聖地牙哥。
19. 諾貝爾獎得主化學家李遠哲在接受我的訪談之時（二〇一一年一月四日），剛獲選為國際科學理事會的會長。
20. 取自幾項訪談：林孝信，二〇一一年一月四日，台灣台北；賴淑卿，二〇一三年三月十三日，加州Rancho Santa Fe；以及洪哲勝，二〇一五年十一月七日，紐約市皇后區Ridgewood。另見C. Wang, *Transpacific Articulations*, 66–89.
21. Edmondson, "Negotiations of Taiwan's Identity," 27.
22. 有一項針對國營企業員工的經驗、意識以及政治形構所從事的詳細分

第一章　社運行動與監視的基礎結構

1. 鄭德昌訪談，二〇一三年三月十三日，加州Rancho Santa Fe。
2. Arrigo, "Patterns of Personal and Political Life"。這些數字涵蓋了一九六五至一九八九年，並且是由台灣教育部所彙編的資料計算而來。艾琳達指出原本的表格含有許多不一致之處。鄺治中提出的數字比較接近於十五萬（Kwong, *The New Chinatown*, 60）。不過，張林秀菊針對一九六〇至一九八五年間提出的數字，則是與艾琳達的數字相當（S. Chang, "Causes of Brain Drain and Solutions"）。
3. 根據傅傳玫所言，越南人聯盟的一名成員記得自己曾在這段時期於威斯康辛大學發表演說（傅傳玫的電子郵件，二〇一六年一月十七日）。如欲進一步瞭解越南人聯盟，見Fu, "Beyond Vietnam"。
4. Fu, "Beyond Vietnam"。另見T. Nguyen, "Caring for the Soul of Our Community."
5. Fu, "Beyond Vietnam," 2.
6. C. Wang, *Transpacific Articulations*, 4。王智明主張我們應該把留學生視為亞裔美國人智識史與政治史的積極參與者。
7. 這項洞見乃是建立在Wang, *Transpacific Articulations*與J. Kim, *Ends of Empire*的基礎上。舉例而言，在針對華裔人口移民美國的現象所從事的兩項最具啟發性的研究裡，徐元音（*The Good Immigrants*）與鄺治中（*New Chinatown*）都深入探討了影響台灣人移民美國的政治細膩元素，但他們兩人並沒有把抱持台灣人認同與抱持中國人認同的移民區分開來。
8. 徐元音（*The Good Immigrants*）詳細探討了抱持中國人認同的留美台灣學生。在本書裡，「台灣人」與「抱持台灣人認同」等用語指的是家族在十七至十九世紀期間定居於台灣的華裔人口（主要是福佬人與客家人），其中不包含在一九四九年之後隨著國民黨來台的中國人，因為在一九六〇與一九七〇年代期間，這些中國人不太可能會自我認同為台灣人，也不會被別人視為台灣人（這種情形在後續世代已有所改變）。此外，這兩個用語也不指涉台灣的南島語族原住民——在台灣人口當中，他們是一個人數雖少但相當重要的群體。何謂台灣人（誰能夠主張自己是台灣人，誰會受到台灣人一詞所涵蓋，以及完整看待台灣的遷占殖民理念。見Bui, “A Better Life?”。

62. Shih, “Against Diaspora,” 29.
63. 值得注意的是，在亞裔美國人研究裡，黃秀玲使用「華語圈」一詞把華裔美國人撰寫的中文文學作品標示為亞裔美國人研究裡的重要研究對象。長久以來，包括王靈智在內的學者都提及「亞裔美國人研究對於英語世界的優待」（L. Wang, “The Structure of Dual Domination,” 163）。
64. Shih et al., *Sinophone Studies*, 20.
65. Shih et al., *Sinophone Studies*, 7.
66. Shih, “Against Diaspora,” 33.
67. 史書美與她的合作夥伴承認指出，對於社會科學以及在社會科學當中，都仍然需要有更多的這類實質研究與對話。在二〇一三年的*Sinophone Studies: A Critical Reader*當中，共同編輯寫道，「本書以人文主義為主的導向……預期與華語圈研究裡的社會科學探究從事進一步的對話，諸如社會學、史學，以及對於移民、公民身分以及殖民主義的其他探究方式」（Shih et al., *Sinophone Studies*, 15）。
68. 在後者這方面，有些較早期而且富有影響力的著作，見Chow, *Writing Diaspora*; Chun, “Fuck Chineseness”; Ong, *Flexible Citizenship*; and Ang, *On Not Speaking Chinese*。
69. 見L. Wang, “Dual Domination”。關於和中國屬性的不同關係如何影響政治行為，見Lien, “Homeland Origins and Political Identities”與Lien, “Chinese American Attitudes toward Homeland Government and Politics”，以及其他著作。
70. Gandhi, *Archipelago of Resettlement*, xi.
71. 由於原住民身分在清朝與日據時代都深受污名化（在後來的國民黨統治時期也是如此），因此許多人的原住民血統都在這些時期受到隱藏，或是就此消失，或者化為謠言。這種情形尤其可見於嫁入漢族台灣人家庭的女性身上。

裔美國人研究當中較為晚近的批判冷戰文獻，有一項概觀可見於Baik and Cheng, "Cold War Reformations."。

48. Sayad, *The Suffering of the Immigrant*, 1.
49. 實際數字備受爭論，而且差異極大。在估計數字低的一端，政治學者吳乃德經過仔細研究之後，主張受害人數應該「遠超過一萬」（N. Wu, "Transition without Justice"）。其他廣受引用的陳述，則是估計受害人數多達十萬以上（Lee et al., *The Road to Freedom*）。台北的二二八紀念館估計指出，單是在二二八事件造成的直接後果當中，就有多達兩萬八千人遭到殺害（Forsythe, "Facing Its Past"）。
50. Lee et al., *The Road to Freedom.*
51. C. Wang, *Transpacific Articulations*, 94.
52. Shih et al., "Forum 2"; C. Wang and Cho, "Introduction"; Cheng and Wang, "Introduction."
53. 見K. Chang, "Mobilizing Revolutionary Manhood"; Sohi, *Echoes of Mutiny*; and Jung, *Menace to Empire.*
54. R. Kim, *The Quest for Statehood.*
55. Espiritu, "Journeys of Discovery and Difference," 41。另見Ciria-Cruz et al., *A Time to Rise*。
56. C. Wang, *Transpacific Articulations*, 67.
57. Espiritu, *Five Faces of Exile*, 43–44.
58. 見Azuma, *Between Two Empires*.
59. 這方面的一部重要著作是Shigematsu and Camacho, *Militarized Currents*。另見Hoskins and Nguyen, *Transpacific Studies*。早在二〇〇二年，Viet Thanh Nguyen就呼籲亞裔美國人研究應該更加注重意識形態異質性（見V. Nguyen, *Race and Resistance*）。
60. Azuma, *Between Two Empires*.
61. 如同Long Bui指出的，這些議題有一部分扼要顯示於一九九〇年代的台裔美籍科學家李文和案當中：亞裔美國人——其中許多人都受到在大學裡接觸的亞裔美國人研究課程所影響——雖然集結起來抗議李文和遭到的種族歧視對待，卻沒有質疑他為美國一間國家實驗室所從事的核武研究工作如何支持了美國軍國主義，並且牴觸了族裔研究的部分基礎政治

32. 見楊孟軒探討難民經驗、認同，以及台灣外省人的記憶。Yang, *The Great Exodus from China*.
33. M. T. Wang, *The Dust That Never Settles*, 131.
34. M. T. Wang, *The Dust That Never Settles*, 130.
35. M. T. Wang, *The Dust That Never Settles*, 134.
36. M. T. Wang, *The Dust That Never Settles*, 143.
37. Tucker, "Strategic Ambiguity or Strategic Clarity?"
38. Mei-ling T. Wang頗為貼切地以美國官方內部針對台灣所使用的這項用語作為其著作的書名：*The Dust That Never Settles*。
39. 見Collet and Lien, *The Transnational Politics of Asian Americans*，以及Lai, *Chinese American Transnational Politics*。在大多數關於亞裔美國人運動的陳述，以及探討亞裔美國人政治運動的文集裡，台灣人都完全沒有受到提及。舉例而言，見Louie and Omatsu, *Asian Americans*.
40. 見M. Hsu, *The Good Immigrants* and Bui, "A Better Life?"。
41. 見V. Nguyen, *Race and Resistance.*
42. Shih et al., "Critical Issues in Sinophone Studies."
43. Sheridan, "Diplomats, Activists, and the Hauntology of American Empire."
44. 史書美從她與「知識／台灣」研究學群從事的研究，而闡述了這項概念。見Shih, "Theory in a Relational World," and Peggy McInerny, "Shu-Mei Shih Appointed Edward W. Said Professor of Comparative Literature," UCLA Asia Pacific Center, August 7, 2020, https://www.international.ucla.edu/apc/article/225703.
45. Shigematsu and Camacho, *Militarized Currents*. Hoskins and Nguyen, *Transpacific Studies*.
46. J. Kim, *Ends of Empire*.
47. 陳光興也主張指出，要對他所謂的去殖民、「去帝國化」以及「去冷戰」這三項必然相互連結的進程加以概念化以及傳授，就必須從事亞際比較分析以及橫向對話。對於陳光興而言，去帝國化指的是必須由前帝國主義者（或是持續中的帝國主義者）所處的地點與觀點參與批判省思與行動，而去冷戰指的則是發展出批判意識，以及重視冷戰地緣政治如何形塑並且持續影響當代的亞洲歷史。K. Chen, *Asia as Method*。關於亞

的暗雲籠罩著，同學們互相之間猜忌、排斥，誰也不肯相信誰……平日一言一行都得小心翼翼，提防混進學生羣中的特種人物。」Hu, “The Struggle between the Kuomintang and the Chinese Communist Party on Campus,” 315。值得注意的是，在一項舉行於一九五一年的內部檢討當中，國民黨認定他們在大學校園裡推行的大部分策略都沒有成功。（譯注：該封公開信引文出自《給全國同學的一封公開信》，收藏於法務部調查局兩岸情勢研析處，書碼527.88/806，登錄號012947。）

19. 見Glennon, “Liaison and the Law”; Shannon, *Losing Hearts and Minds*; Yalzadeh, “Solidarities and Solitude”; and Moradian, *This Flame Within.*
20. “Foreign Spies' US Dirty Work Revealed,” *Washington Post*, August 9, 1979.
21. Senate Select Committee of Intelligence, “Activities of ‘Friendly’ Foreign Intelligence Services,” 5–6.
22. 這份報告雖然也點名了蘇聯，卻沒有針對其活動提供任何細節。Senate Select Committee of Intelligence, “Activities of ‘Friendly’ Foreign Intelligence Services.”
23. Shih, “Globalisation and the (In)Significance of Taiwan.”
24. 單是在東北亞與東南亞，這類分歧就發生於中華人民共和國／中華民國（台灣）（一九四九）、北韓／南韓（一九五三），以及北越／南越（一九五四—七六）。這些分歧全都源自多層次的殖民過往以及新帝國主義與新殖民主義冷戰地緣政治利益的算計。
25. 林郁子訪談，二〇一三年七月十六日，加州Carlsbad。
26. 關於針對台灣採取戰略模糊的政策，有一項簡明的概論可見於Tucker, “Strategic Ambiguity or Strategic Clarity?”。
27. 「半國家」（Westad, *The Global Cold War*）、「意外國家」（H. Lin, *Accidental State*）、「準國家」（Claussen, “Sovereignty's Accommodations” and H. Wang, “Nation, State, and Cross-Strait Relations”）、「美國的保護國」（K. Chen, *Asia as Method*）。
28. Kaplan, “Where Is Guantánamo?”
29. Dirlik, “Taiwan.”
30. 見Hau'ofa, “Our Sea of Islands”; and Shih and Liao, *Comparatizing Taiwan.*
31. Katsiaficas, *Asia's Unknown Uprisings*, 175.

10. 彙編自Dang, *Taiwangate*。
11. Donald MacNeil, "Taiwanese Spies in U.S. Universities," *Daily Californian*, March 15, 1976，翻印於*Taiwangate*, 32-36；另見Phil Moore, "Taiwanese Spy Discovered at Forum," *Thursday at MIT*, February 12, 1976，翻印於Dang, *Taiwangate*, 137-38)；以及"Translation of the Report Form Used by KMT Informants on University Campuses in the U.S"，收錄於Dang, *Taiwangate*, 169。
12. 陳文成在返台探親期間受到台灣警備總司令部約談之後，而於可疑情況下死亡；他死前遭警總監視至少一年。陳文成的家人雖長年知道此事，卻是直到二〇二〇年五月浮現的政府記錄才終於確證了這項事實。見Chen Yu-fu and William Hetherington, "New Details Revealed in Activist's Death," *Taipei Times*, May 5, 2020, https://www.taipeitimes.com/News/taiwan/archives/2020/05/05/2003735851; and Yeh Su-ping and Joseph Yeh, "New report links state forces to death of 1980s activist Chen Wen-chen," *Focus Taiwan*, May 4, 2020, https://focustaiwan.tw/politics/202005040007.
13. Dang, *Taiwangate*, 134-69。當時是麻省理工學院博士後研究員的范清亮，在那場座談會上發言的時候遭到拍照，而他後來也成為波士頓地區台灣學生和居民的發言人暨領導人。范清亮在一九七〇年代晚期搬到聖地牙哥，但沒有放棄政治與社群運動，不僅在美麗島事件審判期間擔任台灣人權協會會長，也持續擔任當地台美人社群的領袖。范清亮受訪見第一章。
14. Letter to the editor, *Boston Globe*, April 3, 1976，翻印於Dang, *Taiwangate*, 146。
15. Dang, *Taiwangate*, 132.
16. Dang, *Taiwangate*, 132.
17. 王靈智本身是來自中國福建省的留學生。Cheung-Miaw, "The Boundaries of Democracy"; L. Wang, "The Structure of Dual Domination"。
18. 一九四〇年代的學生證詞，高度呼應了美國校園裡的台灣學生在後來提出的陳述。舉例而言，浙江大學的學生在一九四五年所寫的一封公開信指出：「我們戰時的中國學生，除了和一般人民一起奮鬥一起受難之外，精神上也受著桎梏，不能好好地學習，整個學校都被一種令人窒息

注釋

引言　在全球歷史中為台美人定位

引文：林慶宏口述，林潘美鈴記錄整理，〈看不見的魔掌〉，《文學台灣》，第一一七期，二〇二一年一月。

1. 「福爾摩沙」是葡萄牙探險家為台灣取的名稱，美國政府官員與支持獨立的台灣人將之作為台灣的代稱。
2. Kerr, *Formosa Betrayed*, 29-30。那名海軍上將大概是Chester Nimitz，因為葛超智在這一章裡一再把那項侵略與占領行動稱為Nimitz計畫。另見H. Lin, *Accidental State*, 24-25。關於美國軍方在韓戰裡使用日裔美籍翻譯人員的做法，見M. Kim, *The Interrogation Rooms of the Korean War: The Untold History*.
3. Dirlik, "Taiwan"。另見Ching, *Becoming "Japanese"*。
4. Gilmore, *Abolition Geography*, 489.
5. Gilmore, *Abolition Geography*, 489-90；Gilmore引述Raymond Williams, *The Long Revolution*.
6. Gilmore, *Abolition Geography*, 490.
7. Gilmore, "Scholar-Activists in the Mix". 見Trouillot, *Silencing the Past*。
8. Alan Miller and Jerry Sussman, "Students at UH and EWC report Taiwan is using spying pressure," *Honolulu Advertiser*, May 30, 1978，翻印於Dang, *Taiwangate*, 51。
9. *Cornell Daily Sun*, May 6, 1976，翻印於Dang, *Taiwangate*, 37–38。

群島
X島嶼：留學生、監控與冷戰時代的隱形戰場，海另一端的台灣民主運動

2025年8月初版 定價：新臺幣490元

著者	鄭昕（Wendy Cheng）
譯者	陳信宏
叢書主編	黃淑真
副總編輯	蕭遠芬
校對	林秋芬
內文排版	菩薩蠻
封面設計	兒日

出版者	聯經出版事業股份有限公司
地址	新北市汐止區大同路一段369號1樓
叢書編輯電話	(02)86925588轉5322
台北聯經書房	台北市新生南路三段94號
電話	(02)23620308
郵政劃撥帳戶第	0100559-3號
郵撥電話	(02)23620308
印刷者	文聯彩色製版印刷有限公司
總經銷	聯合發行股份有限公司
發行所	新北市新店區寶橋路235巷6弄6號2樓
電話	(02)29178022

編務總監	陳逸華
副總經理	王聰威
總經理	陳芝宇
社長	羅國俊
發行人	林載爵

行政院新聞局出版事業登記證局版臺業字第0130號

本書如有缺頁，破損，倒裝請寄回台北聯經書房更換。 ISBN 978-957-08-7750-2 (平裝)
聯經網址：www.linkingbooks.com.tw
電子信箱：linking@udngroup.com

Island X: Taiwanese Student Migrants, Campus Spies, and Cold War Activism
By Wendy Cheng

國家圖書館出版品預行編目資料

X島嶼：留學生、監控與冷戰時代的隱形戰場，海另一端的台灣民主運動/鄭昕（Wendy Cheng）著．陳信宏譯．初版．新北市．聯經．2025年8月．368面．14.8×21公分（群島）
譯自：Island X : Taiwanese student migrants, campus spies, and cold war activism.
ISBN 978-957-08-7750-2（平裝）

1.CST：台灣民主運動 2.CST：移民 3.CST：留學生 4.CST：台美關係
5.CST：美國

733.2928 114009924